Royal Baby

LEANNE BANKS

Naissance au palais

BRENDA HARLEN

Surprise pour le prince

LEANNE BANKS

Naissance au palais

Traduction française de

JULIA LOPEZ-ORTEGA

HARLEQUIN

Titres originaux :
PREMIER TITRE : HOW TO CATCH A PRINCE
DEUXIÈME TITRE : THE PRINCE'S SECOND CHANCE

Le premier titre a déjà été publié en 2014.
Le second titre a déjà été publié en 2011.

HARPERCOLLINS FRANCE
83-85, boulevard Vincent-Auriol, 75646 PARIS CEDEX 13
Service Lectrices — Tél. : 01 45 82 47 47

www.harlequin.fr

ISBN 978-2-2804-1839-3

1

— Vous devriez vraiment les rencontrer, insista Sophie.

Le regard dans le vague, il fixait le paysage par la fenêtre du préfabriqué qui lui servait de bureau ces dernières semaines. Max Carter ressentait un vague sentiment de satisfaction à la vue de son projet devenu réalité. Le pont dont la construction venait d'être achevée étincelait sous le soleil australien.

— J'ai trop de travail, répondit-il en levant les yeux vers son assistante. Il y a tout l'administratif à terminer et ensuite nous allons attaquer directement le prochain projet.

Sophie Taylor leva les yeux au ciel.

— Vous pourriez très bien prendre quelques jours de congé, ce ne serait pas la fin du monde. Je n'arrive pas à croire que vous ne fassiez pas le moindre effort. Après tout, c'est de votre famille qu'il s'agit !

Il haussa les épaules. Il laissait peu de gens le contredire ainsi, mais Sophie avait su lui prouver son dévouement à de nombreuses reprises et elle avait toute sa confiance. Il affronta donc plaisamment son regard brun courroucé. Il respectait son jugement.

— Justement, pourquoi insister à ce point, alors que ce n'est pas de votre famille qu'il s'agit. Vous prenez ce genre de choses trop à cœur !

— Vous avez peut-être raison, mais je ne voudrais pas que vous ayez des regrets.

Il laissa échapper un soupir. Depuis la visite des deux représentants de la famille Devereaux, illustre famille princière de Chantaine, il ne parvenait guère à penser à autre chose.

Nos recherches sont formelles : vous êtes le fils biologique du prince Edward de Chantaine.

— Ils ne sont pas ma famille, Sophie. J'ai du mal à croire qu'ils puissent se réjouir de découvrir que leur père a laissé derrière lui deux enfants, fruits de ses aventures avec une jeune Américaine, elle-même actrice de films de série B.

Bien qu'ayant toujours su qu'il avait été adopté, Max n'avait jamais imaginé que ses parents aient pu être un prince et une actrice.

— Et Coco Jordan ? demanda Sophie qui faisait référence à l'autre enfant née de cette union. C'est votre sœur à part entière, vous pourriez au moins la rencontrer ? Peut-être qu'elle souhaite faire votre connaissance, elle ? Pourquoi ne pas essayer de vous mettre à la place des autres, pour une fois. Vos parents étant tous les deux décédés, elle n'a sans doute plus aucune famille, mis à part vous.

— Mais je ne suis rien pour elle, répliqua-t-il sèchement avant de tempérer son humeur. Je ne saurais pas même la reconnaître si elle se présentait devant moi.

— Peut-être devriez-vous justement lui en laisser l'occasion, dans ce cas !

Il soupira une nouvelle fois en balayant son bureau du regard. Il y avait une maquette du pont juste devant sa table de travail et dans un coin, un sapin de Noël miniature clignotait. Sur le bureau de Sophie trônaient deux chiots en peluche. Elle avait souvent évoqué l'envie d'avoir un chien, mais avec les nombreux déplacements qu'ils étaient amenés à faire dans le monde entier, un animal de compagnie était tout bonnement un luxe qu'elle ne pouvait se permettre.

Il avait compris qu'elle serait une assistante irremplaçable dès leur première collaboration. Il râlait et elle trouvait les solutions. Elle anticipait même ses sautes d'humeur !

Sachant qu'il ne trouverait pas mieux en tant qu'assistante, il n'avait jamais mélangé plaisir et travail avec elle. Pour rien au monde il n'aurait voulu mettre en péril leur parfaite entente professionnelle.

Pourtant, si elle n'avait pas travaillé pour lui, elle aurait pu correspondre à son type de femme. Elle n'était pas compliquée, pas trop susceptible ni exigeante non plus.

Il ne fallait pas être grand clerc pour deviner que sous ses airs dégagés, Sophie était une romantique dans l'âme qui rêvait probablement de se marier en robe blanche et de fonder une famille pour aller avec l'épagneul King Charles dont elle parlait souvent !

Il devait se reconnaître un passif plutôt désastreux auprès des femmes, mais ce même passif lui avait au moins appris à se garder des cœurs trop sensibles, en quête d'absolu.

— J'ai l'impression que vous avez prévu d'insister jusqu'à ce que je pose un pied sur le sol de Chantaine, est-ce que je me trompe ?

Elle leva vers lui un regard déterminé.

— Vous n'êtes pas loin du compte, en effet.

— C'est bon, j'irai là-bas, lança-t-il. Un jour, pas plus, en échange de quoi vous cesserez à tout jamais de me lancer ces regards culpabilisateurs.

Elle lui adressa un sourire triomphant.

— Un jour, ce sera tout à fait suffisant.

Il avait la curieuse et désagréable impression qu'elle savait des choses qu'il ignorait.

Toujours est-il que le lendemain, il s'envolait pour l'île de Chantaine, laissant Sophie régler les derniers détails du contrat sur place. Terri Caldwell, une secrétaire technique devenue son amie, vint la saluer dans le bureau.

— Quoi de neuf, Sophie ?

— Ne m'en parle pas, j'ai encore un demi-million de formulaires à remplir, répondit-elle sans lever les yeux de son écran d'ordinateur.

— Voilà ce qui arrive lorsqu'on est toujours irréprochable dans son travail ! plaisanta Terri. Sans oublier que tu es incapable de dire « non » au charmant Max Carter, je me trompe ?

Sophie leva les yeux au ciel. Terri avait une dizaine d'années de plus qu'elle et ce statut d'aînée, associé à une franchise déconcertante, avait abouti à des relations toujours parfaitement directes entre elles.

Terri venait de l'Arkansas où son mari travaillait comme chauffeur routier, mais ils faisaient leur possible pour se retrouver dès qu'ils en avaient l'occasion. Terri avait accepté les déplacements à l'étranger pour pouvoir payer les études de ses jumeaux et les deux femmes s'étaient rapprochées au cours des derniers mois. Terri avait tout de suite deviné l'attirance secrète de Sophie pour Max, mais s'était toujours montrée discrète et amicale. Avoir une amie telle que Terri constituait un véritable réconfort.

— Ne t'y fie pas, je ne continuerai pas ainsi éternellement ! Et puis je compte bien adopter le chien dont je rêve depuis si longtemps, et ce sera impossible tant qu'il continuera à m'embarquer aux quatre coins du monde !

— Ce qui reste un mystère pour moi, c'est qu'il soit

le seul à ne pas avoir compris tes sentiments pour lui, alors que c'est une évidence pour tout le monde !

Sophie sentit sa gorge se nouer.

— Je crois qu'il ne me voit pas du tout comme une femme, mais comme une assistante avant tout.

— Il faut dire que tu es la meilleure des assistantes ! souligna Terri. Mais tu n'en es pas moins une femme pour autant. Pourquoi ne pas essayer de le lui faire comprendre en douceur ?

— Je ne sais pas... Comment veux-tu que je m'y prenne ? Les minijupes, les décolletés ou le maquillage, ce n'est pas vraiment mon fort !

— Mais tu n'as pas besoin de ce genre de tenues pour être féminine ! Non, je me demandais si un peu de compétition ne ferait pas ouvrir les yeux à notre cher Max. La jalousie, il n'y a rien de tel.

Sophie fit « non » de la tête.

— Je ne me vois vraiment pas essayer de le rendre jaloux...

— Les hommes ont parfois besoin qu'on les réveille un peu. Si tu ne tentes rien, tu t'exposes à le couver du regard en silence pour le restant de tes jours.

Sophie laissa échapper un soupir, en repensant à la première fois où elle avait croisé le chemin de Maxwell Carter. C'était peu dire qu'il lui avait fait forte impression ! Un peu comme de rencontrer Indiana Jones. Elle avait tout de suite compris comment anticiper ses besoins et il avait fini de son côté par saisir à quel point elle lui était indispensable. Par la suite, ses sentiments à elle avaient évolué, tandis que Max n'éprouvait rien de plus qu'un profond respect pour elle et son travail.

Elle avait rêvé des nuits entières qu'une idylle puisse naître entre eux, mais jamais rien de la sorte ne s'était produit. Elle avait été le témoin à distance de quelques aventures sans lendemain, et en avait énormément souffert, même si elle avait rapidement constaté qu'aucune des conquêtes de Max ne restait dans le paysage plus de quelques jours.

Leur relation à tous les deux était bien la plus durable qu'il ait eue !

— Peut-être que je profiterai des vacances pour acheter mon chien, et me décider à lever le pied. En étant à distance de Max, ce sera moins compliqué pour moi, sans doute.

— C'est sûr que ce serait plus facile s'il était un peu moins séduisant ! concéda Terri.

— J'arrive à passer outre à son apparence physique, mais il peut se montrer si charmant quand il en a besoin...

— Oui, mais seulement quand il en a besoin, parce qu'il sait aussi jouer les bouledogues lorsqu'il veut que nous fassions des heures supplémentaires !

— C'est vrai, mais il fait lui-même plus d'heures que n'importe qui d'entre nous, alors on s'en tire à bon compte, finalement. Et puis même s'il joue les durs devant nous, il est aussi profondément généreux : jamais il n'oublie d'impliquer des associations caritatives à ses projets.

— C'est vrai... Au fait, je me demandais si tu avais fréquenté quelqu'un depuis que tu travailles avec Max ?

— Bien sûr que oui, j'ai même eu quatre flirts. Chaque fois pendant les vacances.

— Quatre hommes en quatre ans ? Ce n'est pas grand-chose ! Je te mets au défi d'en rencontrer au moins six de plus au cours de tes prochains congés !

— Et comment je suis censée les rencontrer ?

— Sur internet, enfin ! Il faut savoir vivre avec son temps, Sophie.

— Merci du conseil, mais je crois que je préfère encore me casser une jambe !

— Il faut vraiment que tu te réveilles, sinon il va te filer sous le nez. Ne va pas dire que je ne t'avais pas prévenue.

Max ne vit pas grand-chose de l'île de Chantaine à son arrivée, car son avion atterrissait de nuit. Il avait fait quelques recherches avant de partir et avait été saisi par la beauté de cette île dont il n'avait jusqu'alors jamais entendu parler. Il s'y trouvait une combinaison des différents attraits des pays méditerranéens : la beauté de la Grèce, la sophistication de la France et le charme de l'Italie.

Il s'était aussi documenté sur la famille princière. L'aîné de ses demi-frères, le prince Stefan, était décrit comme un homme travailleur, au sens des réalités bien plus solide que leur père, le prince Edward, dont on évoquait plutôt le goût pour les yachts de luxe et les manières de play-boy !

Max s'était toujours figuré que l'échec du couple formé par ses parents adoptifs était à l'origine de sa défiance envers le mariage ou la vie de couple. Il fallait dire que l'ambiance au sein de son foyer d'enfance était pour le moins explosive, son père adoptif ayant finalement largué les amarres au terme d'une dispute un peu plus corsée que les autres. Il était pourtant reconnaissant envers ses parents de lui avoir offert un toit, mais il gardait un souvenir douloureux de toutes les scènes de ménage qu'il avait entendues depuis sa chambre.

Or il se rendait maintenant compte que non seulement le modèle familial qu'il avait reçu était plutôt négatif, mais en prime, il était lui-même issu génétiquement d'un homme qui était l'antithèse du bon mari ou bon père de famille.

Il avait mené quelques recherches au sujet des autres membres de la famille Devereaux. L'aînée, Valentina, vivait au Texas avec son mari, propriétaire d'un ranch et ils avaient une fille. Fredericka, elle, vivait en France où elle était mariée à un producteur de films. La princesse Bridget avait épousé un médecin américain, et Phillipa venait de s'unir à un homme d'affaires. Le plus jeune des frères, Jacques, était étudiant à Oxford et jouait au football.

Lorsqu'il avait informé le palais de sa venue, la femme du prince Stefan, Eve, lui avait demandé de garder sa visite secrète afin d'en faire la surprise à Coco Jordan, le jour de son mariage. Il n'avait pas osé s'opposer à cette idée, même si elle lui paraissait totalement incongrue.

Comme l'avion atterrissait, il se demanda une nouvelle fois ce qu'il venait faire là... Sophie l'y avait tellement poussé qu'il avait fini par se laisser convaincre. Au moins échapperait-il à son regard culpabilisateur, ce qui était loin d'être sans importance ! Peut-être que cela suffisait même à justifier ce bref séjour, après tout.

Comme il arrivait à la zone de réception des bagages, un homme vint à sa rencontre.

— Monsieur Carter ? Maxwell Carter ?

— Oui ?

— Je suis Bernard, l'assistant de Son Altesse, le prince Stefan. L'île de Chantaine est honorée de votre visite. Si vous n'y voyez pas d'inconvénient, un chauffeur va vous conduire à la villa que nous avons mise à votre disposition, puisque nous ne pouvons vous recevoir au palais si nous voulons préserver la surprise jusqu'au mariage de Mlle Jordan, dans quelques jours.

— C'est d'accord, accepta-t-il, alors que son séjour venait de se prolonger de quelques jours sans qu'il ait eu le temps de dire « ouf ».

Trois jours plus tard, après avoir eu l'occasion de faire plusieurs excursions dans l'île, Max fut escorté jusqu'aux bureaux du prince Stefan.

Alors qu'il patientait pour rencontrer ce demi-frère qu'il ne connaissait pas, il devina pour la première fois que chacun de ses faits et gestes était scruté par les services de sécurité de Chantaine. On s'était pourtant montré insistant pour qu'il vienne ! Il était donc un peu déconcertant de se voir traiter comme un espion en puissance !

Un instant plus tard, un homme entra dans la pièce.

— Son Altesse, le prince Stefan, annonça-t-on solennellement.

Un homme aux cheveux bruns, entièrement vêtu de noir, avança jusqu'à lui.

— Maxwell Carter ?

— Oui, enchanté, prince Stefan, enfin, Votre Altesse.

Un sourire éclaira les traits du prince.

— Stefan suffira amplement, déclara-t-il en lui désignant un fauteuil en face de son bureau.

Ils prirent place, l'un en face de l'autre.

— Je tenais à vous remercier d'avoir accepté notre invitation, commença le prince. Je sais à quel point Coco sera touchée de votre présence à son mariage, elle qui a tant œuvré à notre rapprochement à tous.

Max balaya d'un geste les remerciements qu'il ne se sentait pas vraiment mériter : il n'avait pas particulièrement cherché à se retrouver là. Il s'était d'ailleurs attendu à plus de distance et de solennité de la part de son hôte.

— Pour l'instant, vous êtes le seul membre de la famille que j'aie rencontré.

— Le reste de la famille ne va plus tarder, maintenant. Mes sœurs étaient très occupées avec les préparatifs du mariage. Je suis sûr que vous êtes impatient de rencontrer tout le monde désormais !

— Certainement, oui, même si je ne sais pas vraiment à quoi m'attendre… Nous avons beau partager le même sang, nous sommes de parfaits étrangers les uns pour les autres, au fond.

— En tout cas, Coco est vraiment charmante, vous verrez. Gentille et attentionnée, nous ne pouvions rêver d'une meilleure sœur !

— Pourtant vous êtes plutôt bien servi en la matière, avec les quatre autres !

— Vous avez parfaitement raison ! J'ai eu beaucoup de chance avec chacune d'entre elles, ou en tout cas elles ont réussi à me le faire croire !

— Eh bien, vous ne semblez pas traumatisé par les femmes innombrables qui vous entourent !

— Pas du tout, confirma Stefan, amusé. Et vous, avez-vous pris plaisir à découvrir notre île, ces derniers jours ?

Max acquiesça.

— Oui, vraiment. Chantaine est un lieu enchanteur. Je dois dire que mon regard professionnel s'est arrêté sur vos infrastructures et je peux vous dire qu'elles sont globalement très impressionnantes.

— Oui, nous avons entrepris de grands travaux de rénovation, ces dernières années. Il ne reste que la pointe nord qui mérite d'être réhabilitée.

— Je l'ai remarqué, en effet.

— Nous envisageons de mettre l'accent sur le caractère sauvage de cette côte, en créant une réserve naturelle, et cela m'a amené à penser à vous, justement.

— A moi ?

— Les routes doivent être rénovées, voire totalement

refaites, et nous souhaitons nous assurer que les coûts seront maîtrisés.

— Je suis surpris que la famille princière s'occupe de ces questions d'infrastructures. N'est-ce pas au gouvernement de gérer ces problématiques ?

Stefan leva les yeux au ciel.

— Grande question que la répartition des attributions, mais pour présenter le problème de façon positive, je vous dirais que notre priorité va à l'amélioration du cadre de vie de notre peuple.

On frappa alors à la porte. Trois femmes firent bientôt leur entrée, deux d'entre elles précédées de leurs ventres ronds de fin de grossesse. Ce fut la troisième qui se dirigea d'abord vers lui.

— Vous devez être Maxwell Carter ! Nous sommes tellement heureux de vous rencontrer ! Votre venue au moment du mariage de Coco tient du miracle, c'est vraiment une merveilleuse surprise !

— Voici ma sœur Bridget, annonça Stefan. Elle adore orchestrer les rencontres familiales et fait preuve d'un talent incontestable en la matière.

— Je confirme ! reprit la deuxième jeune femme, arborant de longs cheveux et un large sourire. Je suis Phillipa. Ravie de faire votre connaissance. Vous pouvez m'appeler Pippa !

Stefan vint se placer auprès de la troisième femme pour achever les présentations :

— Et voici ma femme, la princesse Eve.

Ne sachant pas exactement comment il devait s'adresser à l'assistance, Max se sentit un peu mal à l'aise.

— Vos Altesses..., hasarda-t-il.

Eve l'arrêta aussitôt d'un geste de la main.

— Nous nous passerons des titres entre nous, déclara-t-elle avec une pointe d'accent américain. Comme nous vous le disions, nous sommes tous ravis que vous ayez pu vous libérer.

L'intérêt que tous semblaient porter à sa présence au mariage de Coco était décidément bien surprenant : après tout, Coco n'était qu'une enfant illégitime de leur père. Tout comme lui, d'ailleurs.

— Excusez-moi de vous parler aussi franchement, demanda-t-il, mais vous connaissez Coco depuis très peu de temps. Je ne peux m'empêcher d'être surpris par l'attachement que vous semblez lui porter.

Eve sourit.

— Je suis sûre que vous nous comprendrez sans mal. Attendez juste de la rencontrer.

— Et puis depuis le décès de sa mère, elle se retrouve très seule, on ne peut résister à l'envie de la protéger, ajouta Phillipa.

— Même si elle aura très bientôt un mari et une belle-fille, précisa Bridget. Par contre, nous n'avons que très peu de temps pour nous organiser. Afin de faire les présentations tout en ménageant un effet de surprise, nous aimerions vous placer au fond de la chapelle, afin que vous ne ratiez pas la cérémonie.

— Il serait en effet extrêmement dommage qu'il rate des heures de cérémonial indigeste ! marmonna Stefan d'un ton pince-sans-rire.

Bridget et Phillipa lui adressèrent un regard désapprobateur qui provoqua instantanément en Max un sentiment étrange de solidarité envers Stefan. Etait-ce là ce que l'on nommait la fraternité ?

Stefan balaya les regards accusateurs de ses sœurs d'un haussement d'épaules.

— Quoi ? Ce n'est tout de même pas comme si un mariage était aussi palpitant qu'un match de football ?

Le jour du mariage, Max se retrouva placé au fond de la chapelle, comme on le lui avait expliqué. Il se sentait pourtant particulièrement mal à l'aise. Sa sœur inconnue et son fiancé échangèrent néanmoins leurs vœux.

Les sœurs Devereaux entouraient le couple de leur présence et de leurs attentions, ce qui accentuait son malaise. Il y avait quelque chose dans leur voix et leur présence qui lui nouait la gorge, sans qu'il parvienne à identifier quoi.

En fait, ils étaient tous trop gentils.

Il vit le mari embrasser sa jeune épouse et sentit une nouvelle fois son estomac se nouer. Pourquoi était-il à ce point touché par cet étalage de sentiments ?

Peu après, il suivit néanmoins le mouvement jusqu'à la salle de réception. Bridget vint lui offrir une coupe de champagne. Il devait enfin être présenté à la jeune mariée.

— Comment vont se passer les présentations, princesse ? demanda-t-il en trinquant avec elle.

— Eh bien, vous n'avez qu'à me suivre, ensuite ce sera à vous de jouer… Ce ne devrait pas être très compliqué ni très formel : il vous suffira de dire à Coco combien vous êtes heureux de la rencontrer et lui adresser vos vœux de bonheur.

— Si vous le dites, Altesse, marmonna-t-il en déposant sa coupe vide sur un plateau avant de lui emboîter le pas.

Tout cela ne signifiait pas grand-chose pour lui, au fond. Mais il eut beau se répéter ces paroles qu'une curieuse affection naquit en lui dès qu'il rencontra le regard de Coco.

La jeune mariée se tourna vers lui et son regard s'arrêta immédiatement.

— Vous êtes mon frère, n'est-ce pas ?

— Oui. Maxwell Carter, pour vous servir, Votre Altesse, dit-il d'une voix blanche.

Elle éclata de rire.

— Vous avez raison, moi aussi j'aurais dû vous appeler Altesse !

— Oh non, ce genre de titre n'est pas pour moi, se défendit-il.

Curieusement un sentiment de regret l'envahit. Combien d'années perdues avant de la rencontrer... ?

— Cela fait tellement longtemps que je cherchais à vous rencontrer ! s'exclama la jeune femme émue, faisant écho aux pensées qui venaient de l'agiter.

— Je suis très heureux, moi aussi.

Elle lui présenta Benjamin, son jeune époux, qui le salua à son tour.

En arrivant dans l'Etat de Virginie où résidait sa mère, pour passer quelques jours de vacances, Sophie se préparait à l'interrogatoire qu'elle n'allait pas tarder à subir.

Pour une fois, pourtant, sa mère fut beaucoup moins prompte à la taquiner sur son célibat et beaucoup plus détendue que d'habitude.

L'ayant élevée seule, Katherine Taylor avait toujours été très inquiète pour sa fille et il lui avait fallu des années pour cesser de s'angoisser systématiquement pour elle.

De son côté, Sophie avait décidé de chasser Max de son esprit pendant les vacances. Après avoir consacré tant d'énergie à son travail et passé la majeure partie de son temps à l'étranger en déplacements professionnels, elle se disait que le moment était venu de passer à autre chose. Bien sûr, les voyages avaient quelque chose d'excitant, mais elle aimait aussi se retrouver au calme, et commençait à ressentir l'envie d'un endroit à elle, où elle pourrait passer plus de quelques semaines d'affilée.

Pourtant, même si l'idée était tentante, elle sentait que quelque chose au fond l'empêchait encore de décrocher son téléphone pour exposer ses nouveaux projets à son employeur.

Le premier de l'an, elle commença à compiler une liste de bonnes résolutions. La première d'entre elles consistait à penser à sa vie personnelle et à reléguer son travail au second plan.

Comme elle venait de consigner cette décision, son portable se mit à sonner et le nom de Max s'afficha sur l'écran. Aussitôt son estomac se noua.

— Allô, Max ! répondit-elle d'une voix fébrile.

— Oui, Sophie, je vous appelle de Chantaine. Je voulais vous dire que j'avais rencontré ma famille et que vous aviez raison : ce sont des gens charmants. En revanche, cela m'a obligé à rester bien plus longtemps que prévu et maintenant, je me retrouve recruté par le prince Stefan pour un chantier dans son île. J'ai vu les détails avec nos bureaux et le contrat est accepté, nous signons avec Chantaine ! Evidemment j'ai besoin de vous ici au plus tôt.

— Comment ? Mais c'est impossible, j'ai posé mes congés, je comptais profiter de vacances en famille !

— Eh bien, je vous laisserai du temps libre ici, pour que vous profitiez de l'île et que vous vous reposiez. Vous verrez, c'est vraiment un lieu magnifique.

L'espace d'un instant, elle songea que si elle voulait dire « non » à Max, c'était maintenant ou jamais. Elle avait adoré tous les voyages qu'ils avaient faits ensemble, mais elle rêvait d'autre chose, d'un foyer, d'une vie plus posée. Elle en avait assez de ne plus avoir d'attaches, d'être toujours entre deux avions.

— Quand auriez-vous besoin de moi ? s'entendit-elle pourtant répondre.

— Avant-hier, Sophie, comme toujours ! Allez, vous savez que je suis perdu sans vous. Et je ne peux compter sur personne d'autre pour ce genre de projet !

Elle inspira profondément, et finit par répondre ce qu'elle lui répondait toujours :

— C'est d'accord, je vais m'organiser.

Cette fois, pourtant, elle se dit que c'était bien la dernière fois.

La toute dernière fois.

Deux jours plus tard, Sophie découvrait, ébahie, les splendeurs de la côte de Chantaine par le hublot de l'avion. Elle n'avait jamais vu de plages au sable aussi blanc, baignées par des eaux turquoise. L'intérieur des terres contrastait avec le littoral par sa végétation abondante et des sommets rocheux escarpés.

Quelques instants plus tard, l'avion atterrit et elle s'empara de son bagage à main, impatiente de poser le pied sur le sol de Chantaine.

Elle sortit du terminal sous un beau ciel bleu, par une journée chaude, mais pas étouffante. Les conditions étaient vraiment idéales, songea-t-elle. Au point qu'elle risquait d'avoir du mal à repartir d'ici !

Une Mercedes s'arrêta à sa hauteur. Le chauffeur ainsi que Max sortirent au même moment.

— Sophie, lança son patron, je vous attendais avec impatience ! Le travail en retard s'accumule.

— Quel accueil charmant ! Je ne vous cache pas que je m'en doutais, mais je vous rappelle aussi que vous m'avez néanmoins parlé de jours de congé ?

— Oui, oui, bien entendu, je vous laisserai du temps libre, mais pas tout de suite.

— C'était trop beau pour être vrai, marmonna-t-elle.

La fatigue du voyage lui enlevait toute combativité et elle tendit ses bagages au chauffeur qui attendait pour les placer dans le coffre.

— Merci, dit-elle, surprise de l'empressement dont cet homme faisait preuve. Vous vivez vraiment dans une île magnifique.

— C'est vrai, répondit Max à la place de l'intéressé. Mais vous devriez voir le littoral nord : un sacré chantier nous attend. Pour le moment, les routes existantes sont instables et menacées de chutes de pierres à tout moment, c'est vraiment très dangereux.

— Faudra-t-il construire un pont ? demanda Sophie.

— J'ai l'impression que nous pourrons nous en passer, mais ce qui risque d'être compliqué, ce sera d'obtenir les matériaux en temps et heure.

— Et j'imagine déjà combien cela va vous mettre sur les nerfs ! s'amusa-t-elle en souriant au chauffeur. Max considère que la patience est un vilain défaut.

Il haussa les épaules.

— On ne se refait pas, concéda-t-il en entrouvrant sa vitre pour profiter de la douceur de l'air. Mon impatience est ma force et ma faiblesse à la fois. Mais je fais en sorte de la transformer en atout la plupart du temps.

Elle acquiesça d'un signe de tête.

— Et que me racontez-vous de vos frères et sœurs ?

— C'était une rencontre vraiment intéressante.

— Je suis surprise que vous ayez accepté le chantier qu'ils vous ont proposé.

— Ah oui ? Au contraire, cela me permet de ne pas me sentir obligé d'autre chose.

— Comment cela, « obligé » ?

— C’est un peu compliqué à expliquer, mais nous avons beau être de la même famille sur le papier, je ne le ressens absolument pas ainsi. Je ne me sentirais pas à l’aise si je n’avais pas une mission à accomplir ici.

— Je vois, et vous avez accepté ce projet parce que vous vous sentiez coupable ?

— Pas vraiment, mais je me sentais un peu contraint d’accepter. Sauf qu’en prime, je vais être rémunéré pour mon travail.

Elle laissa échapper un soupir.

— Vous aviez l’air de dire que le prince Stefan était un fin négociateur, mais vous en êtes un, vous aussi. Serait-ce un hasard si les deux frères sont de véritables requins en affaires ?

— Je disais cela en plaisantant. Je ne peux pas prétendre que je les connaisse pour le moment. Stefan semble être quelqu’un de très efficace sous des dehors aimables et des manières très… princières ! Il est marié à une Américaine qui doit donner naissance sous peu à leur premier bébé. D’ailleurs, elle vient du Texas, comme les deux maris des sœurs de Stefan. Ils semblent très unis, en tout cas.

— Vous dites cela comme si c’était une bizarrerie.

— Eh bien, je ne suis pas vraiment habitué à côtoyer des couples heureux ou des familles unies. Mes parents passaient la majeure partie de leur temps à se disputer. Quand on sait que mon père consacrait quatre-vingt-dix pour cent de son temps en dehors de la maison, cela laisse imaginer quelles relations entretenaient mes parents.

Elle découvrait cet aspect de sa vie privée pour la première fois. Max avait toujours été plutôt avare en confidences, et elle comprenait mieux désormais la plupart de ses réactions à la lumière de ces quelques indices.

— Vous savez qu'il arrive que des gens tombent amoureux, se marient et vivent heureux ensemble ?

— A mon avis, ça n'arrive que dans les contes de fées, dit-il en regardant par la vitre alors que leur véhicule longeait l'une des plages les plus spectaculaires de l'île.

— Je vous connaissais cynique, mais…

— Ce n'est pas du cynisme, coupa-t-il. Je me montre simplement réaliste : les couples se marient parce qu'ils ont une attirance physique, et ensuite, ils restent ensemble car des enfants naissent de cette union. Les hommes veulent parfois des enfants pour des questions de descendance, d'ego. Leurs vies sont centrées sur les enfants pendant quelques années, jusqu'à ce qu'ils traversent une crise à la quarantaine et recherchent la compagnie d'une autre femme, plus jeune…

— Je suis très surprise de découvrir votre théorie dans son entier. Jusque-là, j'avais à peu près saisi votre position sur la question, mais j'en ignorais les rigoureux fondements scientifiques.

— Comment ça, « scientifiques » ?

— On devine le raisonnement de l'ingénieur dans votre point de vue.

— Ce n'est pas un simple point de vue, cela repose bel et bien sur l'observation de nombreux cas, déclara-t-il avec aplomb.

— Et dans ce cas, comment expliquez-vous que le prince Stefan soit si attentionné envers sa femme, comme vous venez de le dire ?

— Cela ne durera pas, ils sont en phase de procréation, cela correspond au contraire très précisément à ce que je vous ai décrit à l'instant !

Elle sourit, mais le cœur n'y était pas.

Après tant d'années passées à espérer en secret que les propos de Max ne soient qu'une façade, elle commençait à se rendre à l'évidence : il était désespérément perdu pour la romance.

Au plus profond de lui, il ne croyait pas à l'amour. Il n'y avait jamais cru.

2

La semaine avait été surchargée de travail, et Sophie reçut l'annonce de Max avec surprise et appréhension.

— Comment ça, elles veulent me rencontrer ?

— Eh bien, les femmes de la famille princière se sont montrées curieuses de vous connaître, après m'avoir entendu parler de vous. Il est donc naturel qu'elles proposent de vous rencontrer, non ? expliqua Max.

Elle l'observa avec méfiance.

— Est-ce que je peux savoir ce que vous leur avez dit à mon sujet ?

Il haussa les épaules.

— Pas grand-chose, simplement que vous étiez la meilleure assistante qui soit.

— Vous avez dit cela ?

— Vous le savez, je ne vous ai jamais caché que vous étiez une assistante irremplaçable.

— Hum, fit-elle, toujours suspicieuse. Et quand est-ce que je suis censée les rencontrer ?

— Demain.

Elle pensa à sa maigre garde-robe, à sa coiffure, et fronça les sourcils.

— Comment est-ce que vous voulez que je me prépare à rencontrer la famille princière en si peu de temps ?

— N'en faites pas toute une histoire, il s'agit juste de prendre le thé !

— Le thé ? répéta-t-elle. Savez-vous vraiment comment cela doit se dérouler ?

— Je ne vois pas d'autre façon de prendre le thé qu'en… prenant le thé !

— Est-ce que vous leur avez dit que je viendrais ?

Il retint un soupir.

— Oui, elles insistaient tellement, et puis j'ai pensé que ce serait une pause agréable pour vous.

— Ah, vous pensiez vraiment que prendre le thé avec la famille princière constituerait une pause pour moi ?

— Eh bien, ça change de votre rythme quotidien, non ?

Elle eut une illumination soudaine :

— Oubliez ce que je vous ai dit, l'interrompit-elle, je prends le reste de ma journée.

— Pardon ? Vous partez maintenant ?

— Oui, je vous rappelle que j'ai un rendez-vous important demain et que je n'ai rien à me mettre.

— Mais je comptais sur vous pour vérifier les…

Elle secoua la tête.

— N'y songez même pas, rétorqua-t-elle en refermant son ordinateur portable. A dans deux jours !

Ce n'était pas simplement le fait d'être prévenue à la dernière minute qui la mettait en colère. Elle en voulait aussi à Max de la considérer comme son assistante et uniquement ainsi. Pourtant, ici à Chantaine, le cadre était romantique au possible. Depuis des mois, elle travaillait dur, plus de douze heures par jour à ses côtés, et pourtant, il ne semblait toujours pas la voir.

— Eh bien…, commença-t-il, bouche bée.

— La discussion est close !

Elle traversa le bureau et claqua la porte derrière elle, avant de se diriger vers sa voiture.

Elle emprunta aussitôt la route des montagnes. Malgré tout, elle devait reconnaître que le projet de route du Nord était un défi des plus exaltants. Alors qu'elle enchaînait les virages, elle songea qu'une fois cette petite route rendue plus praticable, les habitants de Chantaine pourraient profiter d'une partie de l'île luxuriante en flore comme en faune.

Elle avait l'impression de traverser une forêt vierge après avoir quitté les parcs impeccablement entretenus du centre de l'île ou les plages rocheuses du Sud. Il n'y avait pas un seul jour, ces derniers temps, où elle ne s'était demandé si elle avait bien fait d'accéder à la demande de Max. Au fond, elle savait que l'espoir de se donner une dernière chance avec lui avait guidé sa décision. Or elle s'était une fois encore bercée d'illusions. Chaque journée la rendait un peu plus impatiente et déçue.

Elle inspira profondément l'air frais et pur, et accéléra dans la descente vers la ville. Il fallait près d'une heure sur ces petites routes sinueuses pour rejoindre le centre de Chantaine, et elle était impatiente de se promener parmi les restaurants, les boutiques, et tout ce qu'offrait ce centre dynamique et luxueux, même si elle n'avait guère eu l'occasion d'en profiter jusque-là.

En tout cas, c'était au programme pour aujourd'hui : elle n'avait rien dans sa valise qui lui permette de se rendre à un thé au palais princier. Elle s'arrêta d'abord pour acheter un sandwich avant de partir en quête d'une nouvelle robe. Enverrait-elle la facture à Max pour lui apprendre à la prévenir au dernier moment ?

Au bout de deux ou trois boutiques, elle finit par tomber sur une petite robe bleue qui la mettait en valeur. L'étiquette lui tira une grimace, mais elle oublia vite ce détail en se dirigeant vers un salon de coiffure. Ses boucles folles commençaient à nécessiter une sérieuse remise en forme !

En sortant du salon une bonne heure plus tard, elle

était sur les rotules. La soirée était déjà bien entamée quand elle regagna son appartement, et après un repas frugal, elle ne tarda pas à rejoindre son lit.

Lorsqu'elle s'éveilla le lendemain, elle eut un instant de panique en consultant sa montre. Il était déjà midi, et elle était attendue en début d'après-midi au palais ! Elle courut prendre sa douche, avant de s'attaquer à l'étape critique du coiffage et du maquillage, et son téléphone portable sonna bientôt pour lui annoncer qu'un chauffeur passait la prendre pour l'emmener au palais.

Son estomac se noua encore davantage. Elle essaya de se remémorer le peu que Max lui avait appris au sujet des princesses, mais elle avait l'impression de mélanger les prénoms et les histoires. Reposant alors la tête contre son siège, elle essaya de se détendre tandis que le chauffeur l'emmenait vers le palais.

A peine quelques instants plus tard, elle descendait de voiture et avançait vers l'imposante entrée.

— Mademoiselle Taylor ? l'accueillit un portier.

— Oui, c'est moi-même. Que c'est beau ! ne put-elle s'empêcher de murmurer.

— Merci, nous sommes tous de votre avis, ici à Chantaine. Si vous voulez bien me suivre, je vais vous conduire auprès des princesses Devereaux, qui vous recevront pour le thé.

— Merci, répondit-elle, de plus en plus nerveuse.

Le portier la mena dans un magnifique parloir où une table avait été dressée.

— Je vous en prie, dit l'homme en tendant le bras vers l'un des sièges.

— Mes hommages, mademoiselle, reprit une voix masculine dans son dos.

Elle se retourna vivement.

— Merci, bredouilla-t-elle, bonjour !

— Walter Deneuve, pour vous servir. J'espère que je ne vous ai pas fait peur, est-ce que tout va bien ?

— Tout va bien, répondit-elle, je suis simplement un peu nerveuse.

Walter sourit.

— Les Devereaux sont des plus chaleureux. Je suis sûr que vous serez enchantée de les rencontrer.

— J'en suis sûre moi aussi. En tout cas, tout a l'air absolument délicieux, ajouta-t-elle en contemplant avec gourmandise les pâtisseries raffinées.

La porte s'ouvrit à cet instant, livrant le passage à trois jeunes femmes.

— Son Altesse, la princesse Eve, épouse du prince Stefan, annonça Walter.

Sophie inclina la tête respectueusement.

— Leurs Altesses Bridget et Phillipa, poursuivit-il.

— Merci, Walter, interrompit la princesse Eve en tendant la main à Sophie. Le protocole est parfois un peu figé, mais nous sommes assez grandes pour nous présenter nous-mêmes, n'est-ce pas ? Je suis Eve, enceinte depuis bien trop longtemps à mon goût ! Je suis ravie de faire votre connaissance. Depuis le temps que nous réclamions à Maxwell de vous rencontrer.

— Bonjour, moi, je suis Bridget et je ne suis pas enceinte ! enchaîna une jeune femme brune, perchée sur de hauts talons. En revanche, je suis la mère adoptive d'adorables jumeaux.

— Vraiment ? Quel courage d'adopter deux enfants en même temps ! souligna Sophie.

Bridget sourit.

— Merci, c'est vrai que les jumeaux sont prenants, reconnut-elle avant de se tourner vers la troisième jeune femme. Et voici Phillipa, dite Pippa. Elle devrait accoucher juste après Eve.

Sophie sourit à la princesse au doux visage.

— Je vous souhaite à toutes les deux une belle fin de grossesse, et un magnifique accouchement, dit Sophie.

— Merci, répondit Pippa. Que diriez-vous de vous asseoir ?

— Oui, bien sûr, dit Bridget, vous serez mieux assises toutes les deux. Est-ce qu'un thé glacé vous conviendrait ?

Sophie se sentit soulagée de passer au travers d'un cérémonial du thé compliqué, ce qu'elle redoutait énormément.

— Ce serait un plaisir, dit-elle.

Quelques instants plus tard, on leur servait des pâtisseries accompagnées d'un grand verre de thé glacé.

— Alors, comment se passe votre mission avec Maxwell ? Il a l'air particulièrement exigeant dans son travail, je me trompe ? interrogea Bridget.

— En effet, c'est exactement le cas, répondit Sophie en souriant de l'euphémisme.

— Il nous a parlé de vous à plusieurs reprises, et nous nous sommes dit que vous apprécieriez peut-être un peu de compagnie féminine ? J'imagine qu'il y a peu de femmes sur un chantier de construction. A moins que vous nc préfériez être entourée d'hommes ?

Sophie s'amusa de la plaisanterie.

— Peut-être que dans un autre contexte j'apprécierais, mais en l'occurrence, l'ambiance n'est pas au flirt sur les chantiers, croyez-moi !

— Quel dommage ! soupira Bridget. Il faut donc que nous vous présentions quelqu'un pour partager votre temps libre !

Pippa pouffa.

— Voilà Bridget qui cherche de nouveau à jouer les marieuses !

— J'espère bien aboutir à un mariage, un jour ou l'autre !

Sophie fronça les sourcils, préoccupée par la détermination qu'elle perçut dans la voix de Bridget.

— Je vous rassure, je ne cherche pas du tout à rencontrer quelqu'un, et de toute façon, je n'ai que très peu de temps libre.

— Peut-être, mais il paraît qu'il faut pourtant savoir s'arrêter, de temps en temps. C'est en tout cas ce qu'on me répète à tout bout de champ, déclara Eve en soupirant.

Bridget acquiesça.

— Eve n'a pas eu une grossesse très facile et nous avons dû nous montrer convaincantes pour qu'elle accepte de lever le pied, alors qu'elle est toujours hyperactive. Heureusement que Coco a réussi à lui parler.

Entendant le nom de la sœur de Max, Sophie sentit sa curiosité s'éveiller.

— Max ne l'a pas vraiment beaucoup vue, mais il m'en a dit beaucoup de bien.

— Oui, elle est vraiment charmante, renchérit Pippa. Si cela ne tenait qu'à nous, nous la kidnapperions pour qu'elle reste à Chantaine.

— J'aurais bien aimé la croiser, dit Sophie.

— Mais ce sera peut-être possible : lorsque les bébés seront nés, je suis sûre qu'elle ne résistera pas à l'envie de leur rendre une petite visite.

— En attendant, il faudra que vous veniez visiter mon ranch, déclara Bridget, non sans une certaine fierté.

— Votre ranch ?

— Oui, mon mari est originaire du Texas et depuis qu'il dirige l'hôpital de Chantaine, je sens que sa terre natale lui manque. Nous avons donc fait construire un ranch. Nous avons des poules, des chevaux, et même deux vaches. Vous verrez, vous aurez l'impression de rentrer au pays, si vous venez !

Sophie éclata de rire. Elle n'avait jamais mis le pied dans le moindre ranch aux Etats-Unis !

— J'en serais ravie. Mais dites-moi, comment avez-vous réussi à reproduire un ranch ici ?

— Ce n'était pas une mince affaire, il nous a fallu des mois, mais mon mari a l'air tellement heureux, maintenant, que cela en valait la peine. La seule chose qui manque à son bonheur, c'est que Chantaine ait une équipe de base-ball digne de ce nom, mais cela ne semble pas près d'arriver !

— D'où nous venez-vous, chère Sophie ? demanda Eve en cherchant vainement une posture plus confortable.

— Je suis des environs de Washington.

Eve ouvrit de grands yeux.

— Sophie est une citadine, Bridget. Tu vois que tous les Américains ne sont pas texans !

Bridget fit mine d'être contrariée.

— Bon, je vous pardonne, ma chère ! Peut-être que vous seriez contente, alors, de me suivre à Paris pour rencontrer Fredericka ?

Pippa et Eve secouèrent la tête à l'unisson.

— Pas tant que nous sommes enceintes, répondit Eve. Si nous sommes coincées ici, alors tu l'es, toi aussi !

— Coincées ici ? Mais enfin, Chantaine est un paradis sur terre.

— Tu dis cela, mais c'est toi qui es toujours entre deux avions. Vivement que tu sois enceinte et que ton mari se montre surprotecteur, lança Eve. Nous verrons alors si tu chantes le même refrain.

— Avec mes deux bambins, je ne risque pas d'être enceinte avant quelque temps, ça, je peux vous le garantir ! lança Bridget.

— Bon, si nous changions de sujet. Les enfants ne vous passionnent peut-être pas Sophie ? demanda Pippa.

— Oh ! je vous en prie ! Cela me change au contraire des discussions sur les engins de chantier.

— Max nous disait qu'il voyageait beaucoup, reprit Eve. Est-ce que vous appréciez cette vie nomade ?

— La plupart du temps, oui, j'adore découvrir de nouveaux pays. Mais ces derniers temps, j'ai parfois envie d'autre chose. Par exemple, je rêve d'adopter un chien, mais avec tous ces déplacements, c'est impossible.

On revint leur apporter quelques douceurs et une gigantesque corbeille de fruits. L'homme posté à la porte glissa discrètement quelques mots à Eve.

— Merci. J'avais demandé à Walter de nous prévenir aussitôt que Stephenia se réveillerait de sa sieste. Je lui ai promis d'aller jouer au parc : les garçons lui manquent, depuis que vous avez déménagé.

— Ils reviendront bientôt, promit Bridget.

Eve se leva la première.

— Eh bien, j'espère que nous aurons l'occasion de nous revoir toutes très vite !

Bridget acquiesça.

— Pourquoi ne pas nous retrouver pour un déjeuner en ville et un peu de shopping ?

— Je suis partante pour le déjeuner, mais je passe mon tour pour le shopping, répondit Eve.

— Même chose pour moi, dit Pippa.

— Merci à vous de m'avoir invitée. Je dois vous avouer que j'étais plutôt intimidée. Mais au final, cela faisait longtemps que je n'avais pas passé un aussi bon moment, déclara Sophie.

Le chauffeur qui l'attendait à la porte du palais la reconduisit à son appartement. Tandis qu'ils remontaient les petites rues pittoresques, elle se dit qu'au cours des dernières années, elle avait en effet passé énormément de temps à travailler et bien peu à s'amuser. Pourquoi ? Sans doute pour être auprès de Max. Parce que au fil des années, elle avait gardé l'espoir qu'un jour il finirait par lui prêter attention et peut-être même plus qu'une simple attention !

Au détour d'un virage, elle aperçut la mer et prit conscience qu'elle ne s'était pas rendue à la plage depuis qu'elle séjournait à Chantaine.

Pourquoi continuer à s'éreinter de longues heures au travail, alors que Max ne la regardait même pas et que cela ne risquait pas de changer ?

Elle repensa à une phrase qui l'avait marquée dans un livre de développement personnel. Cette phrase ne l'avait pas quittée depuis. *Si vous faites ce que vous avez toujours fait, vous obtiendrez ce que vous avez toujours obtenu.*

Elle fronça les sourcils. Et qu'avait-elle obtenu ces dernières années ? Un travail bien payé, une vie professionnelle plutôt trépidante et une romance à sens unique. Et toujours pas de chien.

Elle réfléchissait à ce bilan lorsque le chauffeur lui ouvrit la porte.

— Mademoiselle ?

Elle ne s'était même pas rendu compte que la voiture s'était arrêtée.

— Merci.

— Tout le plaisir était pour moi, répondit-il en l'aidant à sortir de voiture.

C'était plutôt agréable, en fait, d'être traitée avec attention et galanterie. Même s'il s'agissait là d'une mission dans le cadre de son travail.

Bon, en tout cas, une chose était maintenant claire à ses yeux : il fallait qu'elle envisage de changer les choses.

En profondeur.

Elle inspira profondément, leva les yeux vers son appartement.

Elle avait besoin de prendre l'air, en fait. Elle fit quelques boutiques dans le centre de Chantaine, puis entra dans un café où elle mangea un sandwich en regardant les gens autour d'elle pour essayer d'imaginer à quoi pouvait ressembler leur vie.

Mais les questions affluaient dans son esprit : pourquoi avait-elle accepté de venir à Chantaine ? Est-ce qu'elle aurait dû dire « non » à Max ? Qu'est-ce qui se serait passé, alors ? Où serait-elle à l'heure actuelle ?

En soupirant, elle quitta le café et reprit le chemin de son appartement.

Comme elle attendait à un feu rouge pour traverser, son esprit continuait à battre la campagne. Le symbole du piéton passa au vert et elle s'engagea sur le passage protégé.

Du coin de l'œil, elle eut à peine le temps de voir un scooter jaune prendre le virage à toute vitesse.

Une seconde plus tard, il la percutait et la projetait au loin, sur le pavé.

Plus tard. Quelques heures, quelques jours, peut-être ? Elle s'éveilla dans un étrange brouillard.

— Sophie, Sophie, c'est Max ! Est-ce que ça va ? Vous m'entendez ?

Elle ouvrit la bouche, mais sa gorge lui semblait si sèche qu'elle ne parvint qu'à émettre un vague gémissement.

— Dieu merci ! murmura-t-il. Vous reprenez conscience.

Elle sentit ses mains sur les siennes.

— Max, souffla-t-elle, prise de vertige. Que s'est-il passé ?

— Un scooter vous a percutée.

Elle inspira et essaya de se concentrer. L'image du scooter jaune lui revint.

— Ah oui…

— Vous vous le rappelez ?

Elle hocha la tête.

— Oui, je traversais et ce scooter est arrivé de nulle part. Qu'est-ce que j'ai ?

Il lui pressa la main.

— Tout ira bien, vous devez vous reposer.

Elle se rendormit pour ne se réveiller que beaucoup plus tard, sans qu'elle sache de nouveau combien de temps s'était écoulé. Cette fois son regard croisa celui d'une infirmière.

— Comment allez-vous ? Vous nous avez fait une sacrée frayeur ! s'exclama la jeune femme.

— Vous êtes australienne ? demanda Sophie en entendant son accent.

L'infirmière sourit.

— Non, je suis de Nouvelle-Zélande. Votre confusion pourrait constituer une grave offense aux yeux des Australiens comme des Néo-Zélandais !

Sophie sourit, mais ce simple geste déclencha une douleur horrible dans tout son corps.

— Qu'est-ce que j'ai de cassé ? interrogea-t-elle.

— Rien, par miracle, pas une fracture. Nous vérifions simplement que tout va bien au niveau neurologique.

— Mon Dieu, dit Sophie, vous avez des doutes en la matière ?

L'infirmière secoua la tête.

— Vous étiez simplement un peu confuse, nous avons besoin de vérifier que tout va bien.

Sophie fronça les sourcils, inquiète. Alors qu'elle

échafaudait des scénarios angoissants, elle vit Max entrer dans sa chambre.

— Max, dites-moi si j'ai des lésions cérébrales ? demanda-t-elle tout de go.

— Pas plus qu'avant, apparemment ! Les examens sont rassurants, expliqua-t-il en posant la main sur son front.

— Et la personne sur le scooter ?

Max sourit.

— Il va bien mieux que vous !

Elle fit la moue.

— Ce n'est vraiment pas juste !

— C'est certain, mais en vérité, il est absolument désolé. Il est resté dans la salle d'attente depuis votre arrivée.

— Bon…

— En tout cas, je suis heureux de vous retrouver éveillée et les idées claires.

— Est-ce que j'ai déliré ? demanda-t-elle aussitôt.

Elle nota un instant d'embarras chez Max qui secoua aussitôt la tête.

— Non, pas du tout.

Elle grimaça de nouveau.

— Vous mentez comme un arracheur de dents !

Quelques instants plus tard, Sophie se rendormait profondément. Max sortit de sa chambre et se rendit en salle de garde. Il se sentait encore sous le choc de la nouvelle de son accident et n'arrivait pas à se rassurer.

— Etes-vous sûre que Mlle Taylor va bien ? Elle s'est encore endormie !

L'infirmière jeta un coup d'œil au dossier de Sophie.

— Ecoutez, tous les examens sont normaux, ses

constantes sont parfaites. Il est surprenant qu'elle s'en tire avec aussi peu de dommages, mais un tel traumatisme nécessitera quelques jours avant qu'elle récupère complètement. Elle devrait vite pouvoir sortir. Le médecin viendra voir si c'est envisageable pour cet après-midi.

— Cet après-midi ? répéta-t-il incrédule. Mais elle n'est là que depuis avant-hier soir.

— Peut-être, mais en l'absence de lésion grave, nous n'avons aucune raison de la garder. En revanche, elle aura peut-être besoin d'une présence auprès d'elle la première nuit, c'est tout.

— Nous y veillerons, déclara une voix féminine derrière Max.

Il se retourna et découvrit la princesse Bridget, accompagnée d'un garde du corps.

— Votre Altesse, murmura l'infirmière en inclinant la tête.

Bridget inclina la tête en réponse.

— Merci. Je viens vous demander des nouvelles de Mlle Taylor, dit-elle avant de se tourner vers Max. Bonjour Maxwell, j'aurais préféré vous revoir dans d'autres circonstances. J'ai cru entendre parler de sortie pour Sophie ?

— Oui, c'est ce que me disait l'infirmière, mais le médecin décidera après sa visite.

— Vous ne semblez pas rassuré à l'idée qu'elle rentre chez elle. Qu'est-ce qui vous préoccupe ?

— Pour tout vous dire, je la trouve encore très fatiguée, j'ai du mal à l'imaginer seule dans son appartement.

— Et si elle venait au palais ? Pippa s'y trouve en ce moment, car Nic est en déplacement professionnel aux Etats-Unis. Elle lui tiendra compagnie et il y aura toujours le personnel du palais. Je ne lui propose pas de venir au ranch : avec mes deux petits monstres, le calme est une denrée rare, en ce moment !

La générosité de l'offre prit Max au dépourvu. Il était touché, mais en même temps, il avait le sentiment que c'était à lui de prendre soin de Sophie.

— C'est vraiment très aimable, mais je dois voir avec elle ce qui lui conviendra le mieux.

— En tout cas, elle ne pourra être mieux traitée qu'au palais, insista Bridget.

Max réfléchit un instant. Il n'imaginait pas accepter une telle faveur de la part des Devereaux. Et puis, il se sentait mal à l'aise de leur confier Sophie.

— Je voudrais qu'elle se sente à l'aise.

— Nous l'avons beaucoup appréciée, vous savez. Votre Sophie est…

— Ce n'est pas *ma* Sophie, même si je parle souvent de mon assistante, elle a encore son libre arbitre !

— Très bien. Je voulais simplement dire que nous avions apprécié sa présence et que nous serions ravies de passer plus de temps avec elle. Je me permets donc d'insister pour qu'elle vienne passer sa convalescence au palais, répliqua Bridget, piquée au vif.

Il nota que Bridget avait visiblement un caractère bien trempé et n'était pas femme à se laisser marcher sur les pieds. Est-ce que les autres femmes de la famille avaient elles aussi hérité de ce tempérament de feu ?

3

— Je vais bien, assura Sophie en s'asseyant sur son lit.

L'inquiétude de Max était presque palpable. Chacun de ses regards ou de ses gestes la trahissait.

— Vraiment ?

Elle acquiesça alors qu'il s'approchait, prévenant. L'espace d'un instant, elle sentit sa main sur son bras. Son contact était si rassurant.

Le médecin avait accepté qu'elle sorte à condition qu'elle ne reste pas seule la première nuit.

— Je vous assure que ça va, insista-t-elle. Vous n'êtes vraiment pas obligé de rester.

— Il est hors de question que je vous laisse toute seule, ce soir. Si vous ne souhaitez pas vous rendre au palais, je suis sûr que nous trouverons une formule pour que vous ne restiez pas seule.

— Je suis d'accord pour me rendre au palais, ce n'est pas tous les jours qu'on a un tel lieu à sa disposition ! Et puis ce ne sera que pour une nuit !

— Une ou deux, précisa-t-il.

— Etes-vous sûr de ne rien me cacher ? Que vous a dit le médecin, à mon sujet ? Est-ce que je suis bien indemne à tous points de vue ?

— Vous allez bien, assura Max en lui serrant le bras. Le médecin a dit que tous vos examens étaient normaux.

— Pourquoi vous montrer aussi inquiet, alors ?

Il haussa les épaules.

— C'est sans doute le choc de la nouvelle de votre accident. Je vous vois au quotidien, je ne pouvais imaginer qu'il vous arrive quelque chose, alors vous voir sur un lit d'hôpital, blessée…

Ses mots la touchèrent en plein cœur.

— Merci de votre présence et de votre sollicitude, mais je me sens mieux déjà, et je sais que tout ira bien.

— D'accord. Cela dit, n'hésitez pas à m'appeler lorsque vous voudrez quitter le palais.

— Très bien, mais je ne pense pas qu'ils envisagent de m'enfermer dans un sinistre donjon !

— Vous avez raison, je voulais dire que j'étais à votre disposition si vous en aviez besoin.

— De toute façon, je pourrai rentrer chez moi sans tarder. Ce n'est donc pas un problème.

— D'accord, dit-il en plongeant son regard dans le sien.

Il semblait tellement ébranlé que Sophie se posa mille questions. Etait-il plus attaché à elle qu'il ne voulait bien le laisser paraître ? Cet accident aurait-il servi de révélateur à des sentiments qu'il ignorait lui-même ?

Une infirmière entra dans sa chambre, suivie par un employé du palais.

— Tout va bien ? Le palais a envoyé quelqu'un vous chercher.

— Voici les consignes pour Mlle Taylor, dit l'infirmière en tendant un document à Max.

Il se saisit de la note.

— Pourriez-vous m'en faire une copie ? demanda-t-il.

— Bien sûr, monsieur.

Quelques minutes plus tard, elle quittait l'hôpital, escortée par Max.

— C'est incroyable, la vie d'un membre de la famille

princière, tout de même, dit-elle en renversant la tête contre son siège.

Elle sentit aussitôt le regard de Max se poser sur elle.

— Comment cela ? Vous aimeriez mener la vie d'une princesse ?

Elle ouvrit les yeux et se tourna vers lui.

— Je crois que cela ne me dérangerait pas particulièrement de mener de temps à autre la vie d'une princesse, en effet ! Même si ce n'est sans doute pas aussi exaltant qu'on l'imagine tous les jours. Et pour vous, comment est-ce que cela se passe, cette rencontre avec votre famille ?

Il fronça les sourcils.

— Pour le moment, ça ne change pas grand-chose. D'autant que la nouvelle n'a pas été trop ébruitée.

— Cela semble presque vous décevoir !

— Oh ! non, bien au contraire ! Je trouve que nous avons un échange de procédés des plus intéressants : ils utilisent mes ressources pour améliorer leurs infrastructures et doivent certainement se sentir soulagés que je n'essaie pas de les solliciter davantage.

— Vous avez sans doute en partie raison, mais pour les avoir rencontrés, j'ai eu l'impression qu'ils étaient plutôt simples et authentiques. Peut-être que si vous leur donniez une chance, vous seriez surpris de créer une vraie relation avec eux.

— Je leur donne une belle et solide route, je suis certain qu'ils l'apprécieront bien davantage que ma fraternelle présence !

— Vous êtes vraiment incorrigible, et encore, j'emploie ce mot pour ne pas dire « borné » !

— Ce n'est pas parce que vous auriez aimé avoir des frères et des sœurs que c'est le souhait de tout le monde, répondit-il.

— Vous pouvez bien nier l'évidence, un jour elle s'imposera à vous !

— Ma chère assistante-psychanalyste, cessez de vous préoccuper pour moi, et pensez plutôt à vous !

La voiture passa le portail du palais et alla se garer face à l'entrée.

— Nous voici arrivés, constata-t-elle, un peu nerveuse.

— Oui, je crois qu'il vaut mieux que je vous accompagne à l'intérieur.

— Mais enfin, vous ne croyez tout de même pas sérieusement qu'ils vont me maltraiter ?

Max fronça les sourcils.

— Non, mais…

— N'était-ce pas vous qui disiez que je devais me détendre ?

— Oui, vous avez sans doute raison.

— Eh bien, c'est ce que je prévois de faire, dit-elle.

Sur ces mots, elle accepta la main que lui tendait le chauffeur et sortit de voiture.

— Je vais vous accompagner, dit Max.

— Ce ne sera pas nécessaire, merci.

Sophie se réveilla en pleine nuit et se leva pour prendre un verre d'eau. Lorsqu'elle retourna se coucher, la femme de chambre qui l'attendait devant la porte la fit sursauter.

— Est-ce que vous avez besoin de quelque chose, mademoiselle Taylor ?

— Non, je vous remercie, tout va bien.

— Parfait, je vous en prie. N'hésitez pas à m'appeler en cas de besoin.

Sophie hocha la tête et se remit au lit. Elle ne savait pas si elle serait capable de s'habituer à avoir du personnel dédié à son confort. Chaque fois que quelqu'un venait à son chevet, elle se sentait mal à l'aise ou prise au dépourvu. Une fois recouchée, elle inspira profondément et ferma les yeux. Il fallait qu'elle se repose pour être en mesure de regagner son appartement au plus vite !

Elle se réveilla le lendemain matin… Ou peut-être après-midi ? Elle avait du mal à en juger. Clignant les paupières, elle scruta sa montre. Il était 10 heures. Un peu tardif comme réveil, tout de même !

Elle se tira du lit et se dirigea vers la douche. Une fois sous le jet d'eau revigorant, elle laissa son corps s'éveiller progressivement. Après une douche à rallonge, elle dut prendre son courage à deux mains pour sortir de la cabine et se sécher.

Elle venait juste de regagner sa chambre qu'elle tomba sur Pippa qui l'attendait à la table qui avait été dressée.

— Bonjour, dit la princesse. Je vous ai fait apporter un petit déjeuner américain : café, thé, œufs, bacon, croissants et confiture. Est-ce que vous trouverez votre bonheur là-dedans ?

— C'est vraiment parfait, répondit-elle en la rejoignant.

— J'ai un mari américain, que voulez-vous, répliqua Pippa en levant sa tasse de thé. Pour lui, un vrai petit déjeuner doit au moins comporter des œufs et de la viande ! Il mangerait volontiers un steak tous les matins !

— C'est vrai qu'il y a des amateurs de steak frites aux aurores, chez nous, mais je dois dire que je n'ai jamais eu la tentation de tester !

— Ce n'est donc pas si courant que cela ? Nic m'en parle comme d'une habitude quotidienne dans la plupart des familles américaines.

— Je dirais qu'il exagère un peu, tout de même ! s'exclama Sophie en attaquant ses œufs brouillés. Il doit essayer de profiter de la situation !

— Vraiment ? Il faudrait que je le prenne à son propre piège. Qu'est-ce que je pourrais lui préparer pour le guérir de ses envies de viande matinales ?

— Pourquoi pas du foie ou des ris de veau ? lança Sophie, amusée.

Pippa fit la grimace.

— Très bonne idée, en effet ! En tout cas, voilà qui devrait lui apprendre à abuser de ma confiance ! dit-elle avec un large sourire. Bon, et vous, comment vous sentez-vous, ce matin ?

— Mieux, merci beaucoup pour votre accueil et vos attentions.

— Ah, c'est une excellente nouvelle ! J'espère que cela ne vous empêchera pas de rester une nuit de plus, le temps de vous remettre totalement sur pied.

— C'est vraiment très aimable, mais ce ne sera pas nécessaire.

— Nous sommes toujours ravis de voir de nouvelles têtes au palais, en particulier quand il s'agit de personnes aussi sympathiques que vous. Vous êtes vraiment sûre de ne pas vouloir prolonger votre convalescence ?

— C'est gentil, d'autant que je ne suis pas sûre d'être une compagnie très plaisante, en ce moment ! protesta Sophie avant de hocher la tête en direction du ventre rond de Pippa. Comment se porte le bébé ?

— Tout va bien, il semblerait qu'il ait commencé à descendre, ce qui me paraît très judicieux, même si c'est plutôt inconfortable !

— Je veux bien vous croire sur parole. Combien de semaines, déjà ?

— J'en suis à trente-huit semaines et deux jours.

— Vous approchez vraiment du terme, maintenant !

— Oui. Je l'espère, en tout cas, car je commence à en avoir assez de ne plus pouvoir bouger librement !

— Avez-vous choisi le prénom du bébé ?

— Oui. Nous avons désiré rendre hommage à la mère de Nic qui est morte d'un cancer, l'année dernière. La charmante Amelie nous manque tellement que nous transmettrons son prénom. Cette femme était une vraie magicienne.

Sophie fut touchée par ce que lui disait Pippa.

— Cela a dû être une épreuve très douloureuse. C'est un très beau symbole de transmettre son nom. Et un vrai geste d'amour.

Pippa hocha la tête.

— Si vous l'aviez connue, vous auriez forcément été sous le charme. C'était un tel mélange d'audace et de sagesse. Et si drôle en même temps… Le peu de temps qu'il m'a été permis de la côtoyer, j'ai énormément appris grâce à elle. Son mot d'ordre était qu'il ne faut surtout pas laisser filer sa vie, car elle est courte. Il faut aller chercher le bonheur et l'amour là où ils se trouvent. Dire qu'on les aime aux êtres chers et leur donner la possibilité de vous aimer en retour.

Sophie porta sa tasse de café à ses lèvres pour masquer son trouble. Est-ce qu'elle aimait Max ? Ou est-ce qu'il lui plaisait simplement ? Elle fixa le liquide fumant, comme si elle y cherchait une réponse. Et si elle acceptait les sentiments qu'elle éprouvait, serait-elle capable de se laisser porter par eux ? Ne risquait-elle pas de se ridiculiser complètement ? Et s'il la rejetait, comment réagirait-elle ?

Son estomac se noua à cette pensée.

— Tout va bien, Sophie ? demanda Pippa l'air préoccupé. Vous ne semblez pas en forme, tout à coup !

— Ne vous inquiétez pas, ce n'est rien, je crois que j'ai simplement besoin d'un peu plus de café.

— Ce que je crois, c'est que vous ne voulez pas vous

plaindre, mais que vous auriez besoin de traitements plus sérieux que du café. N'oubliez pas que vous avez subi un choc important, en plus du traumatisme de l'accident lui-même, souligna Pippa. A votre place, je crois que je serais restée plusieurs jours en convalescence, le temps de reprendre mon souffle. C'est déjà un tel miracle que vous en soyez sortie quasiment indemne ! Vous auriez pu…

Sophie hocha la tête doucement. Les mots de Pippa — ceux qu'elle avait prononcés et ceux qu'elle avait volontairement omis — résonnaient dans son esprit.

Aurait-elle pu *mourir* ? Son cerveau devait tenir à distance cette idée trop perturbante. Ce scénario extrême semblait un peu trop mélodramatique, tout de même. Il était vrai qu'elle aurait certainement pu être plus gravement blessée, mais de là à imaginer le pire…

Elle repoussa cette pensée.

— Oh ! s'exclama soudain Pippa en portant la main à son ventre rond. Amelie a le hoquet ! Est-ce que vous voulez toucher ?

Sophie était curieuse de savoir ce que l'on pouvait éprouver lorsqu'on était enceinte. Sentir son bébé bouger dans son ventre devait être une expérience magique !

— Volontiers, dit-elle en tendant la main.

Pippa la guida vers le haut de son abdomen et plaça sa paume en contact avec son ventre. Sophie sentit aussitôt les secousses rythmées par les hoquets de la petite Amelie.

— Oh ! pauvre petite ! murmura-t-elle, attendrie.

— Ce n'est pas la première fois que ça lui arrive, je me demande si ce n'est pas quelque chose dans mon alimentation qui lui provoque ces hoquets !

Une étrange prise de conscience saisit alors Sophie : elle avait jusque-là soigneusement écarté l'idée d'avoir un bébé. Tout comme elle ne s'était jamais demandé si Max pouvait l'aimer, alors que ces deux idées auraient dû être au cœur de ses questionnements et qu'elles touchaient à des enjeux primordiaux à ses yeux.

Le regard de Pippa sur elle la poussa à repousser temporairement ces pensées.

— Tout va bien, vous êtes sûre ?

— Oui, simplement un peu de fatigue, répondit-elle.

— Je pense vraiment que vous devriez rester une nuit de plus au palais, par sécurité.

Sophie secoua la tête.

— Je suis sûre qu'après mon café, je serai d'aplomb !

— Si vous le dites…

— Je vous l'assure, s'obstina-t-elle en lui serrant la main avec reconnaissance. Merci de vous montrer aussi attentive, et croyez bien que j'en suis très touchée.

Pippa finit néanmoins par obtenir qu'elle reste encore une partie de la journée au palais. Aussitôt qu'elle le put, elle regagna pourtant son appartement où elle put reprendre à loisir le fil de ses questionnements.

Venait-elle d'échapper à la mort ?

Elle se refusait à dramatiser, mais il était vrai qu'elle aurait pu être bien plus gravement touchée : paralysée, peut-être. Tout le monde ne se relevait pas indemne d'un choc avec un scooter.

Pourtant, elle avait l'impression d'être plus forte que cela et en mesure de surmonter cette épreuve, comme toutes celles qu'elle avait eu à affronter jusqu'à ce jour.

Max le disait souvent : elle avait une volonté à toute épreuve et un caractère bien trempé. Elle se tirait toujours des mauvais pas, après tout.

Pour couper court à ses réflexions perturbantes, elle alluma la télévision et se concentra sur le programme.

Un peu plus tard, aux environs de l'heure du dîner, son téléphone sonna.

— Bonjour, Sophie, déclara Max. Alors, comment vous sentez-vous aujourd'hui ?

— Beaucoup mieux, j'ai quitté le palais cet après-midi.

— Qu'est-ce que je vous rapporte pour le dîner ?

Surprise par sa proposition, elle commença par refuser poliment.

— Non, vous n'avez pas besoin de m'apporter quoi que ce soit, je vais me débrouiller avec ce que j'ai ici.

— J'ai une bien meilleure idée. Je serai là d'ici une heure avec un repas-surprise, répondit-il sans lui laisser le loisir d'objecter quoi que ce soit.

Elle raccrocha, un peu déstabilisée. En vérité, elle n'avait plus guère d'appétit depuis l'accident, mais mieux valait ne pas lui en parler, de peur qu'il ne s'inquiète inutilement.

Elle parcourut son appartement de long en large, avant de revenir prendre place sur son canapé. Elle allait essayer de se détendre jusqu'à ce que la sonnette retentisse.

Elle s'était endormie, sans même s'en rendre compte !

Réveillé en sursaut, son cœur battait à tout rompre. Elle se leva d'un bond.

Max l'attendait sur le palier, les bras chargés de sacs ainsi que de deux bouteilles de bière et d'une bouteille de vin.

Elle ouvrit de grands yeux.

— Rien que ça ! lança-t-elle.

— Du steak, des pommes de terre au four, de la salade. C'est tout ce que j'ai pu trouver, et je ne suis pas sûr que le steak rivalise avec ceux que nous mangions en Australie, mais il m'a bien fallu me contenter de ce que j'ai trouvé !

— C'est sûr, murmura-t-elle en se demandant comment elle arriverait à avaler ne serait-ce que la moitié de ce qu'il avait apporté.

— J'ai trouvé l'adresse de ce restaurant à emporter dans mon guide de voyage : ils semblent dire que c'est le meilleur de Chantaine.

Elle s'empara du sac et le déposa sur la table. En découvrant la taille du steak, elle ouvrit de nouveau de grands yeux :

— Max, mais c'est énorme !

— Eh bien, vous pourrez en garder un peu pour demain.

— J'en ai pour toute la semaine, vous voulez dire !

— Pas si vous voulez reprendre des forces, insista-t-il. Asseyez-vous, je vais vous servir. Vous préférez du vin ou de la bière ?

— Plutôt de l'eau, au cas où je devrais prendre un comprimé contre la douleur, un peu plus tard.

— Vous souffrez toujours ? demanda-t-il, aussitôt préoccupé.

— Je vais bien, je me remets. J'ai eu de la chance que le scooter ne m'endommage pas davantage, expliqua-t-elle, touchée de l'attention qu'il lui portait.

— Ne vous affolez pas, mais je dois vous avouer que je suis encore sous le choc de la vision que j'ai eue de vous sur votre lit d'hôpital, reliée à tous ces tuyaux. Allez, n'en parlons plus. Prenez place et mangez !

L'expression de Max lui causait un curieux malaise. Avait-elle vraiment échappé au pire ?

— Je ne pensais pas vous avoir fait un tel effet.

Il la fixa droit dans les yeux.

— Vous qui êtes toujours si pleine d'énergie, j'ai eu du mal à vous reconnaître, lorsque je vous ai vue inanimée. Ça a été un vrai choc.

Sophie coupa un morceau de steak.

— En tout cas, c'est du passé, maintenant.

— Oui, grâce à Dieu, conclut-il.

Elle apprécia malgré tout cet entretien qui lui permettait pour la première fois de parler d'autre chose que de travail avec Max. Elle décida de poursuivre cette discussion.

— En même temps, il n'y avait pas de raison de vous alarmer : si j'avais dû être hospitalisée plus longtemps, vous auriez certainement trouvé quelqu'un pour me remplacer au bureau.

Max resta quelques instants sans rien dire, pour la fixer avec stupéfaction.

— Vous croyez vraiment que je n'ai pensé qu'au travail ? Quoi qu'il en soit, vous êtes irremplaçable, cela fait bien longtemps que je le sais !

— Ma mère m'a dit que lorsque vous l'aviez appelée pour la prévenir, vous sembliez bouleversé à tel point qu'elle a tout de suite imaginé le pire !

— J'ai sans doute réagi de façon disproportionnée. Pour tout vous dire, j'ai même appelé ma propre mère pour lui parler de l'accident…

— Votre mère ? Mais nous ne nous connaissons pas, elle et moi, qu'est-ce que vous vouliez lui dire ?

— Je lui ai souvent parlé de vous, elle sait très bien qui vous êtes et elle était très touchée d'apprendre votre accident.

Elle ne savait quoi penser. Max parlait d'elle à sa mère ? Elle était loin de s'en douter.

— Eh bien, heureusement que j'en ai réchappé, plaisanta-t-elle.

— Oui, fit-il sans lever les yeux de son assiette. Bon, trêve de discussion. Occupez-vous de votre repas !

Elle jeta un coup d'œil à son steak qui lui donnait

l'impression d'avoir encore grossi. Elle avala difficilement une nouvelle bouchée, tandis qu'il dévorait son plat, en l'accompagnant d'une première bière, puis de celle qu'elle avait refusée.

— Alors, qu'avez-vous pensé du palais ? Comment s'est passée votre nuit là-bas ?

— C'était vraiment très beau. Ma chambre n'était pas aussi grande que je l'avais imaginée, mais le palais est très ancien, les pièces étaient plutôt petites à l'époque. La princesse Pippa a été vraiment adorable. Auprès d'elle, je me suis même mise à regretter de ne pas avoir de sœur !

— Vous auriez voulu avoir une sœur ? dit Max en se redressant. C'est bien quelque chose que je ne conçois pas. Comment peut-on vouloir une sœur ?

Elle fronça les sourcils.

— Vous dites ça parce que vous vous en êtes découvert quatre d'un coup. C'est un peu facile, non ?

— Peut-être, mais imaginez le choc : de fils unique, je deviens membre d'une famille nombreuse !

— Il y a pire dans la vie, non ? murmura-t-elle en buvant une gorgée d'eau.

Max baissa les yeux vers son assiette.

— Vous n'en avez même pas mangé la moitié ! lança-t-il avec un regard désapprobateur.

— Je n'ai pas très faim, expliqua-t-elle. Vous voyez, vous vous conduisez déjà comme un grand frère ! Est-ce ainsi que vous me considérez ? Comme votre petite sœur ?

— Je ne sais pas, mais en tout cas, c'est vrai que j'ai ressenti le besoin de vous protéger, répondit-il, visiblement embarrassé par sa question. Cela fait longtemps que nous travaillons ensemble, je ne voudrais pas qu'il vous arrive quoi que ce soit.

Elle sourit, pensive, puis porta de nouveau son verre à ses lèvres.

— Eh bien, voilà que je me sens importante, tout à coup.

Il leva les yeux au ciel.

— Il n'y a vraiment pas de quoi ! Et n'en profitez pas pour esquiver votre repas !

— Je vous l'ai dit, je n'ai pas faim.

— Justement, cela m'inquiète.

— Il ne faut pas, l'infirmière m'avait prévenue que je risquais de ne pas avoir beaucoup d'appétit.

— Oui, mais elle a aussi insisté sur le fait que vous deviez reprendre des forces.

— Sans doute, mais progressivement, répliqua-t-elle en se levant pour s'étirer. Je crois que je vais commencer par me coucher de bonne heure.

— Je me demande s'il n'est pas plus prudent que je reste pour la nuit.

— Ce n'est vraiment pas nécessaire, je vous assure. Tout va bien.

— Et si je ne suis pas du même avis ? insista-t-il avant de vider sa bouteille de bière.

— Je vous dis que je me sens bien.

— Je n'en suis pas persuadé, et je préfère être trop prudent que pas assez. Je dormirai donc sur le canapé. Est-ce que vous voulez manger autre chose ?

— Je n'ai plus faim, murmura-t-elle. Merci.

— Bon, je vais ranger tout cela. Allez vous reposer, maintenant.

— Non, vous n'allez tout de même pas ranger à ma place ! Je peux m'en occuper.

— Cela ne me dérange pas et je préfère que vous alliez vous préparer tranquillement pour la nuit.

Elle laissa échapper un soupir résigné.

— Merci, Max. C'est gentil à vous d'être venu ce soir, même si je pense que vous vous donnez beaucoup de peine pour rien.

— C'est la moindre des choses, je trouve.

C'était une expérience plutôt déconcertante que de se retrouver ainsi en présence de Max. Ils avaient pourtant eu l'habitude de se côtoyer tous les deux de longues heures, dans le cadre du travail, et elle avait appris à dissimuler son attirance pour lui. Mais ce soir, ce n'était pas aussi évident, car le travail n'était pas là pour détourner son attention. Et surtout, il y avait sa présence imposante, alors même qu'elle se trouvait physiquement vulnérable.

Elle fit quelques pas en direction de sa chambre avant de songer qu'il aurait tout de même besoin de draps et d'un oreiller. Elle fit aussitôt volte-face. Pour se retrouver tout contre lui !

— Oups ! bredouilla-t-elle, effleurant son torse athlétique de la main.

Max lui prit le bras.

— Tout va bien ?

Elle retint son souffle un instant.

— Oui. Je voulais juste vous sortir un oreiller et des couvertures.

Il haussa les épaules.

— Ne vous inquiétez pas pour moi, j'ai l'habitude des canapés du bureau !

Le parfum si masculin qui se dégageait de son torse l'entourait maintenant, et elle dut résister à l'envie de l'inhaler plus profondément.

— Je n'en ai que pour une minute, insista-t-elle en se dégageant à regret pour se diriger vers les placards du couloir.

Elle revint aussitôt, les bras chargés de literie.

— Voilà tout ce que j'ai trouvé. Si vous aviez besoin de quoi que ce soit d'autre, n'hésitez pas à me faire signe, dit-elle.

— C'est vraiment parfait, merci, répondit-il en passant une main dans ses cheveux. Je ne veux surtout pas que ma présence vous demande du travail !

— Aucun souci, dit-elle en souriant.

— Maintenant, allez vous reposer. J'espère vous retrouver aussi intransigeante que d'habitude, demain matin !

— Ce n'est pas le trait le plus flatteur de mon caractère, grogna-t-elle, une nuance de déception dans la voix.

En regagnant sa chambre, elle songea qu'il était clair que Max ne la considérerait jamais autrement que comme son assistante... Oubliant qu'il y avait une femme devant lui.

4

Sophie se tourna et se retourna dans son lit pendant une bonne heure avant de parvenir à trouver le sommeil. Elle fut ensuite assaillie de nombreux rêves angoissants, mêlant l'accident de scooter, l'hôpital, Max et des images du palais. A 3 heures du matin, elle se réveilla, endolorie et la gorge sèche.

Repoussant ses couvertures, elle se leva pour aller se chercher un verre d'eau dans la cuisine. Ouvrant doucement la porte afin de ne pas réveiller Max, elle avança sur la pointe des pieds.

— Sophie ? Tout va bien ? entendit-elle dans la pénombre.

— Oui, merci, parvint-elle à articuler, surprise. Je ne voulais pas vous réveiller.

— J'ai toujours le sommeil léger. Vous vouliez quelque chose ?

— Oui, de l'eau, répondit-elle en saisissant un verre dans le placard.

A cet instant, elle sentit sa présence tout près d'elle. Le corps de Max la frôla, et elle retint son souffle, tandis qu'il lui prenait le verre des mains pour aller le remplir lui-même.

Elle avait à la fois envie qu'il reste là, près d'elle, et qu'il disparaisse complètement.

— Merci, dit-elle en portant le récipient à ses lèvres.

— Comment vous sentez-vous ?

— Juste quelques courbatures, mais sinon ça va. Je n'ai pas pris d'antalgiques, cette nuit.

— C'est peut-être ce qui vous a réveillée ?

— C'est possible. Je sens bien que mon corps est encore un peu endolori, mais je pense que demain matin, je me sentirai mieux.

— J'espère que vous n'envisagez tout de même pas de venir travailler ?

— Mais je vais m'ennuyer, ici…

— Vous avez encore besoin de vous reposer. Au moins un jour ou deux, murmura-t-il en écartant doucement une mèche de son visage.

Elle resta absolument figée devant lui. C'était si plaisant de sentir sa main lui effleurer les cheveux qu'elle ferma les yeux un instant, dans l'espoir que ce geste dure.

Max dut s'en rendre compte car sa main s'attarda, ses doigts glissant lentement entre les mèches.

— C'est agréable ? demanda-t-il à voix basse.

— Oui, murmura-t-elle dans un souffle.

Il poursuivit son geste, et elle ne put retenir un soupir.

— Ce soupir, c'est tellement…, commença-t-il en s'avançant tout près d'elle.

Elle sentit qu'il penchait la tête dans sa direction.

Son cœur se mit à tambouriner dans sa poitrine. Elle retint son souffle.

— Oh ! Sophie ! lança-t-il avant de presser ses lèvres sur les siennes.

Elle se laissa envahir par l'émotion la plus puissante, la plus excitante qu'elle ait jamais ressentie. Ses lèvres s'entrouvrirent aussitôt pour accueillir son baiser. Elle en savoura chaque seconde. Le moment était si sensuel ! Mais il y mit un terme en se redressant, quelques instants plus tard.

— Je suis désolé, je ne sais pas ce qui m'a pris. Je n'aurais pas dû faire cela.

Le cœur de Sophie se serra en entendant ces mots. Elle s'efforça de faire bonne figure en ne manifestant pas combien sa réaction la faisait souffrir, mais il lui fallut plusieurs secondes pour parvenir à acquiescer doucement.

— Oui, vous avez raison, vous n'auriez certainement pas dû.

Les mains tremblantes, elle serra son verre d'eau et sortit de la cuisine. Elle venait de vivre la meilleure et la pire expérience de toute sa vie.

Comment arriverait-elle à se rendormir après cela ? Comment affronter Max demain matin ?

Après un long moment à fixer le plafond dans son lit, elle finit néanmoins par s'endormir d'épuisement. Le lendemain, elle trouva un autre verre d'eau sur sa table de chevet, accompagné cette fois par un petit mot :

« Dormez bien. J'aurai besoin de vous en pleine forme au travail. Prenez votre journée. Max. »

Elle se redressa pour saisir le verre, relisant le message les sourcils froncés. Evidemment, il avait choisi de partir avant qu'elle se réveille, c'était tellement plus simple ainsi. Maintenant, elle se demandait comment elle réagirait lorsqu'elle le reverrait.

Elle avait encore vaguement mal à la tête et quelques courbatures par-dessus le marché. En fait, elle aurait dû prendre un cachet la veille, mais elle rechignait toujours à avaler trop de médicaments.

Contrariée, elle gagna la salle de bains et entra dans la cabine de douche, avec l'espoir de soulager ses douleurs.

Quelques minutes plus tard, de retour dans sa chambre,

elle s'assit sur son lit. Les pensées les plus diverses ne cessaient de l'assaillir.

Qu'avait-il imaginé en se rendant compte qu'elle ne l'avait pas repoussé ? Bien sûr, c'était lui qui avait fait le premier pas, mais elle avait répondu aussitôt, et avec ardeur, même ! Elle aurait dû résister, le repousser... Pourtant, elle avait beau y repenser, elle ne parvenait pas à imaginer comment elle aurait pu trouver suffisamment de ressources pour empêcher un baiser si merveilleux !

Cela faisait des années qu'elle espérait que Max voit en elle autre chose que son assistante. Lorsqu'il l'avait embrassée, c'était un peu comme si son rêve devenait enfin réalité. Puis, il avait été détruit aussitôt.

Max devait se dire qu'il s'était laissé aller à une faiblesse passagère. Pour elle, en revanche, c'était la concrétisation d'un moment dont elle rêvait depuis très longtemps.

Deux points de vue bien distincts, en somme.

Elle avait imaginé cent fois ce qu'elle ressentirait, blottie dans ses bras. Elle avait fantasmé sur cette étreinte un nombre incalculable de fois.

Mais s'il l'avait embrassée, c'était pour le regretter dans la seconde qui avait suivi. Regretter son geste au point d'y mettre un terme au bout de quelques trop courts instants.

Plus elle y pensait, plus son malaise s'intensifiait. Comment pourrait-elle retourner travailler avec lui, alors qu'elle savait, maintenant, qu'il ne la désirait pas ? C'était aussi simple que cela : il ne voulait pas d'elle.

Avait-il deviné ce qu'elle ressentait pour lui ? Peut-être avait-elle réussi à se montrer convaincante en confirmant que ce baiser était une erreur... Quelle humiliation !

Elle se sentait perdue et incapable de rester en place dans sa chambre. Elle avait horreur de ce sentiment d'impuissance et de frustration, elle qui faisait toujours de son mieux pour garder le contrôle en toute situation. Généralement d'ailleurs, elle n'y réussissait pas trop mal.

Car elle avait eu de quoi s'aguerrir dès la petite enfance. Elle était encore bébé lorsque son père avait abandonné sa mère. A partir de ce moment-là, la petite Sophie avait grandi auprès d'une mère célibataire et déprimée. Elle l'avait toujours ressentie ainsi. Les seuls moments où sa mère semblait se détendre un peu, c'étaient les jours où un chèque de pension lui parvenait, mais ils étaient loin d'être aussi réguliers qu'il aurait fallu.

Et cela avait duré jusqu'à l'année dernière, où sa mère avait finalement réussi à comprendre que sa fille était en mesure de prendre soin d'elle-même et qu'elle n'avait plus de raisons de s'inquiéter en permanence pour elle. Les vacances passées ensemble à cette occasion avaient été les meilleurs moments qu'elles aient partagés. Sophie avait vu sa mère se détendre, rire plus souvent.

La frustration revint se loger au creux de son cœur. Pourquoi se sentir aussi désespérée ? Elle avait survécu à l'accident de scooter. Elle avait survécu à une morsure de serpent en Australie, quelques mois auparavant. Elle n'avait aucune raison de se sentir aussi vulnérable, et pourtant…

Elle avait besoin de s'éclaircir les idées. Besoin de faire quelque chose pour lutter contre le sentiment de frustration qui croissait en elle. Sur-le-champ. Elle enfila une tenue de sport, quitta son appartement et partit courir.

Les quelques carrefours qu'elle fut contrainte de traverser lui demandèrent un gros effort sur elle-même, mais elle gagna bien vite les collines qui dominaient Chantaine. L'île était magnifique, et les beaux paysages eurent aussitôt un effet totalement apaisant sur elle.

Après avoir gravi un sentier escarpé, Sophie atteignit finalement le sommet de la colline et retint son souffle.

La vue était magnifique : la végétation luxuriante et les rives rocheuses contrastaient avec le bleu profond de l'océan. Elle n'était pas sûre d'être capable de vivre éternellement à Chantaine, mais pour jouir d'une vue comme celle-là, elle serait capable de s'installer ici quelques années.

Elle inspira profondément l'air marin et savoura le moment. La vie était si fragile. Elle aurait pu la perdre en un instant. Il était temps de faire des choix. Elle avait quelques économies. Peut-être pouvait-elle envisager de se comporter de façon un peu moins prudente, mais un peu plus en accord avec ses désirs profonds. Qu'attendait-elle au fond de sa vie ?

Elle se reposa un moment au sommet de la colline, puis entama la redescente vers la ville.

Lorsqu'elle arriva dans son appartement, elle se jeta sur un verre d'eau qu'elle avala en quelques longues gorgées et se laissa tomber dans un fauteuil.

Son téléphone sonna presque aussitôt. Elle jeta un coup d'œil à l'écran et eut la surprise de voir s'afficher le nom de Phillipa.

— Bonjour, Votre Altesse, comment allez-vous ?

— Très bien, mais je voulais vous annoncer qu'Eve est en début de travail. Je suis tellement excitée que je ne tiens plus en place.

Sophie nota que Pippa semblait un peu essoufflée.

— Oh ! quelle émotion ! Et vous, comment vous sentez-vous, Pippa ?

— Je suis un peu émue, bien sûr, mais surtout très impatiente d'avoir des nouvelles !

Sa voix était saccadée et son souffle un peu court. Sophie avait un curieux pressentiment.

— Etes-vous sûre de ne pas avoir de contractions ?

Un long silence accueillit sa question.

— Je ne crois pas, finit-elle par répondre, sur un ton presque interrogateur.

— Où êtes-vous ?

— Au palais, avec Stephenia, la fille d'Eve.

— Vous avez une drôle de voix, constata Sophie, vous devriez peut-être vous rendre à la maternité pour un contrôle, si vous avez le moindre doute.

— Non, non, je vais bien, affirma Pippa. Je dois vous laisser, Stephenia est en train de tout renverser dans la salle de jeux.

Sophie raccrocha, désireuse de prendre sa douche sans tarder.

Une fois habillée, elle rappela Pippa, mais tomba directement sur la messagerie. Une minute plus tard, la princesse la rappelait néanmoins.

— Vous aviez raison, j'ai des contractions ! annonça-t-elle. Mon mari sera désespéré s'il n'arrive pas à temps pour la naissance.

— Est-ce que je peux faire quelque chose pour vous ?

— Eh bien, si vous êtes d'accord, je veux bien que vous me teniez compagnie à l'hôpital en attendant Nic. Je me sentirai plus à l'aise si vous êtes à mes côtés.

— J'en suis très honorée, Pippa. Je pars dès maintenant, si cela vous convient.

— Vous serez peut-être moins honorée lorsque le travail sera sérieux et que je hurlerai ma douleur !

Sophie raccrocha en riant et sortit pour foncer à l'hôpital. On l'emmena directement dans une salle de naissance privatisée pour l'occasion. Pippa leva les yeux lorsqu'elle entra. Bien qu'entourée d'infirmières, la princesse semblait bien seule, comme dans une bulle.

— C’est de plus en plus fort, marmonna-t-elle entre ses dents.

— C’est normal, mais tout ira bien. Vous êtes bien entourée !

— L’anesthésiste ne devrait plus tarder.

— Vous serez vite soulagée.

En effet, quelques minutes plus tard, on fit sortir Sophie le temps de poser une péridurale à Pippa. Puis on la laissa rentrer, quinze minutes après, et elle retrouva la future mère déjà apaisée.

— Maintenant j’espère surtout que Nic aura le temps d’arriver. Il ne devrait plus être très loin, maintenant.

Le vœu de la princesse se réalisa, un peu moins d’une heure plus tard, lorsque Nic déboula à toute allure, à peine débarqué de son avion, l’air paniqué.

Sophie serra une dernière fois la main de Pippa avant de s’éclipser discrètement. Tout était en ordre, le mari était aux côtés de son épouse. Avant de quitter la maternité, elle laissa son numéro de téléphone aux infirmières de garde, en leur demandant de bien vouloir la prévenir lorsque le bébé serait né.

Puis elle prit la direction de sa résidence, mais surexcitée, elle décida de faire le tour du quartier afin d’acheter deux bouquets de fleurs pour les deux futures mamans. Après quoi elle rentra enfin les mettre dans un vase et alluma la télévision, qu’elle regarda d’un œil distrait tout en vérifiant son téléphone à chaque instant.

Il fallut quelques heures avant qu’il ne sonne.

— Mademoiselle Taylor ? demanda une voix de femme.

— Oui, répondit-elle en se redressant aussitôt dans son canapé.

— Son Altesse la princesse Pippa me demande de

vous informer de la naissance de sa petite fille. La maman et le bébé vont bien. C'est une petite Amelie.

Elle se sentit soulagée et très émue de cette nouvelle pourtant attendue.

— C'est merveilleux ! Faites-lui part de toutes mes félicitations !

— Je n'y manquerai pas, mademoiselle.

Quelques instants à peine après qu'elle eut raccroché, son téléphone retentit de nouveau.

— Mademoiselle Taylor ? demanda cette fois une voix d'homme.

— Oui ?

— Je vous appelle pour vous annoncer la naissance du fils de la princesse Eve. Le palais m'a chargé de vous contacter.

— Merci, je suis tellement rassurée. Est-ce que la princesse va bien ?

— Très bien, en effet. Je lui transmettrai vos félicitations.

— Oui, s'il vous plaît ! Merci beaucoup de votre appel.

Elle venait à peine de raccrocher lorsque son téléphone retentit une fois encore. C'était Max.

— Oui ?

— Mais enfin, que se passe-t-il avec tous ces bébés qui décident d'arriver en même temps, ce soir ! lança-t-il d'un ton faussement grognon.

— Félicitations au nouveau tonton ! lança-t-elle. J'allais justement me rendre à la maternité.

— Maintenant ?

— Oui, maintenant. Vous faites ce que vous voulez, mais moi, je ne peux attendre une minute de plus, répondit-elle avant de raccrocher.

Sans réfléchir plus longtemps, elle s'empara des bouquets de fleurs et appela un taxi.

Une fois arrivée à l'accueil de la maternité, elle s'installa dans la salle d'attente.

En fait, elle était certainement venue bien trop vite. Elle ferait mieux de rentrer. Comme elle se dirigeait vers la sortie, elle eut la surprise de tomber nez à nez avec Max.

— Tiens, vous repartez déjà ?

— Je suis venue déposer des fleurs, mais je ne sais pas quand elles les auront ou même si elles remarqueront mes bouquets parmi les monceaux de fleurs qu'elles recevront. Et puis je ne veux pas les fatiguer inutilement.

— Vous pensez que je devrais leur offrir quelque chose, moi aussi ? demanda-t-il, l'air un peu dépassé.

— Je pense que vos félicitations leur iront droit au cœur ! le rassura-t-elle.

— Je suppose que nous ne verrons pas les nouveau-nés ?

— Peut-être aurons-nous plus de chance du côté de la presse locale.

— Donc, je me suis déplacé pour rien ! conclut-il.

— Au moins, c'est la preuve que vous êtes plus concerné que vous ne vouliez le reconnaître !

La diversion apportée par les naissances lui permettait de dialoguer plus simplement avec Max, sans se sentir écrasée par le souvenir de leur baiser.

— Permettez-moi d'en douter, répliqua-t-il, amusé. Vous alliez rentrer ?

— Oui.

— Que diriez-vous de boire un verre ?

— Pourquoi pas ? C'est une journée riche en émotions, je vous prends au mot.

Quelques minutes plus tard, ils se retrouvaient dans un pub où ils commandèrent deux bières.

— A votre santé !

— A la vôtre, oncle Max !

Il lui adressa un regard noir en trinquant, puis porta la bière à ses lèvres.

— J'ai vraiment été impressionnée par Pippa, raconta-t-elle. Vous savez qu'au départ elle n'avait pas senti que le travail commençait ?

— Vraiment ? Comment est-ce possible ?

— Je ne sais pas. En tout cas je suis heureuse pour eux que son mari ait pu arriver à temps.

— Est-ce qu'elle souffrait beaucoup quand vous l'avez rejointe ?

— Visiblement, ce n'était pas une partie de plaisir, mais elle semblait très concentrée.

— J'ai entendu dire que les douleurs de l'accouchement s'apparentaient à celles d'un calcul rénal.

— Je ne pourrai pas vraiment vous répondre, n'ayant eu ni enfant ni calcul rénal !

— Ah oui, c'est vrai, vous êtes la fille parfaite, pas d'erreur de parcours ! lança-t-il.

— Qu'est-ce que vous voulez dire par là ? demanda-t-elle, surprise.

Max haussa les épaules.

— Rien de spécial, marmonna-t-il. C'est juste que certaines personnes s'en sortent mieux que d'autres pour mener leur barque.

— Je ne sais pas vraiment comment je dois comprendre cela. Vous voulez dire que je me suis concentrée sur ma carrière professionnelle ? Je n'ai pas vraiment eu le choix, vous savez, je n'avais pas de plan B.

— J'en connais qui n'en avaient pas non plus et qui ne s'en sont pas tirés aussi bien que vous.

— Vous n'avez pas trop mal réussi non plus, si je ne m'abuse !

— Peut-être, oui, marmonna-t-il, songeur, en buvant une longue gorgée de bière.

Alors qu'elle laissait son regard s'attarder sur Max, le souvenir de leur baiser lui revint à l'esprit comme un flash. La chaleur inonda aussitôt son corps et elle plongea le nez dans son verre de bière, espérant masquer ainsi son trouble.

— C'est compliqué, la vie des princesses en tout cas, lança Max.

— Oui, mais ça pourrait être pire, finalement. Vous imaginez, si vous étiez à la place d'un des futurs pères ?

— Cela ne risque pas d'arriver, je veille au grain !

— C'est ce que vous croyez…

— Comment cela ?

— Vous affirmez ce genre de choses maintenant, mais il ne faut jamais dire jamais. Et puis vous êtes plutôt doué avec les enfants, pour quelqu'un qui prétend ne pas en vouloir !

— Entre mon patrimoine génétique et l'éducation que j'ai reçue, je ne crois pas être fait pour devenir père de famille !

— Peut-être que vous avez raison. De toute façon, c'est très personnel comme décision, répliqua-t-elle, un peu dépitée.

Après tout, elle en avait assez de chercher à le convaincre du fait qu'il pouvait être heureux, amoureux et épanoui.

Elle avait beau être convaincue qu'il pourrait un jour tomber amoureux, elle commençait à se dire qu'elle n'était en tout cas pas la femme dont il s'éprendrait.

Le lendemain, Sophie reprit le travail. Même si leur rencontre la veille avait permis de briser la glace, elle se sentait toujours aussi nerveuse à l'idée de se retrouver en présence de Max.

Lorsqu'il vint déposer une tasse de café sur son bureau,

elle remarqua sa main. C'était cette même main qui l'avait maintenue serrée contre son corps, cette nuit-là. Elle leva les yeux et fixa son visage.

Max semblait extrêmement détendu : il avait eu à l'évidence moins de difficultés qu'elle à effacer ce baiser de sa mémoire.

— Bonjour, dit-il de sa voix grave et sensuelle.

Elle se concentra pour garder les idées claires.

— Bonjour, comment allez-vous ?

— C'est plutôt à vous qu'il faut poser la question.

— Je vais bien, merci. Je suis prête à me remettre au travail.

— Parfait, dit-il en prenant place à son bureau et s'emparant d'une petite balle qu'il malaxait lorsqu'il était nerveux. Pour commencer, j'ai une mauvaise nouvelle : l'opérateur de tractopelle nous fait faux bond et l'engin est en panne.

Il lança la balle à Sophie, comme il avait l'habitude de le faire lorsqu'ils discutaient pour résoudre un problème.

Elle attrapa la balle.

— Il faut faire appel à votre réseau sur place pour trouver un nouveau tractopelle. Je suis prête à contacter tous les loueurs d'engins de l'île. Je peux aussi lancer un recrutement pour l'opérateur ou une formation express pour l'un des gars du chantier.

Max fronça les sourcils et leva la main pour qu'elle lui envoie la balle.

— Doucement, Sophie, vous n'allez pas gérer cela en plus de tout le travail que vous abattez quotidiennement. N'oubliez pas que vous êtes convalescente.

— Je suis remise, interrompit-elle.

— Vous n'avez pas la balle !

Elle lui jeta un regard noir.

— Je répète que vous êtes en train de vous remettre

d'un accident. Par conséquent, je préfère que vous vous ménagiez.

Elle leva la main pour réclamer la balle, qu'il lui envoya, visiblement à contrecœur.

— Je trouve votre attitude un peu paternaliste, voire machiste, protesta-t-elle, et je me demande si vous réagiriez de cette façon si j'étais un homme.

Leurs regards se croisèrent un long moment, jusqu'à ce que la porte du préfabriqué s'ouvre et que Terri apparaisse.

— J'ai entendu que vous cherchiez quelqu'un pour manœuvrer le tractopelle : je suis la personne qu'il vous faut !

Sophie sourit et se leva aussitôt pour la serrer chaleureusement dans ses bras.

— Comment ça va ? demanda Terri.

— Très bien, comme d'habitude, répondit Sophie.

— Pas exactement comme d'habitude, intervint Max. Sophie sort de l'hôpital, elle a été renversée par un scooter.

— Comment ? demanda Terri, stupéfaite.

— Je vais bien, répliqua-t-elle.

Il était inutile d'alarmer Terri. Pourtant, celle-ci les regardait alternativement, Max et elle, en cherchant à déterminer lequel disait vrai.

— D'accord, d'accord, je ne veux pas savoir, je suis là pour manœuvrer le tractopelle, déclara Terri en jetant un regard en coin à sa collègue et amie.

Sophie laissa échapper un soupir. Elle n'aimait pas le tour que prenait la situation. La présence un peu trop protectrice de Max, les images récurrentes de leur baiser et maintenant Terri qui ne manquerait pas de la soumettre à un interrogatoire dans les règles de l'art...

— Contente que tu sois venue, dit-elle à Terri avant

de se tourner vers Max. Au fait, je voulais vous prévenir que je souhaiterais quitter le bureau à 18 heures, dans les jours qui viennent.

Il hocha la tête.

— Vous avez raison, vous faites bien de penser à vous. Partez à l'heure qui vous convient.

Sophie programma l'alarme de son téléphone et lorsqu'elle retentit, s'obligea à respecter l'horaire qu'elle avait fixé, même si elle avait l'habitude de ne pas compter ses heures en temps normal. Il fallait dire que rester au travail, c'était aussi profiter de la présence de Max plus longtemps, mais depuis ce maudit baiser, elle trouvait sa présence bien trop oppressante.

Le plus difficile à supporter, c'était surtout qu'il agissait comme si de rien n'était et lui donnait l'air d'avoir rayé cet événement de sa mémoire.

Elle sortit du bureau et inspira profondément. Aussitôt installée au volant de sa voiture, elle ressentit un profond soulagement. La tension s'échappait enfin.

Une fois dans son petit appartement, elle se demanda pourtant comment elle allait occuper ce temps libre dont elle n'avait pas l'habitude de disposer. Son téléphone sonna sur ces entrefaites, lui évitant de chercher une réponse.

— Mademoiselle Taylor ? Ici le palais princier. Vous êtes invitée à une cérémonie pour fêter les naissances des enfants des Altesses le prince Stefan et la princesse Eve, ainsi que de Son Altesse la princesse Phillipa et son époux, M. Nic Lafitte.

— Quelle riche idée ! Dites-moi seulement quand ?

— Ce samedi, à 15 heures.

— Très bien, merci beaucoup, c'est noté. Vous pouvez compter sur moi.

— C'est parfait, j'informerai les familles princières de votre présence. Bonsoir, mademoiselle.

Elle avala une gorgée d'eau. Elle avait au moins une activité de prévue pour samedi. Il ne lui restait que trois autres journées à remplir pour éviter Max.

5

Finalement arriva le samedi.

Sophie ne se rappelait pas avoir trouvé le temps aussi long de toute sa vie. Il fallait dire que dès 18 heures, elle sentait la fatigue la gagner et qu'après un rapide repas et un vague programme télévisé, elle n'aspirait qu'à aller se coucher.

Le vendredi soir, elle commença pourtant à retrouver un peu d'énergie. Lassée de la télévision, elle alluma son ordinateur portable et essaya de se concentrer sur son travail, mais ses pensées revenaient inévitablement vers Max. Heureusement, elle finit par trouver le sommeil et en se réveillant, le samedi matin, elle était impatiente de découvrir enfin les nouveau-nés et excitée à l'idée de sortir de chez elle pour profiter d'un moment entre femmes au palais.

Elle prit un taxi, qui la déposa devant l'entrée, où un membre du personnel d'accueil vérifia son identité avant de l'escorter dans la salle de réception.

En arrivant et constatant la longue file des visiteurs, elle se sentit déçue de n'être qu'une parmi tant d'autres. Mais elle tenait tant à voir les bébés, elle aussi, qu'elle prit son mal en patience et patienta avec tout le monde. Quelques minutes à peine s'étaient écoulées, lorsqu'on lui tapota sur l'épaule. Elle leva les yeux pour découvrir Max, planté à côté d'elle.

— Vous permettez que je me joigne à vous ?

Surprise, elle ne parvint pas à le saluer.

— Mais vous essayez de resquiller !

— Je vous en prie, je ne me vois pas faire un kilomètre de queue pour entrevoir deux marmots en train de pleurer !

— Pourquoi venir, dans ce cas ?

Il haussa les épaules.

— Je ne peux tout de même pas m'en dispenser.

— Vous mentez très mal !

Il ouvrit de grands yeux.

— Comment ?

— Vous mourez d'envie de les voir, ces bébés, lança-t-elle. Ils sont vos neveux, et vous êtes impatient de les découvrir, malgré vos dénégations !

— Oui, je serai content de les voir, mais ça ne va pas plus loin, répondit-il, sur la défensive.

— Je me demande si vous détestez les bébés autant que cela, d'ailleurs...

— Disons que j'aime à caricaturer un brin, mais changeons de sujet. Comment allez-vous ? A quoi avez-vous occupé vos fins de journée ?

— J'ai profité de mon temps libre. Profité de la vie, pour ainsi dire !

— Vous êtes sûre que vous n'avez pas trouvé le temps terriblement long, au contraire ? Je parie que vous vous êtes ennuyée comme jamais.

— Pas du tout, mentit-elle avec aplomb.

Heureusement, grâce à l'intervention d'une hôtesse, il ne put poursuivre l'interrogatoire.

— Mademoiselle Taylor, monsieur Carter ? Vous êtes attendus. Voulez-vous me suivre ?

Max marmonna quelque chose, mais Sophie le fit taire d'un coup de coude, l'incitant à suivre en silence la jeune femme qui les accompagna jusqu'à Pippa et son mari.

Sophie avança la première et Pippa lui offrit en retour un sourire des plus chaleureux.

— Oh ! Sophie, quelle joie de vous revoir ! Laissez-moi vous présenter Nic, mon mari, que vous avez à peine croisé le jour de l'accouchement.

— Quel plaisir de vous rencontrer, monsieur Lafitte ! Amelie est magnifique !

— Comment se fait-il que vous connaissiez déjà le prénom du bébé ? marmonna Max dans son dos.

Elle se tourna vers lui.

— Figurez-vous que j'ai résidé au palais et accompagné Pippa à la maternité, en attendant l'arrivée de son mari. Il est normal que j'aie une petite longueur d'avance sur vous !

— Justement, je tenais à vous remercier pour votre présence, intervint Nic. Nous vous en sommes très reconnaissants.

— Je vous en prie, c'était vraiment un honneur. Et quand je vois la ravissante petite Amelie, je ne regrette pas un instant d'avoir fait le déplacement !

— C'est aussi un plaisir de saluer le dernier membre de la famille Devereaux ! lança Nic en tendant la main à Max.

— Mon nom reste Carter, répondit celui-ci.

Nic hocha la tête.

— Content de vous revoir, Maxwell Carter. J'ai eu de très bons échos du travail que vous réalisez sur le chantier nord. Je suis sûr que ce sera vraiment profitable.

— Cela ne fait aucun doute : ce sera vraiment plus praticable pour les habitants de l'île et pour les visiteurs.

Nic et Max poursuivirent quelques instants leurs

échanges sur les infrastructures de Chantaine, tandis que Pippa faisait signe à Sophie.

— Vous devriez aller voir Bridget, murmura la princesse.

— A quel sujet ? interrogea Sophie.

— Elle a eu une idée qui vous concerne.

— Moi ? Je ne vois pas du tout de quoi il peut s'agir…

— Ne cherchez pas, Bridget vous dira tout cela elle-même !

Quelques instants plus tard, la même hôtesse accompagnait Sophie et Max auprès de Stefan et Eve. Juste devant eux, leur petit garçon pleurait à pleins poumons.

— Qu'il est mignon ! s'enthousiasma Sophie.

— Et vigoureux, ajouta Max.

Stefan eut une moue dubitative.

— Vous êtes bien trop polis. Il souffre de coliques, le pauvre, expliqua-t-il.

— Son ventre semble le faire souffrir en permanence, ajouta Eve, la mine épuisée.

— Ce doit être éprouvant, après la fatigue de la grossesse, j'espère que vous avez du personnel, afin de vous relayer, pour vous soulager un peu.

— Vous avez raison, ajouta Stefan, elle a vraiment besoin de repos.

— En tout cas, il est vraiment beau, ce petit. Je suis sûre qu'il sera beaucoup plus calme dès que ce sera fini, les coliques durent rarement plus de quelques mois…

— Je l'espère ! Quand je vois Amelie qui est si sereine…

— Mais Stefan et vous-même, vous avez des sacrés tempéraments. Il n'est pas surprenant qu'il en aille de même pour votre fils !

Eve lui lança un sourire un peu las.

— Vous marquez un point !

Sophie hésita un instant.

— Je suppose qu'on vous a montré toutes les positions pour soulager les coliques, mais j'en connais une…

Eve qui semblait épuisée et à bout de ressources pour soulager son bébé le lui tendit aussitôt.

— Je suis prête à tout, même à des incantations, si cela peut soulager mon fils !

Sophie prit précautionneusement l'enfant dans les bras et s'arrangea pour que le petit estomac repose contre son épaule, puis elle massa le dos du bébé tout en effectuant quelques pas souples.

Elle sentait toute la tension du petit corps contre le sien.

— Tu as mal au ventre, mon petit bonhomme ? C'était plus facile quand tu étais dans le ventre de ta maman et que la nourriture t'arrivait directement, sans que tu aies à faire le moindre effort, murmura-t-elle sans cesser de masser le dos du nourrisson.

Stefan Jr. laissa alors échapper un rot magistral, puis un deuxième.

— Oh là là ! Je suis sûre que ça ira mieux, maintenant, souffla-t-elle au petit dont les muscles semblèrent se détendre instantanément.

— Qu'avez-vous fait pour le soulager ainsi ? demanda Eve, incrédule.

— Je lui ai juste massé le dos. J'ai souvent travaillé comme baby-sitter, lorsque j'étais plus jeune, et les bébés semblaient apprécier cette position. En tout cas, j'espère que cela lui offrira une petite trêve, et à vous aussi !

— Merci beaucoup pour votre aide, Sophie. Nous y penserons la prochaine fois qu'il semblera souffrir !

Elle s'apprêtait à saluer pour s'en aller, lorsque Bridget arriva comme une tornade.

— Bridget, dit-elle en tentant une vague révérence.

Cette dernière interrompit son geste en lui prenant la main.

— Je me permets de vous l'emprunter, annonça-t-elle à Max. J'ai une faveur à vous demander, Sophie : nous allons organiser un gala de charité, pour célébrer l'histoire glorieuse de notre île, et je voudrais que vous fassiez partie de nos invités d'honneur !

Sophie ouvrit de grands yeux.

— Oh ! C'est vraiment très aimable de votre part, mais je ne vois pas en quoi je mériterais ce statut privilégié ?

— Mais enfin, bien sûr que si : d'une part, vous êtes américaine, et puis vous travaillez à la mise en beauté de notre île et de son patrimoine.

— Vous croyez ? Eh bien, si je peux vous…

— C'est parfait, trancha Bridget, ravie. Nous avons déjà trouvé un cavalier pour vous accompagner.

— Un cavalier ?

— Il est délicieux ! précisa Bridget sur le ton de la confidence. C'est David Rinaldo, un conseiller économique de Stefan.

— Un conseiller économique ?

— Je sais que cela peut paraître rébarbatif, mais il est italien d'origine, et les Italiens sont tout sauf rébarbatifs ! Il n'y a rien de mieux que les Italiens, croyez-moi !

— Pourquoi épouser un Américain, dans ce cas ?

Bridget se mit à rire.

— Une plaisanterie du destin, ce n'était pas planifié !

A cet instant, deux garçonnets traversèrent la foule en courant et vinrent se pendre aux jambes de Bridget.

— Coucou, mes chéris ! Mais comment se fait-il que vous ayez déjà semé votre papa ?

— Maman ! s'exclama l'un d'eux.

— Cookies ! lança l'autre.

— Je vois, c'était intéressé ! s'amusa-t-elle. Pardon Sophie, je crois que je vais me mettre en quête des fameux cookies préparés selon la recette de ma belle-mère. Si mes deux petits monstres veulent bien me libérer pour que je puisse mettre un pied devant l'autre !

Les jumeaux accédèrent aussitôt à la demande de leur mère, qui leur prit la main.

— Les garçons, je voudrais vous présenter Sophie. Vous voulez bien lui dire « bonjour » ?

— Bonjour ! lancèrent les garçonnets en chœur.

Elle s'accroupit pour se mettre à la hauteur des enfants.

— Bonjour, je suis contente de vous rencontrer ! Alors, vous aimez les cookies, comme ça ?

Devant les regards gourmands des petits garçons elle se mit à rire.

— Je crois que vous avez une mission à remplir, lança-t-elle à Bridget.

— Bien sûr, je pars de ce pas leur chercher ces cookies ! A bientôt, Sophie, et vous allez recevoir des nouvelles de David Rinaldo sans tarder !

— Qui est ce David Rinaldo ? demanda Max qui avait surgi derrière elle.

Elle se sentit rougir aussitôt, sans pouvoir rien faire pour l'éviter.

— Un conseiller économique du prince Stefan, mais je n'en sais pas beaucoup plus. Pour tout vous dire, Bridget avait promis des cookies aux garçons !

Max eut un sourire gourmand.

— Il y a des cookies, par ici ?

Elle leva les yeux au ciel. Ainsi il était possible d'attirer l'attention des enfants comme des hommes avec une simple gourmandise ?

— Oui, d'après ce que j'ai cru comprendre ! Peut-être à l'entrée, sur cette table vers laquelle tout le monde se presse ?

Il lui saisit la main.

— Allons-y. Rien de tel qu'un petit cookie pour se rappeler l'Amérique !

Le lendemain, Sophie reçut un appel du fameux David Rinaldo, l'invitant à partager un verre avec lui après son travail.

— Je peux y aller ? demanda-t-elle à Max après avoir éteint son ordinateur.

— J'espérais que nous pourrions faire un petit point sur les agendas des jours prochains.

— Je suis désolée, mais j'ai un rendez-vous. Pourrions-nous reporter cela à demain ?

— Un rendez-vous ?

— Oui, je dois y aller. A demain, alors ?

— A demain, dit-il, l'air vaguement préoccupé. Ce ne serait pas en rendez-vous galant, par hasard ?

Elle soupira. Non, elle n'échapperait pas à sa curiosité.

— Qu'est-ce que cela changerait, si c'était le cas ? Ma vie privée ne vous regarde pas, il me semble ?

— Sauf si elle interfère avec votre travail !

— Ce n'est pas le cas : mon contrat stipule bien que je travaille jusqu'à 18 heures, n'est-ce pas ?

Il hésita un instant, puis se ravisa.

— Oui, en effet. Et, cela ne me regarde pas le moins du monde, reconnut-il.

— A demain, alors, lança-t-elle en tournant les talons.

Elle sentit son regard la suivre tandis qu'elle marchait jusqu'à sa voiture, toujours sous le choc de cet échange inattendu. Encore un peu fébrile, elle prit le volant, assez satisfaite malgré tout d'avoir su lui imposer ses conditions.

Une fois rentrée, elle se maquilla discrètement et se

recoiffa. Elle était en train de se parfumer, lorsqu'on frappa à sa porte.

Elle se dépêcha d'aller ouvrir et se retrouva nez à nez avec… Max !

— Qu'est-ce que vous faites là ? demanda-t-elle sur la défensive.

— Comment ça, qu'est-ce que je fais là ?

— Eh bien, je viens de vous laisser au chantier, et vous voilà déjà là.

— Je suis parti juste après vous.

— Oui, je m'en doute, mais ce n'est pas ce que je demandais, reprit-elle alors qu'une silhouette masculine se présentait derrière lui.

— Mademoiselle Sophie Taylor ? demanda le jeune homme.

— Oui, c'est moi. Vous devez être David Rinaldo ?

— En effet, *signorina*, et je suis enchanté de vous rencontrer enfin, ajouta-t-il en avançant vers elle malgré la présence de Max.

Ce dernier ne quittait pas Sophie du regard.

— Je comprends mieux pourquoi vous êtes partie plus tôt du travail, constata-t-il, amer.

— Je suis sortie à l'heure, pas plus tôt, s'empressa-t-elle de rectifier.

— Pour venir retrouver ce monsieur, insista Max.

Elle inspira profondément.

— Oui, pour boire un verre avec David, en effet, répliqua-t-elle en attrapant son sac avant de refermer la porte. Bien, allons-y, voulez-vous ? Bonsoir, Max !

— Oui, bien sûr, répondit David un peu surpris, en se tournant vers Max. Bonsoir, signore !

David prit le bras de Sophie jusqu'au rez-de-chaussée. Elle se sentit curieusement légère, comme soulagée de sortir, et une vague d'euphorie la traversa. Elle était libérée d'un poids.

David sembla ressentir cela, car il la fixa avec un drôle de sourire.

— Quel genre d'endroit vous plairait, mademoiselle Sophie ?

— Je vous fais confiance, n'importe quel bar me conviendra.

— Je peux trouver beaucoup mieux que n'importe quel bar, je crois, répondit-il, d'une voix de séducteur.

Il l'emmena dans un endroit des plus raffinés, mélange de piano-bar et de bar à vin italien. Un saxophoniste jouait du jazz, l'ambiance était feutrée, la clientèle choisie.

Il alla ensuite lui commander un verre de pinot grigio, après s'être enquis de ses préférences en matière de vins.

— Est-ce que cela vous plaît ? demanda-t-il après avoir trinqué délicatement.

— Oh oui ! J'adore la musique, et la décoration est ravissante.

— Parfait, dit-il. Je me suis permis de faire intervenir la princesse Bridget auprès de vous, en lui expliquant que j'avais très envie de vous rencontrer. J'espère que vous me pardonnerez mon audace ?

La surprise dut se lire sur son visage.

— C'est vous qui l'avez sollicitée ? Je n'en avais aucune idée, je pensais que c'était elle qui vous avait réquisitionné !

— *Réquisitionné* ! Loin de là. Je vous ai vue au palais un jour où vous rendiez visite aux princesses et j'ai demandé à pouvoir vous rencontrer.

— Vraiment ? Vous m'avez vue ? Comment se fait-il que je ne vous aie pas croisé ?

— La porte était entrouverte pendant que vous

preniez le thé, je ne me suis pas manifesté, mais j'ai eu le loisir de vous admirer !

Elle se sentait flattée, mais aussi embarrassée.

— Je ne vois pas comment j'ai pu attirer votre attention en prenant le thé !

— C'est votre authenticité qui m'a touché.

— Ah, cela change, parce que mon authenticité a plutôt eu l'effet inverse jusqu'à présent !

David leva son verre de vin.

— Ce ne sera pas le cas avec moi !

Ils conversèrent agréablement, et firent un peu connaissance. David avait effectué de longues études ; de son côté, elle avait parcouru la plupart des continents au cours des dernières années. Elle se sentait suffisamment à l'aise avec lui pour accepter de le retrouver pour la soirée de charité prévue. Pas assez cependant pour un baiser d'au revoir !

Elle rentra chez elle avec un curieux espoir dans le cœur. Est-ce que David était la solution ? Etait-il celui qui la libérerait de ses sentiments pour Max ? Elle l'espérait !

Et puis après tout, même si ce n'était pas la solution, un peu de séduction n'était pas désagréable, et lui ferait le plus grand bien !

Le lendemain, Max arriva de mauvaise humeur. Sophie était à l'heure, mais son esprit vagabondait visiblement, même lors du briefing journalier. Il sortit faire le tour du chantier un peu plus tard, et lorsqu'il revint, ce fut pour tomber nez à nez avec l'énorme bouquet qui trônait désormais sur le bureau de Sophie. Il fronça les sourcils.

— Qu'est-ce que c'est que ça ? demanda-t-il sèchement.

— Des fleurs de la part de David Rinaldo, expliqua Sophie très posément.

— Elles sont belles, n'est-ce pas ? dit Terri Caldwell.

Il haussa les épaules d'un air faussement dégagé.

— Oui, si l'on veut, mais un peu prétentieux comme composition.

Terri se mit à rire.

— On n'en fait jamais trop avec des fleurs, souligna-t-elle. Et puis elles sentent tellement bon ! Qu'as-tu fait pour inspirer ainsi cet homme ?

Sophie rougit aussitôt.

— Je n'en ai pas la moindre idée, nous avons juste partagé un verre de vin.

— Dans tous les cas, une chose est sûre : tu as dû lui faire forte impression !

— Tout le monde est capable d'envoyer un bouquet extravagant pour arriver à ses fins. Vous feriez mieux de rester vigilante, il semble très décidé.

— Comment cela ? demanda Sophie.

— Il se pourrait qu'il ait une idée derrière la tête, précisa-t-il.

— Je crois être en mesure de juger de cela par moi-même, merci !

— On peut avoir la capacité de juger, mais pas forcément l'expérience pour réagir dans ce genre de situation.

Elle leva vers lui un regard stupéfait.

— Mais enfin, de quoi vous mêlez-vous ? J'ai simplement été boire un verre avec quelqu'un qui m'a été recommandé par la princesse Bridget ! Et si je suis ce que vous semblez suggérer, j'en déduis qu'il serait temps pour moi d'avoir un peu plus d'expérience, justement.

Il encaissa le coup sans broncher, même si c'était une sacrée gifle qu'il recevait, il ne pouvait le nier.

Pourquoi se sentir ainsi trahi par son comportement ?

Pourquoi se montrer aussi possessif envers son assistante ? Il jeta un coup d'œil aux fleurs. Il avait envie de les jeter à la poubelle. Ou plutôt d'en faire un feu de joie. Une colère vive le rongeait de l'intérieur, autrement dit, cela le touchait bien plus qu'il ne l'aurait imaginé. Il fallait qu'il travaille sur ses émotions, car il était impensable d'exiger de Sophie qu'elle cesse de voir ce Rinaldo... Qu'est-ce qui lui arrivait ?

Elle inspira le parfum des fleurs avant de s'asseoir. Il ne l'avait jamais vue manifester le moindre intérêt envers qui que ce soit, en particulier un homme, et voilà qu'elle se comportait comme une adolescente éprise d'un Italien de pacotille. Lui, de son côté, avait toujours compté sur Sophie pour se montrer raisonnable, efficace et concentrée sur son travail.

Cette pensée l'avait toujours rassuré, et tout à coup, il n'était plus sûr de rien. Il avait besoin de prendre l'air, surtout. Il étouffait dans le petit bureau.

— Je retourne vérifier quelque chose sur le chantier. Je reviens tout à l'heure, lança-t-il en laissant la porte se refermer bruyamment derrière lui.

Sophie se concentra sur l'écran de son ordinateur, fixant une ligne de texte qu'elle avait déjà lue cinq fois sans en saisir le sens. Elle entendit Terri glousser et se mordit la lèvre pour ne pas faire de même.

— On dirait que Max est allergique aux fleurs, déclara son amie lorsque la porte se referma. Tout du moins lorsqu'elles sont offertes par quelqu'un d'autre que lui.

— Ne commence pas, je t'en prie, protesta-t-elle. Il est peut-être un peu plus protecteur à mon égard depuis que j'ai eu mon accident.

— Oui, enfin, à mon avis, cela ressemblait plutôt

à de la jalousie. On dirait qu'il va finir par t'accorder l'attention que tu espérais, c'est plutôt une bonne chose, non ?

— Je ne sors pas avec David pour attiser la jalousie de Max ! se défendit-elle. David est adorable, j'ai passé un très agréable moment avec lui.

— Dans tous les cas, je suis heureuse que tu aies passé un bon moment, tu le mérites. Et entre nous, c'est un vrai bonheur de voir Max enrager !

Sophie avait elle aussi été surprise par la virulence de la réaction de Max, mais elle avait du mal à croire que la jalousie ait pu en être la cause. Il avait eu largement l'occasion de lui manifester son intérêt, depuis le temps qu'ils se côtoyaient. La seule fois où il avait tenté de le faire, il s'en était excusé en expliquant qu'il s'agissait d'une erreur. Non, Terri faisait sans doute fausse route.

Pour sa part, elle allait avant tout essayer de profiter des attentions de David, car elles lui faisaient le plus grand bien.

Le lendemain, Sophie reçut un appel de Bridget qui l'invitait à déjeuner et à faire quelques heures de shopping avec elle le jour suivant, en vue de préparer son apparition au dîner de charité.

Elle eut un instant de doute.

— Mon apparition ? répéta-t-elle. Vous n'imaginez tout de même pas que je vais faire un discours, non ?

— Non, bien sûr, pas de discours, mais nous vous présenterons en tant qu'invitée d'honneur et vous prendrez place à la table principale. C'est donc l'occasion rêvée pour vous choisir une nouvelle tenue !

Elle avait eu l'intention de porter la petite robe noire qu'elle revêtait pour toutes les occasions un peu formelles.

— J'aimerais beaucoup passer du temps avec vous, mais je suis débordée de travail en ce moment. Avec l'accident, j'ai beaucoup de retard à rattraper.

— Je suis sûre que Max sera d'accord pour vous libérer le temps d'un après-midi. Il est indispensable que vous soyez des nôtres, car ensuite, il faudra aussi procéder aux retouches, décider de votre coiffure et de votre maquillage avec les stylistes du palais.

— Quel parcours du combattant, dites-moi ! lança Sophie. Vous savez, je ne me maquille que très peu, et me coiffe moi-même.

— Je comprends, mais avec les photographes qui seront présents, il vaut mieux se préparer à la perfection : leurs clichés ne pardonnent rien ! Voulez-vous que nous parlions à Max pour lui demander de vous libérer ?

— Oh non, surtout pas ! s'exclama-t-elle. Mais pourquoi voudrait-on me prendre en photo ?

— Eh bien, parce que vous êtes une invitée d'honneur, et parce que le projet d'amélioration des routes passionne les habitants de Chantaine !

— Vraiment ? Mais dans ce cas, pourquoi n'invitez-vous pas Max à ma place ?

— Nous avons bien essayé de le solliciter, mais il refuse chaque fois… Vous êtes sûre que vous ne voulez pas que Stefan essaie de lui toucher un mot pour vous libérer un peu plus souvent ?

— Non, non, vraiment. Mais le programme que vous me décrivez, la nouvelle tenue, le maquillage, la coiffure, cela ne me ressemble pas, je suis plutôt discrète.

Terri qui entrait alors dans le bureau sembla comprendre aussitôt de quoi il s'agissait et s'immisça dans la conversation.

— Tu devrais vraiment profiter de l'occasion qui t'est

offerte. Rappelle-moi la dernière fois où tu t'es acheté une robe de soirée ?

Sophie couvrit le combiné de sa main.

— C'est la princesse Bridget qui veut m'inviter à un après-midi de shopping demain, expliqua-t-elle à Terry, mais Max ne voudra jamais me libérer. Nous sommes tellement en retard !

— Vas-y, je te couvrirai, trancha Terri.

Sophie ouvrit de grands yeux.

— Comment cela ?

— Je te couvre, répéta Terri. Je devais prendre ma journée demain pour visiter Chantaine, mais comme mon mari reste quelques jours de plus, je pourrai poser un autre jour de congé. Va faire du shopping !

Sophie s'apprêtait à objecter de nouveau, mais le regard noir de Terri l'en dissuada.

— Votre Altesse, déclara-t-elle à Bridget, il semblerait que je sois en mesure de vous retrouver, finalement.

— Formidable ! s'exclama Bridget. Nous allons passer une très agréable journée, j'en suis certaine !

Sophie raccrocha en soupirant. Elle n'était pas bien sûre d'avoir pris la bonne décision.

6

Le lendemain, comme convenu, Sophie quitta le bureau lorsque Terri arriva.

— Passe un bon moment, ce n'est pas si souvent que tu t'autorises une petite sortie !

— On verra bien. Merci en tout cas.

Elle rejoignit la petite voiture de location qu'elle avait garée près du chantier. Elle n'était pas trop inquiète au sujet de la dépense : étant généralement plus que raisonnable, elle avait quelques substantielles économies. C'était l'un des avantages à travailler tout le temps : cela laissait moins de liberté pour dépenser son salaire !

Elle repassa à son appartement pour enfiler une tenue un peu plus habillée avant d'aller retrouver Bridget. Au moment où elle s'apprêtait à pousser la porte de sa résidence, son téléphone se mit à sonner.

— Mademoiselle Taylor, ici Sean Stappleton. Je suis envoyé par la princesse Bridget pour venir vous chercher et vous conduire à votre rendez-vous.

— Je vous remercie, mais je suis tout près, je peux y aller à pied.

— Je regrette, mademoiselle, mais j'ai ordre de refuser toutes vos objections. La princesse redoute un nouvel accident.

Elle leva les yeux au ciel. Tout le monde était en train de devenir paranoïaque depuis cet accident.

— Très bien, dans ce cas, je vous attends au pied de mon immeuble.

Tandis qu'elle patientait, elle commença à réfléchir à cette soirée de charité où elle avait accepté de se rendre. Au fond, elle commençait à regretter d'avoir donné son accord. Les soirées habillées n'étaient pas vraiment son truc. Elle n'avait d'ailleurs aucune expérience en la matière, vu la pauvreté de sa vie sociale.

Est-ce que son orgueil, blessé par l'indifférence de Max, y était pour quelque chose ?

Le chauffeur arriva et lui tint la portière pour la faire monter à bord du véhicule. Le restaurant était tellement proche que moins d'une minute plus tard, elle descendait de voiture et se laissait accompagner à une table discrètement isolée de la salle principale. La princesse Bridget arriva quelques instants plus tard, vêtue d'une robe rose vif, avec un chapeau assorti et des hauts talons. Sophie se sentit aussitôt décalée, dans son pantalon fluide noir et son simple chemisier blanc.

Elle se leva pour saluer la princesse, hésitant un instant à faire une révérence, mais Bridget s'en rendit compte à temps.

— Pas de révérence, intervint-elle aussitôt. S'il vous plaît !

Elle serra chaleureusement Sophie dans ses bras puis s'assit à côté d'elle.

— Je suis tellement contente que vous ayez pu vous libérer. Je me sens un peu recluse dans mon ranch, ces derniers temps. Je prends déjà soin de la basse-cour, mais mon mari a souhaité que nous ayons des vaches et des chevaux. J'ai mis le holà, car avec les jumeaux, j'ai l'impression d'avoir déjà un zoo entier à gérer ! En tout cas, il n'y a aucun doute : lui est ravi de son nouveau cadre de vie. Cela apaise son mal du pays !

Elles partagèrent un agréable moment autour d'un délicieux repas accompagné d'un verre de vin.

— C'était vraiment exquis, dit Sophie. Cela me change de mes sandwichs à la pause déjeuner sur le chantier. Merci de m'avoir invitée !

— Je vous en prie. Tout le plaisir est pour moi, mais attendez, vous n'avez pas encore vu le meilleur…

— Oh ! je ne suis pas certaine d'avoir assez d'appétit pour un dessert en plus !

— Je ne parlais pas du dessert, mais du shopping ! lança Bridget avec malice.

— Vous risquez d'être déçue avec moi, je suis plutôt quelqu'un de classique pour tout ce qui touche à la mode, la prévint-elle.

— Eh bien, justement, c'est l'occasion pour vous de sortir des sentiers battus.

Elle avait toujours préféré, au contraire, les sentiers qu'elle connaissait bien, mais elle sentait que Bridget n'était pas disposée à être contredite.

— Je ne sais pas, je ne suis jamais sûre de ce qui pourrait m'aller et comme je n'ai pas vraiment besoin de grand-chose, je n'achète jamais rien, finalement !

— Ne vous inquiétez pas, nous verrons cela ensemble et je vous aiderai à choisir, en m'assurant que vous ne sélectionniez pas des tenues trop tristes ou sans intérêt ! Pour commencer, quelle est la dernière fois où vous ayez acheté un vêtement ?

— Eh bien, j'ai acheté la robe bleue que je portais pour notre première rencontre, et le même jour, j'ai trouvé un bermuda kaki.

Bridget ouvrit de grands yeux horrifiés.

— Je vois qu'il y a du travail ! murmura-t-elle, non sans ironie.

Et Sophie se retrouva alors prise dans un tourbillon

sans fin. Dans sa quête d'une robe de soirée, elle se retrouva à essayer des jeans aux coupes diverses, censés la mettre en valeur, des hauts stylés pour aller avec, ainsi que des sandales à talons qu'elle n'aurait jamais imaginé pouvoir enfiler. Chaque vêtement approuvé par Bridget finissait à la caisse.

Tandis que Sophie gravitait autour des robes noires à la coupe la plus sobre possible, Bridget lui rapportait des tenues aux couleurs beaucoup plus éclatantes. Sans bien savoir comment, elle se retrouva très vite à passer une somptueuse robe rouge, perchée sur des escarpins couleur chair.

— Et maintenant, dites-moi sincèrement ce que vous en pensez : n'est-elle pas parfaite ? demanda Bridget, visiblement très fière du résultat.

— Je ne sais pas quoi dire. Je n'aurais jamais osé choisir celle-là.

Elle avait du mal à se reconnaître dans l'image que lui renvoyait le miroir.

— Elle est magnifique sur vous. Laissez-moi voir si nous pouvons trouver une autre robe…

— Oh ! ce n'est pas nécessaire ! Celle-ci fera parfaitement l'affaire.

— Mais au contraire, comme cela vous aurez de quoi vous habiller pour une prochaine soirée. Vous savez que vous ne pouvez pas porter deux fois de suite la même robe, n'est-ce pas ?

— Ne pouvons-nous pas nous occuper d'un seul événement à la fois ? suggéra-t-elle, un peu dépassée par l'ampleur que prenait l'après-midi shopping. Dans tous les cas, merci, vous avez un vrai talent pour rendre le shopping ludique, il n'y a aucun doute là-dessus.

— Mais je n'ai pas dit mon dernier mot. Est-ce que vous êtes sûre que vous ne vous laisseriez pas tenter par une autre robe ? Il y a encore deux boutiques que je voudrais vous faire découvrir !

— Pour aujourd'hui, je crois vraiment que je préfère en rester là, chère Bridget. J'ai déjà tellement bénéficié de votre temps et de vos conseils !

Le chauffeur du palais raccompagna Sophie chez elle, en compagnie de Bridget qui l'embrassa chaleureusement avant de la laisser descendre de voiture.

— Bonne soirée, Sophie, reposez-vous de cette longue journée. Et pensez à moi qui repars courir après mes garçons et mes poulets !

— Bonsoir, Votre Altesse, je penserai bien à vous, je vous le promets, et merci encore.

Aussitôt dans son appartement, elle sortit sa nouvelle robe et la plaqua contre elle en virevoltant devant son miroir.

— Ouaouh ! lança-t-elle en riant face à son reflet.

— Ouaouh ! murmura en écho une voix masculine derrière elle.

Elle sursauta violemment et un sentiment de panique la submergea. Elle se retourna aussitôt : Max se tenait dans l'entrée de son séjour.

— Comment êtes-vous entré chez moi ?

— Vous m'avez laissé votre clé.

— C'est vrai, marmonna-t-elle en cherchant à retrouver son calme. Et qu'est-ce qui vous amène ?

Il l'observa un instant.

— J'ai bien réfléchi…

Elle sentit son estomac se nouer.

— A quel sujet ?

— Au sujet d'une action de charité que nous pourrions mettre en œuvre. Il me semble que nous devrions travailler sur la question de l'accessibilité des lieux publics aux handicapés. Nous pourrions même essayer de soulever des fonds pour créer un centre pour les enfants souffrant de handicaps à Chantaine.

Ne voyant pas trop où il voulait en venir, elle essaya de rester imperturbable.

— C'est une excellente idée. Comment vous est-elle venue ?

— J'ai vu un gamin qui ne pouvait pas entrer dans une administration, et quand j'ai commencé à regarder plus attentivement autour de moi, je me suis rendu compte que peu de lieux étaient accessibles, ici.

— C'est un sacré challenge en tout cas, mais comment pourrions-nous procéder ?

— Cela nous demandera beaucoup de travail, c'est certain. J'en ai parlé avec Terri et elle m'a dit que son mari serait prêt à s'investir, lui aussi. Après, je me demandais si vous accepteriez de vous impliquer dans le projet, maintenant que vous menez une vie sociale des plus trépidantes.

Elle fronça les sourcils.

— Ce n'est pas parce que j'ai un ou deux engagements que je ne serais plus en mesure de faire quoi que ce soit pour vous ! s'indigna-t-elle.

— Je suis heureux de l'entendre de votre bouche.

— A ce propos, la princesse Bridget m'a dit qu'elle vous avait sollicité pour faire quelques apparitions et que vous les aviez toutes déclinées ?

— Parce qu'elles ne me convenaient pas.

— Pourtant votre présence aurait pu rapporter des fonds à des causes importantes.

— Ce genre de soirées de gala m'a toujours paru très superficiel.

— C'est dommage de s'arrêter sur cette idée préconçue.

Max chercha son regard.

— Qu'est-ce que vous voulez dire ?

— Que vous pourriez utiliser vos origines princières pour la bonne cause.

— J'ai peut-être de discutables origines princières, mais je n'ai pas le pouvoir ou l'influence qui vont avec.

— Pourtant, normalement, si vous avez du sang princier, vous avez certainement des pouvoirs princiers.

— Je ne sais pas. Tout ça, c'est très théorique.

— En tout cas, il y a des gens pour qui un nom ou un rang comptent, qui se sentent rassurés par l'existence de cette principauté. Cela leur donne de l'espoir, ils se sentent inspirés. Vous êtes quelqu'un de très inspirant, justement, vous avez un véritable charisme.

Max lui jetait un regard clairement dubitatif.

— Vous le pensez vraiment ?

— Oui, assura-t-elle. Et je suis certaine que la meilleure façon d'obtenir des fonds pour votre cause, ce serait justement d'organiser un événement auquel vous seriez présent pour défendre votre projet. Vous devriez demander conseil à Bridget : si quelqu'un peut organiser un gala en un temps record, c'est bien elle.

Il leva les yeux au ciel.

— Vous croyez que je devrais faire les yeux doux à la princesse Bridget ?

— Non, je crois que vous devriez simplement lui demander son aide.

— C'est la même chose, non ?

Elle haussa les épaules.

— C'est une question de point de vue. Bridget a des compétences et vous en avez d'autres. Elle sait organiser des événements que ni vous ni moi ne sommes en mesure de planifier.

— Cette ambiance de famille princière, c'est un monde que je ne connais pas…

— Vous passez votre vie à conquérir d'autres mondes, répliqua-t-elle.

— Peut-être bien, vous avez raison. Je vais essayer d'y penser. J'en parlerai à Bridget.

Il tourna le regard vers la robe rouge pendue à la porte.

— C'est une belle robe. David Rinaldo a beaucoup de chance. A demain, Sophie.

Elle le regarda tourner les talons et s'éloigner.

— Oui, ma robe est jolie, lança-t-elle en direction de la porte qui s'était refermée. Mais vous êtes le seul fautif si David en profite à votre place !

Il ne dormit pas très bien cette nuit-là. Il ne pouvait s'empêcher de songer à Sophie dans sa robe si sexy. Evidemment, c'était pour David Rinaldo qu'elle avait choisi cette tenue sensuelle et féminine. Une fois que ce dernier aurait découvert Sophie dans cette tenue, Max avait la certitude qu'il tenterait tout pour ne plus la quitter de la nuit ! Ce que n'importe quel homme normalement constitué aurait eu en tête.

Cette idée lui donnait des brûlures d'estomac. Se levant de son lit, il gagna la salle de bains pour aller chercher les comprimés qu'il avait l'habitude de prendre.

Après un dernier verre d'eau, il décida d'attendre le sommeil en travaillant sur son ordinateur. Il ouvrit un nouveau document pour compiler ses idées au sujet du lieu d'accueil pour les enfants handicapés. Il avait envie de travailler sur le rez-de-chaussée d'un immeuble, qu'il aurait sécurisé et rendu accessible pour en faire un lieu de réunion. Il songeait aussi à la possibilité de créer un terrain de jeux en extérieur. Un de ses amis était spécialisé dans ce genre de réalisations. Il faudrait le contacter.

Emporté par ses pensées, il nota à peine le temps qui passait, jusqu'à ce que les premiers rayons du jour filtrent entre les persiennes.

Soupirant, il se frictionna la tête et se leva de son canapé. D'ici à quelques heures, il serait déjà complètement épuisé. Mais au moins n'avait-il pas complètement perdu son temps. Et puis il avait atteint son objectif : sortir Sophie de ses pensées pour quelques instants au moins.

Il prit une douche et avala son café en vitesse. Il était encore tôt quand il arriva au bureau, mais il y avait toujours quelque chose à faire, et à peine une heure après son arrivée, une panne inattendue le tint occupé toute la matinée. A midi, il était sale, courbatu et affamé.

Il revint au bureau pour tomber sur David Rinaldo, qui se tenait accoudé au bureau de Sophie, laquelle avait le visage aussi illuminé qu'un arbre de Noël. Son humeur passa de mauvaise à noire.

— Tiens donc, quelle surprise ! fit-il, interrompant à dessein leur discussion.

— Oh ! bonjour, lui lança Sophie en se levant de son siège. Je n'ai pas vraiment eu l'occasion de vous présenter David Rinaldo, et voici mon patron, Max Carter.

Ils échangèrent une poignée de main protocolaire.

— J'ai une bonne nouvelle, reprit Sophie à l'intention de Max. J'ai réussi à rattraper le retard que nous avions accumulé depuis mon accident. Toutes les commandes en cours sont terminées et contrôlées. Avez-vous pu réparer la sableuse ?

— Je n'avais pas de pièce de rechange, mais je l'ai rafistolée. Est-ce que vous avez commandé les repas de midi ?

— J'étais sur le point de lancer la commande, lorsque David est arrivé pour m'inviter à un pique-nique. Est-ce que cela ne vous dérange pas si je m'absente un moment ?

— Je connais un endroit, tout près d'ici, d'où l'on a un magnifique point de vue, expliqua David, mais je ne retiendrai pas Sophie trop longtemps, rassurez-vous !

— Mais je n'ai pas commandé votre repas, s'exclama Sophie en se tournant vers lui.

— Je suis sûr que nous avons des sandwichs en trop dans le panier, intervint aussitôt David. C'est le palais qui m'a fourni le pique-nique, je vais le chercher dans la voiture.

— Non, ce ne sera pas nécessaire, répliqua-t-il, vexé. Je trouverai bien quelque chose.

— Je vous en prie, c'est avec plaisir, protesta David en sortant aussitôt.

Max se retrouva face à Sophie, embarrassé et ne sachant comment réagir.

— Quelle surprise, n'est-ce pas ? Votre petit ami qui débarque au bureau pour vous inviter à un pique-nique romantique en pleine nature...

Le ton de sa voix oscillait entre le cynisme le plus parfait et un certain malaise.

— C'est vrai, c'est une belle surprise. Une surprise complète, même. Je crois que je n'avais encore jamais été invitée à un pique-nique par un homme. Même s'il ne s'agit pas de mon petit ami, mais d'un ami tout court.

— Eh bien, dans ce cas-là, un conseil d'ami : un homme n'invite pas une femme à pique-niquer juste pour s'en faire une amie, croyez-moi.

— Qu'est-ce que vous en savez ? rétorqua-t-elle, visiblement irritée par ses commentaires désobligeants. Avez-vous déjà invité une femme à un pique-nique ?

— Non, vous avez raison.

Il n'avait jamais été du genre à élaborer des mises en scène romantiques. Une relation franche et sans ambages lui convenait mieux. Il était honnête sur ce qu'il cherchait et n'avait jamais promis autre chose que ce qu'il était en mesure d'offrir.

Son panier à la main, David réapparut, suivi par Terri.

— Que se passe-t-il ? demanda cette dernière.

— David a proposé à Max de partager un peu de notre pique-nique, expliqua Sophie avant de présenter son chevalier servant à Terri.

David sortit une bouteille du panier.

— Est-ce que je peux vous offrir un peu de vin ?

— Non, je vous remercie, le sandwich suffira, répondit Max qui avait du mal à masquer sa mauvaise humeur.

— Tenez, il y a du poulet, une salade et du fromage, et même une pâtisserie en dessert ! insista David en déposant les plats sur le bureau de Max.

— Merci, merci, c'est parfait, marmonna-t-il. Filez donc profiter de votre pique-nique.

Une fois qu'ils furent sortis, il déballa un sandwich et se mit à manger, absorbé dans ses pensées.

— C'est formidable, n'est-ce pas ? lança Terri. Je suis si heureuse que Sophie sorte un peu et qu'un homme s'intéresse à elle. Elle le mérite tellement !

Il se concentra sur sa bouchée, en marmonnant un vague « oui, oui ».

— Vous vous rendez compte, insista Terri, la pauvre Sophie travaille comme une folle et sacrifie sa vie sentimentale pour vous. Je suis contente qu'un homme entre dans sa vie. Vous n'êtes pas d'accord ?

Il avala péniblement sa bouchée.

— Oui, sans doute.

— Sans doute ? reprit Terri. Mais enfin, elle est jeune et très jolie, travailleuse et adorable, ne trouvez-vous pas formidable qu'un homme se rende compte de ses qualités ?

Il poussa un soupir. Terri ne le laisserait pas déjeuner en paix tant qu'il n'aurait pas répondu.

— Vous avez certainement raison, Sophie est gentille.

— C'est vraiment peu dire. Elle est épatante et une fois que les hommes en prendront conscience, ce cher David risque d'avoir de la concurrence.

Qu'essayait-elle de lui dire à la fin ?

— Oui, je ne dis pas le contraire, ajouta-t-il pour mettre un terme à cet échange.

Il poursuivit son encas, pensant toujours à Sophie. Il savait bien qu'il éprouvait du désir pour elle, il ne pouvait plus le nier. Mais il savait aussi que c'était complètement déraisonnable et qu'il devait trouver un moyen d'y remédier.

Il ressentait pourtant une si forte envie d'elle. Comme un manque que rien ne parvenait à combler. Une attente douloureuse.

Il devait se changer les idées de toute urgence.

Mais lorsque Sophie revint un peu plus tard, elle semblait enchantée de son expérience.

— Alors, comment était le vin ? demanda-t-il.

— Je n'en ai pris qu'un petit verre, mais si je n'avais pas eu à travailler cet après-midi, j'aurais été tentée d'en boire davantage, car il était vraiment délicieux.

Il acquiesça. Il aurait aimé lui faire découvrir un bon vin, lui aussi.

— Le dessert aussi était exquis, dit-il.

— Oh oui, un régal ! ajouta-t-elle, radieuse, avant de se rasseoir, un large sourire aux lèvres.

Il ressentit un violent regret. Il aurait pu être celui qui lui faisait découvrir ces plaisirs-là. C'était comme s'il avait laissé passer son train sans monter à bord.

*
* *

Le samedi suivant, Sophie était conviée au palais pour une manucure. Elle eut la surprise d'y retrouver Eve, Pippa et Bridget, qui l'attendaient dans le salon de beauté.

— Comment allez-vous, toutes les trois ? demanda-t-elle en saluant les jeunes femmes et prenant place auprès d'elles pour se faire masser les mains.

— Quel plaisir d'avoir un moment pour prendre soin de soi en bonne compagnie ! lança Eve.

— Oh oui ! renchérit Pippa.

— J'adore ces séances de manucure, c'est un vrai bonheur, dit Bridget. Alors, comment se portent les petits anges ?

— Amelie est avec sa nounou, dit Pippa. J'ai tiré un peu de lait pour elle, si jamais elle avait faim en mon absence.

— Moi aussi, je l'allaite, précisa Eve. Je suis tellement heureuse que cela se passe bien pour nous deux !

— Bon, et si nous parlions plutôt de nos tenues pour le gala ? reprit Bridget. Vous savez déjà ce que vous allez porter ? J'ai repéré une paire d'escarpins absolument ravissante.

— Moi, je n'ai jamais été tellement amatrice de talons aiguilles, répondit Eve. Même si j'aime bien certaines bottes à talons.

— Pour ma part, je rêve d'une paire de chaussures aussi élégante que confortable. Je ne sais pas comment tu supportes tes escarpins, Bridget, ajouta Pippa.

— Oh ! je m'y suis habituée, tu sais. Tu devrais essayer de marcher dans le sable. Une fois qu'on a marché en talons sur une plage, on peut marcher n'importe où avec n'importe quoi !

Sophie ne put s'empêcher d'éclater de rire.

— Vous vous moquez de moi ?

— Excusez-moi, mais je nous imaginais en train de marcher dans le sable en talons aiguilles. Peu de femmes sont capables de porter les talons comme vous.

— Je suis d'accord, approuva Eve.

— Moi aussi, dit Pippa. On devrait d'ailleurs te remettre une décoration, je pense.

— C'est ridicule, répliqua Bridget, vous n'êtes pas très sympa de vous moquer de moi !

— Mais ce n'est pas le cas, nous sommes toutes admiratives de ton aisance ! protesta Eve.

— Vraiment ? Je n'ai pas ressenti les choses ainsi.

— Nous nous moquons parce que nous sommes loin de vous arriver à la cheville, ajouta Sophie. Je ne sais pas si je suis claire, mais je ne voulais en aucun cas vous offenser.

— Ne vous inquiétez pas, j'ai bien compris, et je ne me sens pas du tout offensée. Ce qui me fait penser que j'ai reçu un appel des plus surprenants de la part de notre demi-frère, ajouta Bridget.

Sophie tendit l'oreille.

— Vraiment ? demanda Pippa. Ne lui en dites rien, Sophie, mais il ne s'est pas montré très amical envers nous jusqu'à présent. Bien entendu, nous apprécions ce qu'il fait pour l'île de Chantaine, mais nous avons l'impression qu'il ne nous estime pas beaucoup.

— Si je peux me permettre de parler en son nom, je crois surtout qu'il ne sait pas vraiment comment se comporter. Il n'a jamais eu de frères ni de sœurs.

— Il faut bien dire que c'est une sacrée nouvelle, intervint Eve. Il faut un peu de temps pour digérer tout cela, non ? Et puis les Devereaux sont un peu spéciaux, tout de même.

— Ce n'est pas vrai, nous ne sommes pas spéciaux.

Juste un peu originaux, mais comme tout le monde, non ? intervint Pippa en riant.

Sophie se mit à rire à son tour.

— Je ne sais pas si je suis originale, ajouta Bridget, mais en tout cas, Maxwell m'a appelée pour me demander si je pourrais l'aider à organiser un gala de charité afin de soutenir son projet d'aménagement du centre-ville pour les enfants handicapés. Je dois dire que je suis touchée par son attention : je ne m'attendais pas à une proposition aussi généreuse de sa part.

Sophie sentit son cœur se serrer.

— Il se donne des airs d'indifférence, mais dans le fond, c'est un homme sensible et généreux.

— Eh bien, en effet, il semble étonnant, dit Eve. Je n'ai pas beaucoup de temps libre, mais n'hésitez pas à faire appel à moi si vous pensez que je peux me rendre utile.

— A moi aussi, renchérit Pippa.

— Eh bien, Sophie, cela vous fera un deuxième gala à prévoir. Peut-être accepterez-vous de vous y faire accompagner une deuxième fois par David ?

— Vous parlez de David Rinaldo ? demanda Eve. Il est vraiment charmant ! Stefan m'en dit toujours le plus grand bien.

— Il y a de la romance dans l'air !

— De l'amitié, tout au plus ! corrigea Sophie.

Une heure plus tard, Sophie terminait sa manucure avant de passer entre les mains d'une maquilleuse. Si elle avait apprécié le soin des mains, elle n'était pas sûre d'apprécier cette deuxième opération. Une fois apprêtée, elle se présenta devant Bridget.

— Etes-vous sûre que ce n'est pas un peu trop ? demanda-t-elle, inquiète.

— Cela vous va à ravir, au contraire ! Quand vous verrez les photographies de vous dans la presse, vous ne le regretterez pas !

— J'ai un peu le sentiment d'être déguisée !

— Pourtant je n'ai pas eu grand-chose à faire, intervint la maquilleuse. Vous avez une très belle peau qui n'a presque besoin de rien pour rayonner.

— Merci, c'est très aimable de me dire cela.

— Je vous en prie, je peux vous assurer qu'une fois dans votre robe de bal, vous serez la plus belle pour aller danser ! Aucun homme ne vous résistera !

L'idée de faire tourner la tête des hommes lui donnait plutôt le vertige. Elle n'était pas habituée à attirer l'attention, et celui dont elle aurait souhaité capter le regard ne serait probablement pas là pour la voir ainsi apprêtée.

7

— Un autre verre ? proposa David en effleurant l'épaule dénudée de Sophie.

Sa proximité la mettait mal à l'aise. Jusqu'à ce soir, elle avait apprécié ses attentions courtoises, mais là, il commençait à se montrer de plus en plus pressant, s'asseyant tout contre elle, et la poussant à des stratégies d'évitement subtiles.

Soulagée de voir le repas se terminer, elle accepta que David la raccompagne chez elle et descendit rapidement de voiture.

— J'ai passé une très bonne soirée, dit-elle en gravissant les marches qui menaient à son appartement sous bonne escorte.

— Mais il n'y a pas de raison d'y mettre un terme tout de suite, suggéra-t-il d'une voix grave.

Au fond, elle n'avait pas besoin d'y réfléchir à deux fois, elle savait qu'elle ne voulait pas de David chez elle. Elle feignit d'étouffer un bâillement avant de répondre :

— C'est gentil, mais la journée a été très longue, et je suis épuisée.

Elle glissa la clé dans la serrure en espérant qu'il n'insisterait pas. Sans qu'elle ait eu le temps de réagir, il s'avança vers elle et posa les lèvres sur les siennes. Instinctivement, elle recula.

— Merci, mais je voudrais rentrer, murmura-t-elle.

— Je vous appelle, dit-il, le regard séducteur.

Elle referma la porte derrière elle et s'y adossa, soulagée. Cette relation prenait un tour imprévu. Comment imaginer un flirt avec un homme dont elle n'avait pas la moindre envie ? En soupirant, elle déboutonna sa robe et l'accrocha à un cintre.

Elle devrait rapidement dire à David qu'elle n'envisageait rien de plus qu'une amitié. L'eau chaude de la douche emporta son maquillage sophistiqué et sa jolie coiffure. Il était temps de se retrouver elle-même, plus naturelle.

Elle regrettait presque de n'avoir pas eu envie d'embrasser David, mais elle devait se l'avouer, le baiser qui l'obsédait encore à chaque instant, c'était celui qu'elle avait échangé avec Max.

Le dimanche matin, Max se leva et prit son café dans la cuisine. Il avait encore du travail pour terminer les plans du centre pour enfants. Il aurait pu rester chez lui pour avancer, mais il décida d'aller travailler au bureau, afin de profiter de l'imprimante.

Tandis qu'il conduisait sur la route qui menait au chantier, il observa l'avancée des travaux. Ils prenaient déjà du retard, et les délais seraient difficiles à tenir. Un paysage d'une beauté à couper le souffle défilait sous ses yeux, mais il n'y prêta guère qu'une attention distraite.

A peine entré sur le parking du chantier, il remarqua la voiture de Sophie. Le rendez-vous avec son Italien avait eu lieu hier soir. Cette pensée l'avait obsédé une bonne partie de la soirée, à tel point d'ailleurs qu'il avait finalement décidé d'aller se changer les idées à la salle de sport, où il avait effectué une séance de musculation des plus énergiques. Il avait pourtant eu du mal à chasser l'image du séducteur et de Sophie. Cette nuit n'avait pas été beaucoup plus reposante que la précédente, même s'il faisait tout ce qu'il pouvait pour penser à autre chose.

Impatient de connaître la raison de sa présence au bureau, il poussa rapidement la porte, pour la trouver concentrée sur son écran d'ordinateur.

— Tiens, qu'est-ce que vous faites là ?

— J'essaye de ne pas me laisser distancer, expliqua-t-elle. Je voulais rattraper un peu de travail en retard, et vous ?

— Je viens mettre au point les plans du centre pour enfants. Je préfère imprimer les différentes versions pour me faire une idée plus précise.

— C'est une bonne idée, répondit-elle sans décoller les yeux de son écran.

Il la fixa quelques secondes. Elle semblait tendue, et ses traits étaient un peu tirés. Il se dirigea vers la cafetière et se servit une tasse de café noir.

— Au fait, comment s'est passé votre dîner d'hier soir ? demanda-t-il d'un ton aussi dégagé que possible.

— Délicieux, je n'avais jamais goûté de crabe, c'était une première !

Elle continuait à garder les yeux rivés à son écran.

— Et avec David, comment ça va ? demanda-t-il avant de plonger le regard dans sa tasse.

— Faut-il vraiment que nous en parlions ? demanda-t-elle en levant enfin les yeux vers lui.

Oups.

— Je demandais simplement des nouvelles de votre « ami », avec qui vous partagiez un pique-nique en toute « amitié », la semaine dernière !

— Oui, eh bien tout cela, c'était la semaine dernière.

Il la scruta un instant.

— J'espère que tout va bien, Sophie, il n'a rien fait de mal, au moins ?

Elle laissa échapper un soupir en haussant les épaules.

— Non, c'est juste que je ne veux rien de plus qu'une relation d'amitié, justement, alors que lui désirerait sans doute... un peu plus.

Il acquiesça, profondément soulagé.

— Je compatis pour lui, lança-t-il, même s'il ne pensait pas vraiment ce qu'il venait de dire.

Elle eut une moue contrite.

— Oui, je regrette aussi. J'espère ne pas lui avoir donné de faux espoirs.

— Que diriez-vous d'aller à la plage, cet après-midi, une fois que nous aurons fini de travailler ?

Il avait lancé cette invitation sans réfléchir, bien décidé à savourer l'instant qui se présentait.

Elle le fixa avec surprise.

— A la plage ?

— Oui. Est-ce que vous y avez seulement été depuis que nous sommes arrivés ?

— Non, c'est vrai.

— Alors, qu'en dites-vous ?

Elle était visiblement prise au dépourvu, mais finit par hocher la tête.

— Pourquoi pas ? Terminons ce que nous avions à faire et nous pourrons y aller.

Il travailla pendant près de deux heures avant de refermer son ordinateur, ses différents plans soigneusement imprimés.

— Prête à partir ?

Elle leva les yeux.

— Oui, j'ai fini ! En revanche, mon maillot de bain est à l'appartement.

— Allons-y tout de suite, pour ne pas perdre plus de temps !

Il partit devant, dans sa voiture de location, tandis qu'elle le suivait. Une fois en ville, il la laissa passer seule à son appartement : il en profiterait pour faire quelques courses. De quoi pourraient-ils avoir envie sur la plage ? De bière ? De vin ?

Il lui passa un coup de fil.

— Pouvez-vous prendre une serviette pour moi ? Je vais acheter de quoi nous désaltérer.

— D'accord. Voulez-vous que je prépare quelques sandwichs ?

— Bonne idée. Je vous retrouve dans quinze minutes.

En raccrochant, il songea au pique-nique somptueux apporté par David. Impossible de rivaliser.

Mais il n'était plus temps de faire des comparaisons.

Chez le caviste, il hésita entre deux bouteilles et finit par les prendre toutes les deux, ainsi que de la bière fraîche, une glacière et un tire-bouchon. Quelques minutes plus tard, il coupait le contact en bas de chez Sophie. Avait-il déjà invité une femme à l'accompagner à la plage par le passé ? Il était plutôt coutumier des invitations à dîner qui se terminaient dans son lit, sans plus de détour que cela. Alors pourquoi cette sortie improvisée le rendait-elle si fébrile ?

Sophie sortit de son immeuble, chargée de deux grands sacs, et un large sourire aux lèvres.

Ce sourire le toucha en plein cœur. Il sortit de voiture pour lui ouvrir la portière.

— Je vous en prie.

Elle se glissa sur le siège passager, déposant les cabas à ses pieds.

— C'est parti, lança-t-il. On m'a parlé de plusieurs plages. Il y en a une plutôt familiale, l'autre autorise le naturisme et une troisième, au nord, serait assez peu fréquentée.

— Allons-y pour le nord, alors !

— Vos désirs sont des ordres !

Dès qu'il s'engagea sur la route sinueuse qui longeait l'océan, elle ouvrit sa vitre et ferma les paupières.

— Que c'est agréable, dit-elle. On sent déjà l'air marin.

— C'est vrai.

— Je regrette d'avoir laissé passer tant d'occasions de profiter de ces lieux enchanteurs. La vie est courte, on devrait toujours savourer ce qu'elle a à nous offrir. C'est une chance de se trouver sur une île, comme cela, ou en bord de mer.

Il comprit ce qu'elle voulait dire. Ils avaient été ensemble dans tant de lieux différents de par le monde, mais avaient finalement bien peu profité de ce qu'il y avait à découvrir.

— Vous avez raison. L'appel de la mer est quelque chose de très puissant.

Au bout de quelques kilomètres, il s'engagea dans un chemin qui conduisait aux plages.

— Par ici, ça vous paraît bien ?

Elle acquiesça.

Il sortit les rafraîchissements du coffre, et l'aida à porter les sacs. Ils gagnèrent le rivage à pieds nus.

Sophie sortit les serviettes et les disposa sur le sable avant de se dévêtir. Elle portait un simple maillot de bain une-pièce noir. Il découvrait pour la première fois son corps ainsi partiellement dénudé.

Elle s'assit aussitôt sur son drap de bain, fixant l'horizon en silence.

— La vue est belle, n'est-ce pas ? dit-il sans quitter des yeux pour autant sa peau claire et ses courbes élancées.

Elle lui sourit.

— Oui, c'est magnifique.

— Vous voulez vous baigner ?

Un frisson d'appréhension sembla traverser son visage.

— Pas tout de suite.

— Vous avez peur ? demanda-t-il en lui tendant une bière, qu'elle refusa d'un geste.

— Je n'ai pas vraiment peur, mais je ne suis pas une nageuse hors pair non plus.

— Ne me dites pas que vous ne savez pas nager ?

— Si, bien sûr que je sais nager ! Mais je ne suis pas très à l'aise dans l'océan. Pour tout vous dire, j'ai été victime d'un courant sous-marin, il y a quelques années, et j'ai eu très peur.

— Dans ce cas, il est hors de question que vous restiez sur ce mauvais souvenir, déclara-t-il en plantant sa bière dans le sable avant d'attraper la main de Sophie.

— Qu'est-ce que vous voulez dire ?

— C'est sans doute de la psychologie de comptoir, mais pour moi, la meilleure manière d'affronter un mauvais souvenir, c'est de le remplacer par un bon. Allons-y !

— Je ne suis pas vraiment sûre, protesta-t-elle tout en se laissant entraîner vers le rivage. Et puis si ça se trouve, l'eau est froide !

— Vous vous réchaufferez vite ! lança-t-il en arrivant au bord de l'eau.

Sans prévenir, il la souleva de terre, et continua d'avancer dans les vagues tout en la serrant contre lui. Sophie poussa un petit cri étouffé qui le fit sourire.

L'eau était plus fraîche qu'il ne l'avait pensé.

— Regardez comme l'eau est calme, aujourd'hui. Les baigneurs là-bas font la planche, sans être gênés par les vagues.

Il se baissa pour la déposer dans l'eau. Ouvrant grand la bouche, elle retint un cri.

— Bon sang, mais elle est gelée ! Vous auriez pu me prévenir ! s'insurgea-t-elle en croisant les bras.

Elle fit quelques pas dans l'eau, mais un creux dans le sable la déséquilibra. Heureusement, il veillait et lui saisit le bras.

— Tout va bien, restez avec moi !

Elle lui jeta un regard noir.

— Vous auriez tout de même pu me laisser un peu de temps pour me faire à cette idée !

Il se mit à rire.

— Impossible. Qui sait quand nous aurions eu une autre occasion de revenir ? Et puis avec cette chaleur, il fallait nous rafraîchir.

— Oui, admettons, concéda-t-elle en commençant à se détendre. C'est vraiment une île étonnante. Il y a une telle variété de paysages que même les plages sont toutes différentes. Est-ce que vous regrettez d'être venu rencontrer vos demi-frères et sœurs ?

Il haussa les épaules.

— Non, je ne regrette pas, mais ça reste des relations compliquées.

— J'ai cru comprendre que Bridget allait mettre en œuvre des opérations auprès de mécènes, pour votre projet ?

Il leva les yeux vers elle, surpris.

— Vraiment ? Mais je lui en ai simplement touché un mot, il y a quelques jours !

— C'est quelqu'un de très efficace, et puis plus elle en parlera autour d'elle, plus vous avez de chances que cela fonctionne !

— Vous avez raison, elle est bien plus qualifiée que moi pour s'occuper de tout cela, conclut-il. Bien. Et maintenant, procédons à cette nouvelle expérience pour vous aider à faire la paix avec l'eau.

Il s'avança de quelques pas.

— De quoi s'agit-il ? demanda-t-elle en le fixant intensément.

L'espace d'un instant, il eut une envie brûlante de l'embrasser, mais sans bien savoir comment, il réussit à le dominer.

— Retenez votre souffle.

Elle ouvrit de grands yeux, teintés de peur.

— Oh non, vous n'allez pas me mettre la tête sous l'eau ? implora-t-elle.

— Certainement pas, c'est vous qui allez le faire toute seule !

— Pardon ?

— Vous m'avez très bien compris. Vous allez retenir votre souffle et plonger la tête sous l'eau. C'est bien simple : je vous mets au défi !

Il souriait, sûr de son fait.

— Vous n'oseriez pas !

— Bien sûr que si ! Ne m'avez-vous pas mis au défi de venir rencontrer ma famille, ici, à Chantaine ? Maintenant, c'est mon tour. N'y voyez qu'un juste retour des choses.

— Si vous le prenez comme ça, maugréa-t-elle en inspirant profondément avant de se boucher le nez.

Elle lui jeta un regard de défi et plongea sous l'eau en fermant les yeux. Il la vit se couler dans l'eau fraîche, ses cheveux flottant à la surface, et sa peau claire étincelant sous les rayons du soleil. On aurait dit une sirène. Il se demanda comment il avait pu ignorer sa beauté, la finesse de sa peau, la délicatesse de ses traits, la vivacité de son regard.

Il était vraiment passé à côté d'elle, toutes ces années durant.

— Et voilà ! lança-t-elle en jaillissant hors de l'eau,

le sourire aux lèvres. Maintenant, j'ai gagné le droit de retourner me sécher au soleil !

Elle fila vers le rivage avant qu'il ait eu le temps de lui saisir la main. Il la regarda traverser les vagues, légère et fine, et regagner la plage. Quelque chose s'était produit en lui, un changement subtil, presque imperceptible, mais bien réel.

Sophie ne savait pas ce qui était en train de se produire, mais elle aimait ça. Elle n'avait jamais vu Max la regarder ainsi auparavant. L'espace d'un instant, dans l'eau, elle avait cru qu'il allait l'embrasser. Elle avait ressenti un étrange mélange d'adrénaline et d'apaisement couler en elle. Elle avait tellement attendu cet instant. Etait-ce qu'enfin Max la voyait ? Où était-ce de nouveau un miroir aux alouettes ?

Peut-être qu'elle était en train d'imaginer ce revirement ? Son estomac se noua. Se débattant avec ses émotions, elle essaya d'envisager la situation rationnellement. Terri lui conseillerait de profiter de l'instant et d'en savourer chaque plaisir, aussi menu soit-il. Elle allait s'efforcer de respecter ce sage conseil.

Elle observa Max qui remontait la plage dans sa direction. Ses larges épaules de footballeur américain se balançaient au rythme de ses pas. Il était tellement séduisant ! Il prit place auprès d'elle, un sourire au coin des lèvres.

— Je suis vraiment fier de vous avoir incitée à remettre un pied dans l'eau. Dites-moi la vérité : est-ce que l'océan vous paraît un peu moins effrayant, maintenant ?

Il était très difficile de lui résister.

— Oui, sans doute un peu moins.

— Sans doute ? répéta-t-il amusé, comme s'il entrevoyait un nouveau défi.

— C'est bon, j'avoue : vous m'avez réconciliée avec la mer, même si je pense qu'il faudra quelques tentatives de plus pour parvenir à effacer mes dernières réticences, précisa-t-elle en enfouissant ses doigts dans le sable. Mais c'était un très bon début, en tout cas.

— Que diriez-vous d'une bière ? proposa-t-il. Ou du vin, si vous préférez.

— Une bière ? Pourquoi pas ? répondit-elle en s'allongeant sur ses coudes. Est-ce que vous vous rappelez la première fois que vous avez vu la mer ?

— Oui, j'avais dix ans lorsque je suis allé à Miami pour la première fois. J'ai adoré tout de suite et puis cela me changeait des disputes entre mes parents.

— Ce ne devait pas être facile à vivre pour vous.

— C'est vrai, répondit-il, le regard perdu au loin. Mais les vagues étaient géniales.

— La première fois que j'ai vu la mer, c'est lorsque j'ai été entraînée par ce fameux courant sous-marin.

— Vous ne m'aviez jamais dit que vous aviez peur de l'eau.

— Ce n'est pas vraiment que j'ai peur de l'eau, c'est un peu plus compliqué que cela.

— En tout cas, je ne vous imaginais pas de faille. Vous répondez toujours présente, vous vous sortez de toutes les situations…

— Nous avons tous nos peurs secrètes, répliqua-t-elle. Mais puisque nous voilà lancés, que diriez-vous de jouer au jeu de la vérité ? Pour chaque gorgée de bière, il faut répondre à une question !

— Pourquoi gâcher le plaisir d'une bonne bière ? demanda-t-il.

— Allez, insista-t-elle, ce sera drôle. Alors, quelle

est votre couleur préférée ? Non, c'est trop simple, je connais la réponse, c'est le bleu.

— Comment le saviez-vous ?

— Ce n'est pas très compliqué : vous choisissez toujours le bleu lorsqu'il est en option.

— Et vous, quelle est votre couleur préférée ? demanda Max.

— Essayez de deviner.

Ses yeux tombèrent visiblement sur son maillot de bain.

— Noir ?

Elle secoua la tête.

— Hum… Rose ?

— Inutile de tester tout l'arc-en-ciel, j'ai deux couleurs préférées : le bleu et le vert. Ce sont des couleurs apaisantes, je trouve.

— D'accord, et votre fleur favorite ?

— J'en aime beaucoup, mais peut-être plutôt les roses et les œillets. J'aime surtout qu'elles sentent bon ! Et vous, une préférence ?

— En matière de fleurs ? répéta-t-il comme si la question lui paraissait incongrue. Je ne sais pas, je préfère celles qui ne me font pas éternuer. Ou alors des fleurs en pleine terre, plutôt qu'en pot. Ma mère adoptive avait un hortensia…

— Très bon choix. Il en existe de tant de couleurs, rose, blanc, bleu, violet.

— Celui de ma mère adoptive était bleu, avec de grandes fleurs. Je me souviens qu'elle en prenait grand soin, taillant les fleurs fanées, coupant les branches sèches à l'automne. A vous, maintenant : votre plat préféré ?

— La mousse au chocolat !

— Quelle rapidité !

— Le choix était facile. Quel est le vôtre ?

— Ce serait un cheeseburger maison ou une entrecôte grillée.

— Pas de douceurs pour vous ?

— Je garde secrètement l'espoir que vous acceptiez de partager votre mousse au chocolat en dessert ! répondit-il en se penchant vers elle.

Machinalement, elle retint son souffle.

— Je ne suis pas sûre du tout que ce soit possible. J'adore vraiment la mousse au chocolat ! protesta-t-elle. Quel est votre film préféré ?

— *Hyper Tension.*

— Je ne connais pas, mais j'ai dans l'idée qu'il y a plein d'hémoglobine et d'adrénaline !

— Et vous ?

Elle hésita, supposant qu'il ne manquerait pas de se moquer d'elle.

— *La Mélodie du bonheur*, et à moins que vous ne soyez en mesure d'en chanter la chanson, interdiction de me mettre en boîte !

Max ouvrit la bouche, puis la referma.

— Je n'aurais jamais pu deviner.

— Est-ce que vous l'avez vu ?

— Peut-être lorsque j'étais alité pour une pneumonie sévère, mais comme je délirais, je n'en ai gardé aucun souvenir.

— Je suis sûre que vous l'avez regardé jusqu'au bout sans en perdre une miette et que vous n'osez pas l'avouer. *Do, le do il a bon dos*, chanta-t-elle, amusée.

— *Ré, rayon de soleil d'or*, reprit-il à son tour avant de porter la bière à ses lèvres. Mais restons-en là, si vous le voulez bien, et je vous demanderai la plus grande confidentialité à ce sujet.

— Vous voyez que vous ne déliriez pas totalement !

— Il fallait au contraire que je délire gravement

pour en arriver à mémoriser cette chanson ! répondit-il. Question suivante : avez-vous d'autres peurs que celle de l'océan, que nous venons d'ores et déjà de régler ?

« Une petite centaine d'autres », songea-t-elle, tout en sachant qu'elle ne partagerait pas ses peurs les plus profondes.

— Les guêpes et les abeilles.

— Et les araignées ?

— Non, pas plus que cela. Je les écrase quand j'en trouve, c'est tout.

— Une meurtrière se cache donc derrière ces traits si délicats !

— Je me considère plutôt comme un soldat en mission, lorsqu'il s'agit de chasser des araignées.

Il se mit à rire.

— C'est incroyable, nous travaillons ensemble depuis des années et j'ignorais tout de vous !

— Nous n'avons jamais vraiment abordé de sujets personnels, il faut dire. Et nous n'avons jamais passé de temps ensemble en dehors du travail. Je crois deviner que pour vous, le travail représente plus qu'une obligation, c'est une passion, je me trompe ?

— Peut-être pas, reconnut-il, le regard fixé sur ses mains.

Du bout des doigts, il effleura son avant-bras, ce qui la fit tressaillir.

— Vous avez la chair de poule, dit-il. Est-ce que vous avez froid ?

— Un peu, oui. Le soleil est caché par les nuages, et comme quelqu'un a exigé que je plonge la tête sous l'eau, mes cheveux sont encore mouillés.

— C'est bon, je reconnais ma faute. Pour me faire pardonner, je vous invite à dîner en guise de réparation.

— Surtout ne vous sentez pas obligé, lança-t-elle. Je disais cela pour rire !

— Je ne me sens pas obligé du tout, cela me fait plaisir. Allez, venez, dit-il en lui tendant la main.

Elle essaya de se rappeler s'il s'était déjà montré aussi tactile avec elle par le passé. Tandis qu'ils reprenaient le chemin du retour, elle se rendit compte que la proximité de son corps dans la voiture provoquait en elle un trouble étrange. Elle n'avait pas besoin de le regarder pour ressentir sa présence imposante à côté d'elle. Pourtant sa carrure n'était pas ce qui avait attiré son attention en premier lieu. Evidemment, elle n'y était pas insensible, mais c'était plutôt le charisme de Max, sa générosité qui l'avaient attirée de prime abord.

Il se gara en bas de son immeuble.

— Quand est-ce que je repasse vous chercher ?

— D'ici une bonne heure, je rêve d'une bonne douche chaude, après mon bain dans l'océan glacé.

— Très bien, madame la délicate ! Où voudriez-vous dîner ?

— Je ne sais pas. Dans un endroit pas trop fréquenté.

— Mais encore ? insista-t-il. Cela ne me dit pas ce qui pourrait vous tenter !

— Pourquoi pas des fruits de mer ?

— C'est noté. A dans une heure, alors !

Elle regagna son appartement et se glissa sous une douche brûlante dont elle eut du mal à se décider de sortir.

Une fois rhabillée, elle se maquilla discrètement d'un peu de blush, du mascara et du gloss. Elle était en train de se coiffer lorsque son téléphone portable sonna.

— Vous êtes déjà là ? s'étonna-t-elle en découvrant le nom de Max sur l'écran.

— Je m'ennuyais, répondit-il.

— Déjà !

— Vous êtes prête ?

— Presque, dit-elle. J'arrive.

Elle descendit l'escalier d'un pas rapide et trouva Max qui l'attendait devant l'entrée. Elle monta aussitôt dans la voiture.

— Vous auriez pu me laisser vous tenir la porte, tout de même, fit-il mine de grommeler.

— Inutile, répondit-elle. Alors, où allons-nous ?

Il sourit.

— C'est une surprise, mais je parie que vous n'y avez jamais mis les pieds.

Elle sentit une certaine euphorie à la perspective de passer une soirée en sa compagnie. La surprise n'était pas étrangère à son excitation.

— J'espère que vous ne ferez pas durer le suspense trop longtemps.

— Pas longtemps, non, rassurez-vous, répondit-il en allumant l'autoradio.

Du jazz retentit dans l'habitacle. Elle s'enfonça dans son siège. Le parfum de Max lui titillait les narines. C'était une odeur très masculine, assez irrésistible.

Il se mit en route et sortit rapidement de la ville pour gagner la route des montagnes. Au bout de quelques kilomètres, il quitta la route principale et se gara bientôt devant un restaurant entouré de lampadaires.

— On y va ? demanda-t-il.

— On y va. Mais où sommes-nous ?

— Au restaurant *Chantaine Mountain*, dit-il. La vue est spectaculaire, vous verrez.

Sophie s'inquiéta de sa tenue.

— J'espère que ma petite robe d'été ne détonnera pas dans un tel lieu.

— Vous êtes parfaite, répondit-il en sortant de voiture pour aller lui ouvrir la portière.

— Si vous le dites.

— Je le dis !

En entrant, il donna son nom à l'hôtesse qui les guida vers une table placée devant l'une des fenêtres.

Elle prit place, incapable de détacher son regard de la vue qui s'ouvrait devant eux.

— Que c'est beau !

— Oui, pas mal, n'est-ce pas ?

Elle tourna vers lui un regard incrédule.

— Seulement pas mal ? Mais qu'est-ce qu'il vous faut ? C'est magnifique, vous voulez dire !

Il baissa les yeux.

— C'est vous qui êtes magnifique, confia-t-il à mi-voix.

Son cœur s'arrêta de battre un instant. Etait-il sérieux ? Etait-ce juste un compliment de courtoisie ? Ou une tentative pour l'amadouer avant de lui annoncer que leur prochain chantier aurait lieu au beau milieu de nulle part ou chez les Pygmées ?

8

Max sut alors avec certitude qu'elle était à mille lieues d'avoir saisi dans quelles dispositions il se trouvait à son égard.

Il allait devoir jouer cartes sur table, car elle semblait déterminée à ne saisir aucune des allusions qu'il tenta ce soir-là. Après dîner, il insista pour la raccompagner jusqu'à sa porte.

— Merci pour cette invitation, j'ai passé une très bonne journée.

— Moi aussi, répondit-il en approchant son visage du sien.

Il la vit sursauter lorsque ses lèvres s'avancèrent vers les siennes et elle détourna la tête.

— Qu'est-ce que vous êtes en train de faire ? lança-t-elle soudain. Vous croyez que j'ai déjà oublié ce que vous m'avez dit après notre premier baiser ? On ne m'y reprendra plus. J'ai déjà été assez blessée. Bonne nuit !

Elle lui referma la porte au nez, le laissant pantois sur le palier.

Il se frotta le menton, avant de regagner sa voiture. Pourquoi s'était-il soudain mis en tête de séduire Sophie ? Lui qui s'était toujours juré de rester loin des femmes pour lesquelles il risquait d'éprouver des sentiments réels.

Et loin de Sophie, tout particulièrement. Cela mettrait en péril leur relation professionnelle. Mais il savait aussi que cette relation professionnelle ne lui suffisait plus. Depuis qu'il l'avait vue courtisée par un homme. Il refusait qu'un autre que lui la rende aussi radieuse qu'il l'avait découverte à la plage.

Il sentait bien que son désir pour elle se faisait plus impérieux, plus irrépressible chaque jour. C'était en train de devenir dangereux.

La semaine suivante, Sophie fut débordée de travail. Elle commençait tôt le matin et finissait tard, chassant de son esprit toutes les pensées qui avaient trait à Max et à sa tentative de baiser.

Le bon côté de cet emploi du temps chargé, ce fut qu'elle put décliner les deux invitations de David, sans avoir à lui mentir. Le vendredi venu, elle ne rêvait plus que d'une chose : rentrer chez elle et profiter de son canapé pour savourer une bonne glace en regardant la télévision.

Mais alors qu'elle quittait son bureau, Max vint à sa rencontre.

— Dites-moi, Sophie, est-ce que vous avez des projets pour ce soir ?

— Plus ou moins, éluda-t-elle en continuant son chemin.

— Et lesquels ? insista-t-il.

— Me reposer ! Je suis épuisée. Je crois que je vais me faire une soirée plateau-télé !

— Moi aussi, je suis fatigué. Vous m'accepteriez à votre soirée ?

Elle sourit.

— Je ne suis pas sûre que le menu ou le programme vous enchantent. Pour tout vous dire, j'ai prévu crème glacée et comédie romantique !

— Je pense que cela pourrait s'arranger, si j'apportais une pizza et des bières pour accompagner tout cela.

— Et le programme télé ?

— Je suis sûr que nous parviendrons à nous mettre d'accord !

— Je vous préviens tout de suite, je ne regarderai pas *Robocop* !

— Ne vous inquiétez pas, nous trouverons un terrain d'entente, conclut-il en rentrant dans le bureau.

Elle resta un moment interdite. Aurait-elle dû prétendre un rendez-vous avec David ? Ou plutôt, aurait-elle dû accepter une invitation à dîner de ce dernier ce soir ?

Haussant les épaules, elle gagna sa voiture et mit le contact en se disant qu'elle ferait mieux de passer acheter un peu plus de glace. Une fois chez elle, elle prit une douche et enfila une tenue des plus confortables, et surtout rien qui puisse paraître séducteur : un jean et un simple T-shirt. Elle devait se persuader que recevoir Max ou une bonne copine pour une soirée télé, c'était la même chose.

Machinalement, elle saisit pourtant son mascara, avant de reboucher le tube et de le ranger bien sagement.

Elle consulta ensuite le programme télé, bien décidée à y dénicher le film le plus fleur bleue qui soit. C'était la meilleure façon de mettre toutes les chances de son côté pour qu'il ne parte pas trop tard. Peut-être qu'ainsi, elle parviendrait à éviter tout nouveau dérapage entre eux.

Elle tomba sur un film historique en costume qui correspondait parfaitement à ses attentes. Peu de chance que ce soit du goût de Max.

Malgré la fatigue de la longue semaine de travail, Max gravit deux à deux les marches qui menaient à l'appartement de Sophie. Sa pizza et quelques bières à la main, il se rendait compte combien il avait attendu, toute la semaine durant, cet instant où il la retrouverait. Même lorsqu'elle se montrait distante, sa présence lui apportait réconfort et apaisement.

Il frappa à la porte.

— Bonsoir, dit-elle. Entrez, on va dîner tout de suite. Je voudrais me coucher tôt, ce soir, pour être en forme demain matin.

— Pas de problème, répondit-il, un peu décontenancé, en déposant la pizza sur la table du salon. Vous avez trouvé un programme à votre goût ?

— Oui, un film anglais en costume, sur la période victorienne.

— Ah, très bien, marmonna-t-il en se demandant comment il allait y survivre.

Sophie sourit, visiblement satisfaite de son effet, et partit chercher des assiettes et de l'eau dans la cuisine.

Il s'installa sur le canapé, tandis qu'elle servait la pizza sur la table basse et ouvrait les bières. Puis elle prit place à côté de lui et ils trinquèrent, avant de commencer à manger.

Il avait un avis très tranché sur les pizzas, qu'il trouvait bien moins savoureuses que celles qui se faisaient aux Etats-Unis. Sophie les trouvait moins grasses et meilleures pour la santé, grâce aux légumes grillés et à la finesse de la pâte.

En attendant le début du film, il proposa une partie de cartes. La finalité du jeu consistait à boire un certain nombre de gorgées en fonction de la carte tirée. Sophie finit par négocier de remplacer sa bière par un verre d'eau.

— Oui, bien sûr, vous pouvez prendre de l'eau. Je n'essaie pas de vous soûler !

— J'ai du mal à vous croire, plaisanta-t-elle. Je vous

sers encore de la pizza ? Je crois que je vais passer au dessert et goûter les glaces que j'ai achetées : ils appellent ça du gelato, c'est absolument délicieux.

— Oui, mais au fond, ça reste de la crème glacée, répondit-il en terminant sa part de pizza.

— Détrompez-vous, c'est bien meilleur, dit-elle en se dirigeant vers sa cuisine d'où elle rapporta bols et cuillères.

— Si vous le dites, je vais essayer !

Il plongea une cuillère dans le pot et se servit une copieuse portion.

— C'est vrai, ce n'est pas mal, fit-il, une fois sa cuillère en bouche.

— Vous plaisantez, répliqua-t-elle en se servant à son tour. C'est divin !

Retirant la cuillère de sa bouche, elle ferma les yeux pour laisser échapper un petit soupir de satisfaction.

— Oui, dit-il, le regard rivé sur ses lèvres. Je vois ça.

— J'espère que c'est la dernière fois que vous comparez le gelato à des crèmes glacées !

— Promis, dit-il en prenant une cuillère et la lui tendant. Encore une bouchée ?

Elle hésita un instant, puis, refusant d'y voir un sous-entendu, entrouvrit les lèvres. Il avait une façon de la fixer qui la troublait au plus haut point. Elle prit la bouchée et se passa la langue sur les lèvres pour lécher ce qui restait de glace. Elle n'aurait pu le jurer, mais elle eut la nette impression que Max étouffait un petit gémissement de plaisir à cet instant.

Il ouvrit deux autres bières, et ils se remirent à discuter de tout et de rien. Même si elle n'avait pas beaucoup bu, elle commençait à se sentir légèrement embrumée, sans doute autant à cause de l'alcool qu'en raison de ce bon repas, après une semaine de travail harassante.

— Je commence à ressentir la fatigue accumulée, glissa-t-elle. Je crois que je ne vais pas tarder à aller me coucher.

— Laissez-moi vous masser la nuque, il paraît que je suis plutôt doué, et après une semaine passée devant votre écran d'ordinateur, cela vous fera du bien.

— D'accord, répondit-elle.

Combien de femmes l'avaient complimenté sur ses massages pour qu'il se sente autorisé à dire cela ? Elle se retourna pourtant et lui présenta sa nuque.

Dès qu'il posa les mains sur elle, elle sentit un profond bien-être l'envahir. Il descendit un peu le long de sa nuque, tout en suivant sa colonne, puis remonta jusqu'à la base de son crâne.

— Hmm, que c'est agréable, murmura-t-elle.

Enhardi, Max étendit alors son massage à tout le dos de Sophie, s'appliquant à lui procurer les plus agréables sensations. Il recevait chacun de ses soupirs comme une incitation à continuer. Le désir s'empara de lui, il perdait le contrôle. Lentement, il s'inclina vers elle et lui effleura le cou d'un baiser.

— Et ça, souffla-t-il, est-ce que c'est agréable ?

— Très agréable…

Il continua de la masser en essayant de ne pas trop penser à tout ce qu'il aurait aimé lui faire d'autre. Il avait tellement envie de l'embrasser ! Il savait combien ce baiser serait torride, là, tout de suite.

Au bout de quelques instants, Sophie se détendit complètement, au point de se reposer contre le dossier du canapé. Il eut alors un doute et cessa son massage avant de regarder son visage.

Pas de réaction.

Elle s'était endormie !

Il dut alors se faire une raison. Le baiser torride, ce ne serait pas pour ce soir.

Il la contempla un instant et sentit une douce chaleur envahir sa poitrine. Elle était absolument charmante quand elle dormait. En douceur, il la prit dans ses bras et la souleva.

Elle bougea un peu et entrouvrit les yeux.

— Qu'est-ce que... ?

— Chut, murmura-t-il en déposant un baiser sur son front, rendormez-vous, je vais vous mettre au lit.

Aussitôt les yeux de Sophie se refermèrent. Il l'observa de longues secondes encore, puis se rendit dans sa chambre où il la déposa dans son lit. A regret, il quitta la pièce pour aller nettoyer les vestiges du repas. Il ne savait pas bien pourquoi il avait tant de mal à partir, mais la présence de Sophie dans la pièce à côté lui faisait du bien.

C'était en tout cas mieux que de ne pas être auprès d'elle du tout.

C'était étrange... Il décida de ne pas s'attarder plus longtemps.

Un rayon de lumière au travers des persiennes éveilla Sophie. Un peu désorientée, elle eut besoin de quelques secondes pour comprendre qu'elle était bel et bien dans son lit.

Tout habillée.

Finalement, les souvenirs lui revinrent : le massage de Max... Elle s'assit dans son lit, soudain affreusement embarrassée. Elle avait dû s'endormir pendant qu'il la massait, et il l'avait ensuite transportée jusqu'à son lit.

Elle jeta un coup d'œil à son réveil et sursauta :

8 heures ! Elle allait être en retard au centre où elle avait promis de rejoindre tout le monde de bon matin.

Sautant hors de son lit, elle alla prendre une douche rapide, puis vite s'habilla, coiffant ses cheveux en une simple queue-de-cheval. En traversant le salon pour sortir, elle nota que Max avait tout rangé et même fait la vaisselle.

Son cœur s'attendrit. C'était une attention adorable. Comment pourrait-elle résister à ce genre de gestes ?

Un coup d'œil à sa montre mit pourtant un terme à ses atermoiements. Elle dévala les marches de la résidence, et prit sa voiture pour se rendre au bâtiment qui accueillerait le centre. Elle eut la chance de trouver immédiatement une place pour se garer et entra dans le hall, où elle tomba sur Terri et son mari, Bob, guidant des ouvriers qui démontaient une porte.

— Nous sommes en pleine phase de déconstruction ! annonça cette dernière.

Sophie sourit : elle était habituée aux travaux de démolition, qui précédaient toujours la reconstruction.

— Tu aimes beaucoup cette phase des chantiers, je te reconnais bien là !

— Ce n'est pas si souvent qu'on a le droit de tout casser, n'est-ce pas ?

— Est-ce que tu as vu… ? commença Sophie avant que son regard ne tombe sur Max.

Il portait un jean et un T-shirt près du corps qui mettait en valeur ses épaules. Il avait même retroussé les manches autour de ses biceps, ce qui donnait un côté encore plus sportif et décontracté à son allure. Il la vit en même temps et lui sourit.

Elle sentit son cœur battre la chamade.

Toute légère, elle avait du mal à soutenir son regard.

« Ce n'est que Max », songea-t-elle en inspirant profondément avant de se diriger vers lui.

— Comment va la Belle au bois dormant ? demanda-t-il, un tendre sourire aux lèvres.

Elle sentit le rouge lui monter aux joues.

— Je suis désolée de m'être endormie ainsi. J'étais encore plus fatiguée que je ne le pensais.

— Ne vous inquiétez pas, vous m'avez permis d'être le témoin d'un délicieux petit ronflement !

— Dites-moi que ce n'est pas vrai ! s'exclama-t-elle, horrifiée. Mais pourtant, je ne ronfle pas !

— Pas de quoi fouetter un chat, c'était loin du ronflement de camionneur !

Elle eut une moue gênée.

— Bon, en tout cas, maintenant je suis là. Qu'est-ce que je peux faire ?

— Eh bien, il s'agit d'aménager les extérieurs. Il faut déblayer et arracher les mauvaises herbes, en gros. Est-ce que vous avez des gants ?

Elle secoua la tête.

— Je vais vous en prêter. En tout cas, merci d'être venue, vous n'êtes pas obligée de rester la journée entière, rentrez chez vous quand vous en aurez assez !

— Je crois que je suis bien reposée, pour le coup ! répliqua-t-elle, amusée.

Elle apprécia de travailler dehors. Le soleil brillait, il faisait bon et une brise légère évitait d'avoir trop chaud. Après avoir arraché les mauvaises herbes, elle entreprit de charger quelques blocs de pierre sur un diable afin de les emporter jusqu'au camion prévu pour évacuer les déchets.

— Mon Dieu, je n'arrive pas à croire que vous soyez

exploitée à ce point ! lança soudain la voix de la princesse Bridget derrière elle. Mais que vous fait-on faire ?

Sophie sourit.

— Je donne juste un coup de main !

La princesse poursuivit sur le même ton :

— Mais enfin, c'est beaucoup trop physique pour vous ! Vous ne devriez pas faire ce genre de travaux !

Comme à son habitude, Bridget était extrêmement bien habillée, de la pointe de ses escarpins jusqu'au chapeau assorti.

— C'est un plaisir de vous voir, et soyez rassurée : personne ne m'oblige à ce labeur. J'apprécie au contraire d'avoir une activité en plein air, qui me permet de faire un peu d'exercice. Et puis cela me change du travail de bureau.

— Peut-être, mais n'exagérez pas tout de même ! insista Bridget. Où puis-je trouver mon esclavagiste de demi-frère, afin de lui parler de ce que j'ai mis en place pour le gala de charité ? J'ai envie d'organiser une soirée casino où les gains seraient reversés à son projet !

— Ce serait vraiment formidable !

— Oui, j'ai pensé que vous pourriez y aller avec David. En plus, ce serait l'occasion de vous acheter une nouvelle robe ! souligna-t-elle en lui adressant un clin d'œil.

— En tout cas, c'est formidable que nous ayons pu accéder aussi rapidement à ces locaux.

— C'est vraiment une bonne chose, en effet. Nic a réussi à faire jouer ses relations pour l'obtenir. Et j'ai la certitude que les habitants de Chantaine vous soutiendront efficacement. C'est un peuple très généreux.

— A l'image de sa famille princière, sans nul doute, répondit Sophie.

— C'est très aimable à vous de dire cela. A propos

de famille, Pippa me disait qu'elle apprécierait un repas entre filles, pour changer un peu d'air. Seriez-vous des nôtres, samedi prochain ?

— Pourquoi pas, mais j'ai eu énormément de travail, ces derniers temps, et avec les travaux ici…

— Des travaux scandaleux ! Vous faire charrier des blocs de pierre ! Et pourquoi pas casser des cailloux en plein soleil ! s'indigna-t-elle de nouveau. Est-ce que Maxwell est à l'intérieur ? Vous joindriez-vous à moi pour lui toucher deux mots au sujet du gala ?

— C'est gentil, mais je préfère terminer tant que je suis équipée, répondit-elle en levant ses mains gantées.

— D'accord. En tout cas, je vous attends de pied ferme samedi prochain !

Sophie la regarda entrer dans l'immeuble d'un pas décidé. Pourvu que Bridget ne fasse pas toute une histoire auprès de Max à son sujet ! Après quelques chargements de pierre supplémentaires, elle décida qu'elle en avait assez fait pour la journée. Elle rêvait d'une bonne douche qui délasserait son dos.

Elle préféra ne pas déranger Max et repartit directement. A moins qu'elle n'ait en fait évité de se retrouver face à lui une nouvelle fois ?

Elle s'arrêta dans un snack pour acheter une salade à emporter, et dès qu'elle fut chez elle, fonça prendre une douche. La chaleur de l'eau se répandit sur sa peau. Elle aurait voulu que son esprit puisse être lavé ainsi des pensées qui l'obsédaient.

Une fois séchée et en pyjama, elle alla s'installer dans son canapé et tomba sur une comédie anglaise assez divertissante. Elle était captivée par ce programme lorsque trois coups retentirent à sa porte.

Elle jeta un coup d'œil par le judas. Max était là,

dans la tenue qu'elle lui avait vue ce matin. Elle hésita un moment avant d'entrouvrir.

— Bonsoir !

— Comment avez-vous pu me laisser entre les griffes de Bridget ? lança-t-il sans préambule. J'ai cru qu'elle allait m'arracher les yeux ! Comme si je vous avais contrainte à des travaux de bagnard !

— J'ai pourtant essayé de lui dire que j'appréciais de travailler en plein air, expliqua Sophie.

— Autant vous prévenir tout de suite : elle n'en a pas cru un traître mot !

— C'est ce qui vous amène ce soir ?

— Pas exactement, dit-il en forçant le passage. Je savais que vous aviez des restes de pizza, c'est moi qui les ai mis au frais hier !

— Et si je vous dis que je les ai déjà mangés ?

Il lui adressa un regard suspicieux.

— C'est vrai ?

— Non, avoua-t-elle.

— Eh bien, voilà, dit-il en entrant dans la cuisine pour ouvrir le réfrigérateur. Je n'arrive pas à me remettre des accusations de Bridget : à ses yeux, je suis un esclavagiste… On croit rêver !

— Euh, tout de même…

Max sursauta à ce qui s'annonçait comme une objection.

— Qu'alliez-vous dire ?

— Que vous êtes connu pour être un employeur plutôt exigeant, malgré tout.

— Peut-être, mais cela ne fait pas de moi un esclavagiste pour autant !

Elle leva les yeux au ciel.

Il mordit dans une part de pizza froide en secouant la tête :

— Pourquoi ne m'en avoir jamais parlé, si vous trouviez que j'exagérais ?

— Nous comprenions aussi les contraintes qui vous étaient imposées, répondit-elle avec diplomatie.

Il semblait tomber des nues. D'un regard, il l'incita à poursuivre.

— Vous êtes quelqu'un de très investi, nous savons bien que ce n'est pas toujours facile avec vous, mais vous êtes aussi quelqu'un de très droit, c'est important.

— Je ne sais pas pourquoi, mais cela ne me rassure qu'à demi.

— Eh bien, vous avez peut-être du mal à entendre les propos de Bridget parce qu'elle est un peu votre double au féminin.

Max manqua de s'étouffer.

— Bridget, mon double ?

— Oui. Elle est très perfectionniste dans son domaine, elle amène les gens à faire ce qu'elle veut, comme elle le veut. C'est sans doute celle qui vous ressemble le plus.

Il la fixait, à la fois offensé et incrédule.

— Je n'ai jamais été remis en question à ce point.

— C'est la malédiction des perfectionnistes ! lança-t-elle en riant.

Max remballa la pizza dans sa boîte et se leva pour la ranger, dépité. Il resta un instant dans la cuisine, mais lorsqu'il revint, son regard avait changé : il y avait du défi, de la séduction.

Elle le regarda avec une certaine appréhension.

— J'ai besoin de prendre une douche, déclara-t-il. Vous me rejoignez ?

Son cœur lui donna l'impression de faire un bond dans sa poitrine.

— J'ai déjà pris une douche, merci, balbutia-t-elle lamentablement.

— Et alors ?

Un millier de questions traversèrent son cerveau avant qu'elle puisse articuler :

— Les serviettes sont dans le placard, sous le lavabo.

— D'accord, dit-il avant d'enlever son T-shirt.

Elle resta comme hypnotisée à la fois par son audace et par le spectacle qui s'offrait à elle. Cet homme qu'elle avait tant désiré était en train de se dévêtir là, au beau milieu de son salon, ôtant son jean, et finalement son boxer ! Elle aurait dû détourner le regard, sans doute, mais c'était plus fort qu'elle. Lui jetant un dernier regard, il se dirigea sans un mot vers la salle de bains.

Elle était en état de choc. On venait de lui faire la proposition la plus sexy de tous les temps. Elle avait désiré Max depuis le jour où elle l'avait rencontré. Que se passerait-il si elle acceptait ? Et à l'inverse regretterait-elle toute sa vie de refuser son invitation ?

La gorge nouée, elle pria le ciel de l'aider à prendre la bonne décision, et curieusement, elle ressentit presque aussitôt l'évidence de ce qu'il fallait faire. Elle n'avait pas le choix dans le fond. La seule chose qui comptait, c'était Max. Et il l'attendait.

Se levant, elle se déshabilla fébrilement avant de prendre le chemin de la salle de bains. La vapeur avait déjà envahi la pièce. Sans réfléchir plus longtemps, elle tira le rideau et entra dans la baignoire.

Max la fixa longuement, en silence, avant de l'attirer tout contre lui et de l'embrasser. Un ouragan de sensations éclata en elle. L'eau chaude, son corps tendu contre le sien, ses lèvres si sensuelles…

Les mains de Max se posèrent sur ses épaules, parcourant sa peau avec envie, descendant vers sa taille puis ses hanches. Son baiser redoubla d'ardeur et elle sentit son cœur tambouriner dans sa poitrine. Les mains de Max s'attardèrent sur ses fesses et son genou se glissa entre ses cuisses. Lentement, l'une de ses paumes remonta le long de son flanc et vint trouver l'un de ses seins. Sa bouche se mit à embrasser sa joue, son cou. Il lapa doucement les gouttes d'eaux qui avaient mouillé ses épaules. Puis elle sentit la caresse de ses mains se faire plus sensuelle, plus précise, jusqu'à glisser doucement entre ses cuisses. Elle ferma les yeux et s'accrocha à ses larges épaules alors que les lèvres de Max se refermaient sur la pointe de son sein, tendue par le désir.

Elle en avait le souffle coupé.

Il redressa la tête.

— J'ai tellement envie de toi, murmura-t-il, la mâchoire serrée.

Il la poussa doucement jusqu'à ce qu'elle se retrouve adossée au mur et il lui fit alors l'amour, tandis que l'eau chaude ruisselait sur leurs corps entrelacés.

Elle sut à cet instant que plus rien ne serait jamais pareil.

9

Une fois sortis de la douche et séchés, ils prirent place dans le lit de Sophie où Max l'attira tout contre lui sous la couette.

Elle se sentait partagée entre un bonheur total et la terreur la plus complète.

— Tout va bien ? demanda-t-il.

— Oui, assura-t-elle, même si son cœur semblait se refuser à retrouver un rythme raisonnable.

— Tu es sûre ? insista-t-il en redressant la tête.

— Oui. Je n'ai simplement pas l'habitude de partager la douche d'un homme comme toi tous les soirs !

Il sourit.

— Je crois que je suis content de l'apprendre !

Elle se mit à rire, à la fois nerveuse et soulagée, et enfouit son visage contre son torse.

— Tu n'es pas facile à cerner, dit-elle.

— Vraiment ? Il me semblait que j'étais plutôt transparent sur mes intentions en me déshabillant devant toi et t'invitant à me rejoindre sous la douche, non ?

Elle inspira profondément. Elle ne pouvait se contenter de cette pirouette en guise de réponse. Il lui faudrait donc poser sa question clairement :

— J'ai besoin de savoir où je vais : est-ce qu'il s'agit d'une aventure d'une nuit ? demanda-t-elle.

Max la serra plus fort contre lui :

— Pas si j'ai mon mot à dire.

Ainsi devinrent-ils amants. Des amants secrets, cachés. Max avait insisté pour que leur relation reste secrète, et elle était du même avis. Qu'adviendrait-il si leur histoire venait à se terminer d'ici à quelques jours ou semaines ? Elle ne pouvait s'empêcher de l'imaginer. Mieux valait ne pas avoir à expliquer une éventuelle rupture à leurs collègues, et Max partageait sans doute cette opinion.

Ils reprirent leur rythme habituel de travail, à tel point qu'elle s'interrogea très vite sur la nature de leur relation. Mais le mercredi suivant, alors que le doute était sur le point de l'emporter, il lui rendit une visite-surprise et ils passèrent une délicieuse et torride soirée tous les deux !

La semaine de travail se termina et Sophie se sentit soulagée de voir arriver le week-end. Elle n'aurait plus besoin de dissimuler quoi que ce soit à Terri et aux autres personnes sur le chantier.

Elle prit une douche et enfila un pantalon fluide et un petit haut, s'attendant à l'entendre frapper à sa porte. Cela se produisit au moment où elle s'apprêtait à passer commande pour se faire livrer à dîner. Son cœur s'emballa aussitôt et elle se dépêcha d'aller ouvrir.

— Bonsoir, ma chère, dit-il, les bras chargés d'une pizza et de bières.

Il déposa son chargement avant de la prendre dans ses bras et de la faire tournoyer.

Elle éclata de rire.

— Pizza et bière, quelle surprise ! lança-t-elle. Et si j'avais eu envie de champagne et de caviar ?

— Eh bien, je t'en apporterais ! répondit-il d'un ton solennel. Mais pas avant demain, car j'ai d'autres projets pour ce soir !

Elle éclata de rire.

— Tu m'en diras tant ! Tu sais que je suis attendue pour déjeuner demain avec Bridget et Pippa. Je n'ai pas pu refuser à Bridget, elle n'aurait toléré aucune objection.

Max leva un sourcil.

— Attention à ne pas te laisser marcher sur les pieds. Je sais que Bridget peut se montrer insistante.

— Oui, mais elle a un bon fond.

— C'est elle qui t'a présenté ce David Italiano !

Elle sourit de la plaisanterie.

— David Rinaldo, rectifia-t-elle, et il est très gentil.

— Vraiment ? Je ne sais pas pourquoi, mais je ne l'ai pas apprécié du tout !

— Pourtant, grâce à lui, tu t'es enfin demandé ce que tu ressentais pour moi…

— C'est vrai, répondit Max en retrouvant son sérieux. En tout cas, attention à Bridget : elle pourrait te présenter d'autres cavaliers.

— A moins que je ne sois déjà prise ?

— Je fais de mon mieux en tout cas !

Elle ne put résister à son regard possessif et à sa mine ténébreuse.

— Et si nous sortions demain soir ? suggéra-t-elle.

— Vraiment, tu veux que nous nous éloignions de ton lit ? Il est pourtant bien confortable.

— Eh bien, oui, pourquoi pas ?

Il la fixa un instant.

— Très bien. Mais il faudra me faire confiance, dans ce cas.

Quelle idée avait donc germé dans la tête de Max ? Elle commençait presque à regretter sa suggestion.

— C'est-à-dire que…

— Une confiance totale ! interrompit-il.

— Très bien, murmura-t-elle, décidant de lâcher prise.

— Parfait. En attendant, profitons de la délicieuse soirée qui s'annonce.

Elle n'avait rien à redire à cela. Ce fut une parfaite soirée, suivie d'une nuit tout aussi parfaite, sous le signe de l'humour, de la tendresse et de la passion amoureuse.

Lorsqu'elle se réveilla le lendemain matin, Max était déjà parti et elle se sentit un peu coupable de ne pas aller donner un coup de main au centre, ce matin-là. Elle eut pourtant du mal à sortir de son lit. Elle enfila une robe-chemisier, que sa mère l'avait incitée à acheter quelques années auparavant, et chaussa des ballerines.

Après un dernier coup d'œil au miroir, elle décida que sa tenue était tout à fait seyante et qu'il était l'heure de retrouver les princesses. Cette fois-ci, elle avait réussi à résister à Bridget et se rendit au lieu du rendez-vous avec sa propre voiture : il s'agissait d'un petit café branché du centre-ville.

Lorsqu'elle donna son nom, on la guida de nouveau vers un petit salon privé au fond de la salle, où elle fut rapidement rejointe par Bridget et Pippa, qui poussait un landau.

— Pardon pour le retard, dit Pippa, mais Amelie voulait téter juste au moment de partir. L'avantage, c'est que nous devrions être tranquilles, maintenant qu'elle dort comme une bienheureuse !

Sophie jeta un coup d'œil au bébé endormi. La fillette semblait parfaitement détendue.

— Quel amour !

— Oui, la plupart du temps, plaisanta Pippa. En tout cas, je suis ravie de partager ce repas avec vous deux. Quel bonheur de sortir de chez soi !

— Tu as raison, reprit Bridget. Je viens de passer une matinée infernale ! Le troupeau a réussi à s'échapper dans la cour et a bien failli piétiner les garçons. Les coqs se sont mis à chanter à tue-tête dès les premières lueurs de l'aube. Je voudrais juste pouvoir dormir un matin, de temps à autre, est-ce trop demander ?

Tandis que Sophie et Pippa riaient, elle fit signe à la serveuse.

— Mademoiselle, trois verres de pinot grigio, s'il vous plaît !

— Je tremperai juste les lèvres, prévint Pippa.

— Je bois rarement en journée, renchérit Sophie avant de noter les sourcils froncés de Bridget. Mais je peux faire une exception !

Bridget afficha un sourire triomphant.

— J'en profite pour vous annoncer que les premières invitations pour la soirée de charité sont parties et que je commence déjà à recevoir des réponses enthousiastes. C'est très bon signe.

— Quel travail vous avez réalisé en si peu de temps ! Je suis vraiment impressionnée, s'exclama Sophie.

— C'est mon métier, dit Bridget. Cela dit, Pippa a frappé très fort elle aussi.

— C'était juste un travail d'équipe, modéra Pippa.

— Elle est tellement modeste. En fait elle a réussi à convaincre la Société princière pour un monde meilleur de se réunir à Chantaine l'année prochaine et éventuellement pendant les deux années suivantes.

Sophie ouvrit de grands yeux interrogateurs.

— Pardon, mais je ne connais pas cette institution. De quoi s'agit-il ?

— C'est une institution très ancienne, qui réunit les familles princières du monde entier autour de ce projet humanitaire, expliqua Pippa. Que voulez-vous, je crois que le dossier sur Chantaine, avec les photos de nos plages, a produit son petit effet sur les membres du jury...

— C'est bien plus que cela, rectifia Bridget. Tu as su les convaincre.

— Tu exagères, répliqua Pippa en portant son verre de vin à ses lèvres.

— Pas du tout !

— Bon, et si nous changions de sujet, reprit Pippa face à l'insistance de Bridget.

— Tu as raison, parlons de notre amie, approuva Bridget en se tournant vers Sophie. Comment cela se passe-t-il avec David ? Nous voulons tout savoir !

Sophie se sentit mal à l'aise. Il était plus que temps d'éclaircir les choses.

— Vous risquez d'être déçues, mais je ne souhaite rien d'autre qu'une relation amicale avec David, et je le lui ai dit cette semaine. C'est quelqu'un de très charmant, mais cela n'ira pas plus loin entre nous.

— Ah ? Pourtant j'étais sûre de moi : un homme avec des racines italiennes et allemandes, à la fois charmant et pragmatique, que peut-on attendre de plus ? Cela frôle la perfection !

Sophie acquiesça.

— A croire que l'alchimie, elle, ne se commande pas !

— Pourtant, je suis certaine que de son côté, l'alchimie était bien présente. Mais je vous trouverai bien quelqu'un d'autre.

— Oh ! ce n'est pas nécessaire, je vous en prie. Je suis très bien comme je suis, je vous assure.

Bridget sourit.

— On peut toujours être encore mieux, croyez-moi !

Sophie resta sans voix face à la détermination de sa voisine de table, mais Pippa lui adressa un regard complice et amusé.

Après le déjeuner, Sophie rentra chez elle, ne sachant pas exactement à quoi consacrer le reste de l'après-midi. Elle décida finalement de ne pas sortir et venait à peine de s'installer dans son canapé qu'on frappa à sa porte.

Elle ouvrit et se retrouva nez à nez avec Max. Elle ne l'attendait pourtant pas de sitôt.

— Enfile ton maillot de bain, jeune femme ! lança-t-il aussitôt.

— Maintenant ? Mais il va faire trop froid !

— Je te tiendrai chaud, tu verras.

— Je vais mourir de froid, s'entêta-t-elle.

Elle avait encore en tête la température de l'eau la semaine précédente, alors qu'il faisait beaucoup plus chaud.

— Je te promets que tu n'auras pas froid très longtemps, ajouta-t-il sans dévoiler son projet.

— Si je meurs d'hypothermie, ce sera ta faute !

— Ne t'inquiète pas, et puis je suis sûr que tu as une bonne assurance vie !

Elle leva les yeux au ciel avant d'aller enfiler son maillot de bain dans sa chambre. Elle passa un jean et un pull léger, puis attrapa une serviette de bain avant de sortir.

— Parée pour l'action !

— Quand je te vois comme ça, j'ai presque envie de tirer un trait sur toute la soirée et de te raccompagner dans ta chambre.

— Ah non, maintenant que tu as titillé ma curiosité, je veux savoir de quoi il retourne.

— Eh bien, nous partons pour un lieu secret, dit-il en lui prenant la main.

Ils descendirent jusqu'à sa voiture et prirent la route.

— A quelle plage nous rendons-nous ? demanda-t-elle lorsqu'ils quittèrent la ville.

— Ce n'est pas exactement une plage, et nous pourrons y passer la nuit, indiqua-t-il, mystérieux.

Elle se sentit envahie d'une pointe d'appréhension. Et s'il s'agissait d'un camp naturiste ?

— La nuit ?

— Nous nous rendons dans un lieu où nous pourrons être logés pour la nuit, oui.

— Mais de quel genre de lieu s'agit-il ?

— C'est une surprise. Inutile d'insister, tu n'en sauras pas plus, répondit-il avant d'allumer son autoradio.

Intriguée et inquiète à la fois, elle guettait chaque sentier qui bifurquait vers les plages, mais Max ne quittait pas la route de montagne.

Au bout d'un moment, il tourna sur un chemin, qui déboucha sur un charmant chalet.

— Quel endroit magnifique ! Mais comment en as-tu eu connaissance ?

— Cela appartient au patron d'une compagnie de construction avec qui nous travaillons. Il se trouve que son fils est handicapé et que notre projet lui tient à cœur. Il a plusieurs maisons sur l'île, mais celle-ci est vraiment unique car elle se trouve à proximité de sources naturelles.

— Des sources ? Est-ce que c'est pour cela que je devais prendre mon maillot ?

Il l'invita à descendre de voiture. La lune s'était levée au-dessus du chalet, tandis que tout le reste n'était que forêt.

Sophie découvrit un sentier à l'arrière du chalet, illuminé par de petites lumières dans le sol. Elle perçut aussi un bruit d'eau.

— Elle doit être glacée !

— Peut-être, mais regarde la vue…

Elle ne pouvait nier la beauté à couper le souffle des lieux, sous le ciel étoilé et avec l'océan dans le lointain.

— Tu y vas en premier, alors, suggéra-t-elle.

— D'accord, mais je veux ta parole que tu viendras aussi juste après moi.

— D'accord.

Il se mit en maillot et glissa un pied dans le bassin, en soufflant comme un athlète en plein échauffement. L'eau devait être encore plus fraîche qu'elle ne se l'imaginait. Elle qui détestait avoir froid…

Il finit par s'asseoir, apparemment glacé, à en juger par ses mimiques de souffrance.

— A ton tour, maintenant. Courage, ce n'est qu'un mauvais moment à passer !

Elle fut tentée de s'enfuir dans la direction opposée ! Dire qu'elle avait dans son appartement un confortable canapé et un lit douillet doté d'une couette épaisse ! Mais elle avait donné sa parole.

— Alors, je t'attends, insista-t-il.

— C'est bon, dit-elle, j'arrive.

Elle se déshabilla, et déposa sa serviette de bain à proximité de la source. Prenant son courage à deux mains, elle avança vers l'eau.

L'eau était chaude ! Elle se tourna vers Max, bouche bée.

— Quel menteur ! Elle n'est pas du tout froide ! Je n'arrive pas à croire que tu m'aies joué la comédie comme ça !

Max riait à gorge déployée de sa blague de potache.

— Je n'ai pas pu résister, pardonne-moi. N'est-ce pas agréable ?

Elle vint le rejoindre à l'endroit où l'eau semblait bouillonner.

— C'est vraiment incroyable, comment as-tu fait

pour que le propriétaire te permette de venir passer le week-end ici ?

— Son propriétaire, qui me parlait de ses chambres d'hôtes, m'a simplement expliqué que celle qui, à ses yeux, était la plus exceptionnelle n'avait pas de locataires pour ce week-end, expliqua-t-il. J'ai aussitôt sauté sur l'occasion. Tu as cru que je t'emmenais sur une plage naturiste, c'est cela ?

— C'est vrai, reconnut-elle. Mais que pouvais-je imaginer d'autre ?

— Je suis bien plus imaginatif que cela, tu vois ! Est-ce que ce Jacuzzi naturel te plaît ? demanda-t-il en l'attirant contre lui.

— Comment ne pas apprécier un lieu aussi enchanteur en ta compagnie ?

— Bien, donc je garde l'espoir de surpasser M. Perfect, le conseiller économique au charme italien.

— Je ne savais pas qu'il y avait une compétition déclarée entre vous.

— Tu as raison, il n'y en a pas, dit-il en déposant un baiser dans le creux de son cou.

Elle frémit de plaisir, malgré une pointe de contrariété. Elle devait en avoir le cœur net.

— Est-ce que c'est la raison de notre liaison ? Tu as décidé que tu voulais me séduire parce que David s'intéressait à moi ?

Max secoua la tête, retrouvant aussitôt tout son sérieux.

— Pas du tout, voyons.

— Eh bien, c'est tout de même une coïncidence troublante : il a fallu qu'un homme s'intéresse à moi pour que du jour au lendemain, tu ne voies plus seulement en moi une assistante compétente.

— Ce n'est pas David qui a été à l'origine de ma prise

de conscience, c'est de te voir différente, épanouie et souriante. J'ai ressenti l'envie profonde d'être celui qui te rendrait heureuse.

— Ouaouh, murmura-t-elle, le cœur bouleversé par ces propos.

— C'est moi qui m'extasie, quand je te vois, dit-il en l'attirant sur ses genoux, avant de poser ses lèvres sur les siennes.

Leur baiser prit bien vite un tour plus passionné et leurs corps s'étreignirent avec ardeur, dans la chaleur du bain d'eau de source.

— J'ai envie de toi, murmura-t-il en délaçant le haut de son maillot de bain.

Un désir brûlant s'empara d'elle à la simple conscience qu'elle était là, assise sur ses genoux et les seins nus dans l'eau bouillonnante. Curieusement, elle ne ressentait pas de gêne, ni même de pudeur.

Avec son large torse contre sa poitrine, elle avait l'impression d'être sous son emprise, comme aimantée. Finalement, il fit glisser entièrement son maillot de bain le long de ses jambes, au prix de quelques acrobaties qui les firent sourire, complices. L'eau sur son corps nu décuplait son excitation. Elle se laissa aller avec délectation à ses caresses, sentant le désir croître à chaque instant.

L'envie était telle de le sentir en elle, qu'elle se leva à son tour pour lui ôter son slip de bain. Lentement, elle remonta sur ses genoux, se plaçant au-dessus de son sexe dressé avant de le chevaucher dans un gémissement de plaisir. La flamme qu'elle vit dans son regard provoqua un trouble étrange en elle. Elle le laissa prendre alors le contrôle du rythme. Les mains sur ses hanches, il guidait les ondulations de son bassin. Elle ressentait pleinement la vigueur de son étreinte à chacun de ses mouvements et très vite, le plaisir la submergea. Elle eut du mal à retenir un cri profond, qu'il étouffa dans un baiser fougueux, avant de la rejoindre dans un souffle grave.

L'espace d'un instant, ils ne formèrent plus qu'un seul corps, bercé par le même souffle, et habité par le même plaisir intense.

Max aimait ces moments avec Sophie, mais il ne pouvait totalement échapper à la pression de son travail et de ses engagements pour construire le centre d'accueil. Lorsque la nuit tomba, le dimanche soir, il pensait déjà au lundi matin, et à toute la semaine qui allait suivre. Il était prisonnier des délais et des retards que prenait le chantier. Se faire livrer des matériaux lorsque l'on est sur une île demandait beaucoup plus de temps qu'il ne l'avait imaginé.

Les Devereaux l'avaient régulièrement invité à des soirées depuis son arrivée et il avait décliné chacune de leurs propositions. Il avait du mal à se sentir proche d'eux, bien qu'il fasse en quelque sorte partie de la famille. Il n'arrivait pas à déterminer le genre de relations qu'il souhaitait avoir avec eux et se contentait pour l'instant de s'investir professionnellement, tout en se faisant le plus discret possible par ailleurs.

Au terme de quatre journées de près de quinze heures, Sophie l'intercepta sur le chantier.

— Tout va bien ? demanda-t-elle.

— Pas trop : nous sommes très en retard. Qu'est-ce qu'il y a ?

— Bridget m'a appelée trois fois aujourd'hui pour essayer de te parler. Tu ne réponds ni à ses appels ni aux miens.

— Je n'ai pas le temps de parler à la princesse et tu sais que tu peux me laisser un message, si tu as quelque chose à me dire.

— Elle a besoin de savoir si tu as une liste d'invités à lui faire parvenir pour le gala qui a lieu dans deux semaines, lui expliqua-t-elle.

— Ah, fit-il en ralentissant le pas, pensif. Oui, j'aurais quelques noms à lui envoyer. Dis-lui que je lui écrirai un e-mail.

— Quand ?

— Quand ? répéta-t-il, alors qu'il s'éloignait déjà.

— Oui, quand ? répéta-t-elle. Bridget en avait besoin hier. Vu qu'elle met tout son réseau à contribution pour l'occasion, il est important de coopérer un minimum.

Il se ravisa.

— C'est vrai, c'est juste que ce genre d'événements n'est pas trop mon fort. Je ne suis pas de ce monde, je ne sais pas faire cela.

— Personne ne te demande de t'en occuper, Bridget s'en charge, mais elle a besoin de ta collaboration.

— D'accord. Dis-lui qu'elle aura tous les renseignements demain.

— Est-ce que tout va bien ? demanda Sophie. Je m'inquiète un peu.

— Pardon. C'est juste la pression qui vient des quartiers généraux. Je savais dès le départ que les délais seraient durs à tenir, mais c'est encore pire que ce que j'imaginais.

— Est-ce que je peux faire quelque chose ?

Sa question le déstabilisa, et il lui jeta un regard attendri : Sophie, fidèle à elle-même, sa fidèle assistante, devenue sa maîtresse. Il savait que leur relation était bien plus complexe maintenant, mais il n'en concevait aucun regret.

Peut-être que cela arriverait un jour, pourtant…

— Reste toi-même, dit-il à voix basse.

— Je ne suis pas certaine que cela te soit d'un grand secours.

Il jeta un coup d'œil alentour avant de déposer un rapide baiser sur ses lèvres.

— Tu te trompes. C'est toi qui rends tout cela vivable, et c'est déjà beaucoup, dit-il avant de lui adresser un clin d'œil. Réserve-moi ta nuit de vendredi, je ne sais pas si je tiendrai encore debout, mais je serai heureux de passer la soirée auprès de toi.

— Je crois que je peux arranger cela, dit-elle.

Il sentit un flot de tendresse l'envahir. C'était un curieux sentiment, auquel il n'était pas habitué.

Le vendredi, il déjeuna avec son ami entrepreneur, Aloisius Janton, et en profita pour le remercier de lui avoir prêté son chalet.

— Avec plaisir, répondit Al. Vous auriez pu rester plus longtemps, d'ailleurs !

— C'est gentil, mais c'était parfait comme cela. Le lieu est vraiment enchanteur !

— C'est vrai. En tout cas, je tenais aussi à vous remercier pour votre travail. Nous sommes très contents de ce que vous mettez en œuvre pour Chantaine, sans parler du centre pour les enfants. Comment est-ce que ça se passe pour réunir des fonds ?

— La princesse Bridget est en train d'organiser un gala de charité sous la forme d'une soirée au casino.

— La princesse Bridget ?

— Oui, d'ailleurs, je voulais vous prévenir que vous figuriez sur ma liste d'invités spéciaux, avec votre femme et Jonathan. Bien entendu, seulement si vous êtes d'accord pour que votre fils apparaisse dans la presse ?

— Nous en serions très honorés, répondit Al. Si son

courage peut servir d'inspiration à d'autres familles qui vivent des moments difficiles, nous en serions très heureux.

— Eh bien, considérez que c'est chose faite. Je demanderai à la princesse que vous soyez placés à la table d'honneur.

— Merci Max, dit Al en lui serrant la main. Sinon, vous ne m'avez pas dit si votre chantier avançait bien ?

— C'est difficile. Je ne sais pas comment vous faites pour estimer les délais, avec les difficultés de livraison sur Chantaine.

Al hocha la tête, amusé.

— Eh bien, c'est assez simple, j'ajoute six mois d'office, et avec un peu de chance, je finis même parfois avant la date officielle !

— J'aurais dû vous rencontrer, avant de signer !

— Je suis sûr que vous vous en sortirez ! Et si vos supérieurs vous mettent la pression, n'oubliez pas qu'ils ne mettront jamais leurs menaces à exécution. Ils ont trop besoin d'entrepreneurs comme vous, croyez-moi !

— Vous me connaissez à peine. Qu'est-ce qui vous fait dire cela ?

— On voit tout de suite que vous êtes un homme d'action comme il y en a peu. Votre entreprise ne vaudrait pas bien cher, sans vous. Il faut apprendre à reconnaître sa véritable valeur, sans se surestimer. Mais sans fausse modestie non plus.

— Merci de me dire cela, vous me redonnez confiance, marmonna-t-il. Je suis content de vous avoir rencontré.

— C'est Jonathan qui m'a donné force et recul sur les choses, vous savez.

— Jonathan a beaucoup de chance d'avoir un père comme vous.

Al secoua la tête.

— C'est moi qui ai de la chance d'avoir un fils tel que lui, croyez-moi.

— Je serai très heureux de le rencontrer lors du gala.

— Lui aussi, j'en suis sûr ! Et il sera très ému de rencontrer la princesse Bridget. Vous savez, c'est pour la famille princière que nous sommes restés à Chantaine. Ils sont tellement généreux et s'investissent tellement pour leur peuple. Nous avons beaucoup de chance.

Max ouvrit de grands yeux.

— Vous vous estimez chanceux que Chantaine soit une principauté ?

— Oh oui ! Comment pourrait-il en être autrement ? Ils s'investissent énormément pour améliorer notre confort, pour redresser l'économie du pays. C'est une famille exemplaire à tout point de vue, et il est évident que vous êtes fait du même bois.

— Vous le pensez vraiment ?

— C'est une évidence. Vous agissez comme un Devereaux, pour le bien des plus faibles, tout en étant un homme d'action, réaliste et pragmatique.

— Je suis peut-être juste quelqu'un de bien ! plaisanta Max.

Al se mit à rire.

— Peut-être, mais je pense qu'au fond, vous savez que je dis vrai.

Après avoir pris congé d'Al, il retrouva ses équipes en plein travail, débordées par de nombreux incidents sur le chantier. Mais curieusement, une certaine sérénité l'habitait, renforcée par la certitude de retrouver bientôt les bras de Sophie qui lui donnaient la force de surmonter n'importe quelle difficulté.

10

Vendredi soir, il faisait déjà nuit lorsque Max se présenta chez Sophie.

— Je suis désolé, déclara-t-il lorsqu'elle lui ouvrit la porte, pas de sources d'eau chaude ce soir. Tu voudras bien de moi, tout de même ?

— Je n'ai pas besoin de sources tous les soirs. Une fois de temps en temps, cela me suffit.

— Est-ce que je peux filer directement prendre une douche ? demanda-t-il. Je ne suis pas repassé chez moi.

— Bien sûr. J'ai prévu de quoi dîner, avec un poulet rôti au chaud dans le four.

— Merci, j'en salive d'avance.

— Pendant ce temps, je regarde s'il y a un film d'action au programme, ce soir.

— Vraiment ? Mais qu'est-ce que j'ai fait pour mériter de telles faveurs ?

— Tu es une belle personne, même si tu fais beaucoup d'efforts pour le masquer !

Il sentit sa gorge se nouer. Et si Sophie avait des attentes trop importantes à son égard ?

Il s'isola sous la douche, espérant que l'eau emporterait ses inquiétudes, puis il enfila une tenue décontractée. Sophie ne s'en formaliserait pas. Elle savait quelle semaine il venait de vivre et pouvait se représenter son degré d'épuisement.

Il la rejoignit dans le séjour, où elle avait servi le repas sur la table basse.

— A croire que je viens de mourir et que je me retrouve déjà au paradis !

— Il faut savoir profiter des plaisirs simples de la vie, lorsque les temps sont durs, pas vrai ?

Il prit place devant son assiette, remplie d'une copieuse portion de poulet rôti, ainsi que d'une purée onctueuse et d'un mélange de petits légumes grillés.

— Que c'est bon ! s'exclama-t-il lorsqu'il eut goûté. Je ne savais pas que tu étais une cuisinière aussi raffinée !

— Ma mère est de la vieille école, il aurait été impensable qu'elle ne m'apprenne pas à cuisiner avant ma majorité.

— Eh bien, je l'en remercie, car je suis effectivement au paradis, ce soir !

Sophie se mit à rire.

— Tu avais surtout besoin d'un bon repas roboratif !

— C'est de toi que j'ai désespérément besoin, répliqua-t-il en plongeant son regard dans le sien.

— Ne me dis pas des choses comme ça, répondit-elle lorsqu'il détourna le regard. Je risque de te croire !

— Ne pense pas que je cherche à t'amadouer, assura-t-il. Je ne prévois pas de partir sur Mars pour un prochain contrat !

— Tu n'as pas encore évoqué le prochain, d'ailleurs.

— Le fait est que je suis trop concentré sur celui-là pour le moment. La direction ne me laisse aucun répit !

— Et il y a aussi le gala de charité : il va falloir que tu l'envisages à un moment ou à un autre.

Il hocha la tête.

— Je le sais bien. D'ailleurs, est-ce que tu accepterais de m'accompagner pour la soirée ?

Sophie sembla hésiter un instant.

— Oui, mais qu'est-ce que tu prévois de dire pour… nous ?

Il haussa les épaules.

— Je ne crois pas qu'il faille expliquer quoi que ce soit. Si quelqu'un me pose des questions, je pourrai toujours expliquer qu'il est normal que ma fidèle assistante m'accompagne.

Sophie détourna le regard.

— Ah…

Il fronça les sourcils.

— Tu aurais voulu que je dise autre chose ?

— Non, non, pas du tout.

— Est-ce que tu souhaites que nous parlions de ce que nous vivons aux autres ?

Elle le regarda un moment : un tourbillon d'émotions pouvait se lire dans ses yeux.

— Non, il ne vaut sans doute mieux pas.

— Exactement. Notre relation ne regarde que nous.

Elle hocha la tête.

— Est-ce que tu en as honte ?

Il faillit s'étouffer. Le mot était comme un coup de couteau en plein cœur.

— Non, Sophie, je n'en ai certainement pas honte. C'est simplement une histoire intime, privée. Je ne veux pas avoir à subir les commentaires ou les remarques de qui que ce soit. On s'en sort très bien tous les deux.

Sophie s'efforça de sourire, sans grand succès.

— Oui, c'est sûr.

Elle essayait visiblement de croire ce qu'il lui disait, mais retenait en même temps ses larmes face à cette révélation. Au fond, n'était-ce pas plutôt la certitude que leur couple ne durerait pas qui le faisait rester aussi secret ? A moins même qu'il n'envisage pas qu'elle survive à leur départ de Chantaine ?

— Je suis content que nous soyons d'accord sur ce point, poursuivit-il, faute de trouver une réponse à ses propres questions.

Sophie garda le silence, se concentrant sur son assiette.

— Je ne voudrais pas que quiconque vienne gâcher ce que nous avons aujourd'hui.

Rassuré, il se remit à manger avec appétit. Pourtant, au fond de lui restait une inquiétude : cette petite voix qui lui répétait qu'il n'était pas quelqu'un fait pour s'engager sur le long terme. Sophie risquait de très vite se détourner de lui lorsqu'elle le connaîtrait vraiment.

Une fois leur dîner terminé, elle se blottit dans ses bras. La serrant contre lui, il imaginait déjà comment se terminerait leur soirée. Il se voyait déjà embrassant chaque parcelle de son corps, et lui faire l'amour sans relâche. Il était si bon de partager ces moments en sa compagnie.

Un peu plus tard, Sophie lui tapota l'épaule.

— Max ? Tu es en train de ronfler !

Il remua la tête.

— Je ne ronfle pas !

Elle éclata de rire.

— Moi non plus, jamais ! Et si nous allions au lit ?

— Quelle heure est-il ?

— Il est bien assez tard pour se coucher, dit-elle en le poussant devant elle.

— J'ai envie de te faire l'amour, murmura-t-il d'une voix ensommeillée.

— Oui, peut-être demain matin, plutôt, à en juger par ta grande forme !

— Qu'est-ce qui te fait rire ? demanda-t-il.

— Je ne ris pas, le rassura-t-elle en ouvrant le lit pour lui. Rendors-toi !

Il ne demanda pas son reste et se rendormit aussitôt,

jusqu'au lendemain matin. Lorsqu'il s'éveilla, il sentit la présence de Sophie à côté de lui. Comme il était assoiffé, il se leva pour se rendre dans la salle de bains où il but un grand verre d'eau et se rafraîchit le visage.

Lorsqu'il regagna le lit, il se glissa tout contre elle sous les couvertures. Aussitôt, elle se retourna, mais resta serrée contre son corps.

Cette sensation suffit à éveiller son désir. Il devait pourtant tempérer ses ardeurs. Il était en train de vivre quelque chose d'unique. Il avait pris garde à ne pas laisser ses sentiments prendre le dessus jusqu'à ce jour, mais cette fois-ci, c'était différent. Lorsqu'elle se tourna vers lui, il savait déjà que sa volonté s'était évanouie et il l'embrassa en la serrant plus fort avant de la dévêtir pour lui faire l'amour.

— Comment se passent les choses entre Max et toi ? demanda Terri à voix basse.

Max avait quitté le bureau depuis quelques minutes, mais Sophie sursauta pourtant à la question de son amie.

— Elles suivent leur cours, répondit-elle, sans bien savoir ce qu'elle était prête à confier.

— J'en étais sûre ! Tu as fini par le séduire !

Elle n'aimait pas ce terme. Cela rabaissait ses sentiments à l'égard de Max, et lui rappelait que pour sa part, il n'avait sans doute pas une vision aussi romantique de leur liaison. Elle avait toujours en tête leur conversation au moment de leur arrivée à Chantaine, où il avait exposé ses réticences à un projet de couple stable.

— Mais je n'ai jamais dit cela ! protesta-t-elle, embarrassée.

— Toi non, mais ton corps te trahit !

Elle détourna les yeux.

— Il y a un problème, Sophie ?

— Non, certainement pas, c'est juste qu'il préfère que nous restions discrets à ce sujet.

— Ah oui, et pourquoi donc ?

— Il dit que cela ne regarde personne et se méfie des jugements des autres.

— C'est plutôt curieux de se montrer si méfiant, je n'aime pas trop cela.

— Je suis partagée, moi aussi, reconnut-elle, mais je préfère éviter les questions indiscrètes.

— Je comprends. Cela dit, Max est tout de même un homme curieux : depuis le temps que je travaille pour lui, je ne l'ai jamais vu avec personne. Pourtant je mettrais ma main au feu qu'il tient à toi.

— Nous verrons bien. Il m'a demandé de l'accompagner au gala de charité.

— Et il s'attend à garder le secret en s'affichant ainsi avec toi ?

— Ne t'inquiète pas, il a prévu de me présenter comme sa fidèle assistante, soupira-t-elle.

— Oui, eh bien, je lui souhaite bonne chance pour faire taire les rumeurs. Quant à toi, tu ferais mieux de passer ta plus belle robe pour que tout le monde puisse lire dans son regard ce qu'il en est réellement.

Sophie fit la moue.

— Je n'ai pas forcément l'embarras du choix !

— Alors tu dois en acheter une pour l'occasion, Sophie. Fonce !

Max entra à cet instant dans le bureau, mettant un terme à leur échange.

— J'ai besoin de données, annonça-t-il à Sophie.

— Oui, je suis à ta disposition.

Elle entra dans son ordinateur les recherches qu'il lui soumit, comprenant au passage qu'il rencontrait maintenant des problèmes de surcoût. Il lui fallut chercher en urgence un autre fournisseur pour le revêtement de surface de la route. Elle lui proposa rapidement une option intéressante, mais l'entreprise annonçait des délais de livraison d'une semaine. Max serra les mâchoires, contrarié.

— Que puis-je faire contre cela ? marmonna-t-il, résigné.

Elle compatissait pleinement. Max luttait comme un beau diable pour respecter les délais et les contraintes de son chantier : elle le plaignait d'avoir à faire face à tant de difficultés.

Un peu plus tard, le même jour, Pippa appela Sophie pour l'inviter à dîner au palais. Elle insista tellement que Sophie ne put refuser et rejoignit la princesse et sa délicieuse petite Amelie.

— Comment se fait-il que nous dînions au palais ? demanda Sophie.

— Lorsque Nic quitte le pays pour le travail, il insiste pour que je reste au palais, il n'aime pas nous savoir seules à la maison. Heureusement qu'Amelie ne semble pas avoir de mal à changer de lieu !

— Votre mari voyage beaucoup ?

— Oui, il doit souvent rencontrer les gérants de ses entreprises à l'étranger. Mais il s'est engagé à prendre des vacances cet été, pour rester auprès d'Amelie et moi.

— Arrivera-t-il à tenir parole ? demanda-t-elle en dégustant l'entrée.

— Je le crois, car j'ai remarqué qu'il a de plus en plus de mal à nous laisser lorsqu'il doit repartir.

— Je vous le souhaite, en tout cas !

— Et vous, Sophie, est-ce que Bridget a continué à vous envoyer des prétendants potentiels ?

— Non, je crois que j'ai réussi à décourager ses prétentions de marieuse !

— La pauvre doit être désespérée, s'amusa Pippa.

— Elle n'a pas complètement raté son coup avec vous, d'après ce que j'ai compris. C'est bien en vous envoyant un soupirant qui ne vous intéressait pas, qu'elle a réveillé vos sentiments pour Nic ?

— C'est vrai, reconnut Pippa. En revanche dans votre cas, elle a totalement échoué.

— Pas forcément, protesta Sophie. Parfois, une rencontre vous permet de redéfinir ce que vous cherchez véritablement dans la vie.

— Vous avez raison. Mais dites-moi, dans ce cas, ce que vous recherchez, alors.

— Sans doute l'inaccessible étoile, même si j'en ai conscience, hélas !

Pippa fronça les sourcils.

— C'est terrible de dire cela.

— N'avez-vous jamais eu de crainte concernant Nic, avant de vous marier ? La peur qu'il vous échappe, par exemple ?

Pippa hésita.

— Rien n'est jamais acquis, vous avez raison. Ce que vous venez de dire me fait penser à ma sœur Fredericka.

— Ah oui ?

— Il semblerait que son couple traverse une période délicate et nous sommes tous inquiets pour elle, d'autant qu'elle a connu des difficultés autrefois, des problèmes d'addiction qui pourraient bien se rappeler à elle...

— Oh ! je suis désolée de l'apprendre. Peut-être aurait-elle besoin de la présence de sa famille auprès d'elle ?

— Elle refuse toutes les visites que nous lui proposons. Notre sœur Valentina est très inquiète pour elle.

— Dans ce cas-là, il faut continuer à vous montrer présents par tous les moyens qui vous restent : internet, le téléphone, le courrier. Elle saura que vous pensez à elle.

Pippa hocha la tête.

— Vous avez raison, c'est une bonne idée. Je vais continuer à lui envoyer des photos d'Amelie. Elle ne pourra pas m'ignorer éternellement.

— Excellente idée ! approuva Sophie. Et si vous voulez m'en faire suivre une ou deux, par la même occasion, j'en serai ravie.

— Promis ! déclara Pippa. Au fait, Bridget m'a dit que la soirée de gala s'annonçait sous les meilleurs auspices. Vous viendrez, j'espère ?

— Oui, bien sûr, répondit Sophie.

— Et qui vous accompagnera ?

— Eh bien, je crois que je vais venir avec Max.

Pippa sembla étonnée par cette annonce.

— Ah, vraiment ?

— Oui, il veut que nous représentions la société, d'après ce que j'ai compris.

— Ah, d'accord, marmonna Pippa. J'imagine que c'est important en effet.

— Oui, certainement.

— Dans tous les cas, avec Bridget aux commandes, je suis sûre que ce sera une vraie réussite.

Le samedi qui suivit, Sophie passa au centre le matin, puis profita de l'après-midi pour faire un peu de lèche-vitrines. Son regard fut soudain aimanté par une robe dos nu bleu nuit, à la fois raffinée et sensuelle. Pourtant si raisonnable d'ordinaire, elle n'hésita pas un seul instant et entra l'acheter aussitôt. Elle ferait appel à Pippa et à Bridget pour les accessoires qui n'étaient pas son fort.

Elle commençait vraiment à se détendre et à vraiment profiter de sa relation avec Max, sans plus se préoccuper du lendemain. La seule chose qui se rappelait à elle, ces derniers jours, c'était un petit retard dans ses cycles. Elle recompta, elle devait avoir quelques jours de retard, une semaine tout au plus.

Quatorze jours.

Deux semaines. Deux semaines de retard, cela ne lui était jamais arrivé.

Pourtant ils avaient pris leurs précautions. A part une seule fois, peut-être ? Elle n'était plus sûre.

Elle continua à compter les jours, jusqu'à la fin de la semaine suivante, puis elle décida de passer à la pharmacie pour acheter un test de grossesse.

Une fois chez elle, elle s'empressa de s'enfermer dans la salle de bains.

Elle était enceinte.

Elle resta seule avec son secret durant la semaine qui suivit. Heureusement, le rythme intense de travail lui permit d'éviter Max la plupart du temps. Arriva le samedi, avec une kyrielle de rendez-vous chez la manucure et le coiffeur. Elle rentra ensuite pour finir de se préparer. Une fois maquillée, elle enfila sa nouvelle robe bleue, puis ses escarpins, juste à temps pour aller ouvrir à Max qui venait de frapper à sa porte.

Elle l'accueillit d'un sourire, sans être parvenue à décider ce qu'elle allait faire de son secret.

— Ouaouh ! s'exclama-t-il, un large sourire aux lèvres. Tu es absolument éblouissante !

— Tu n'es pas mal non plus, répondit-elle en découvrant son élégant costume noir.

La soirée de gala connut un franc succès. Max semblait

parfaitement à l'aise, il riait et buvait du champagne, ne se rendant rapidement plus compte des coupes qu'elle refusait systématiquement.

Elle n'était pas d'humeur joyeuse. Quand et comment allait-elle annoncer la nouvelle à Max ?

Elle n'arrivait pas à imaginer sa réaction. Pas ce soir, avait-elle décidé. La soirée était trop importante pour lui et pour son projet.

Peut-être demain ?

Elle le vit attablé, en grande conversation avec un entrepreneur de sa connaissance. Machinalement, elle tendit l'oreille.

— Non, nous sommes juste amis, disait-il. Je m'assure toujours que les femmes de mon entourage soient informées de mon engagement à ne pas m'engager !

Et comme il riait de son bon mot, elle sentit son cœur saigner. C'était d'elle qu'il parlait. Elle n'avait pas besoin de l'interroger pour savoir comment il voyait les choses, elle l'avait toujours su, même si elle avait voulu se bercer d'illusions.

Comment pouvait-elle imaginer lui annoncer qu'elle portait un enfant de lui ?

Il serait furieux. Il lui demanderait sans doute de ne pas le garder.

Cette idée la rendait malade. Elle s'isola aux toilettes. Une vague nausée ne l'avait pas quittée de la soirée. Elle respira profondément, et se rafraîchit le visage.

La porte s'ouvrit sur la princesse Bridget.

— Bonsoir, princesse !

— Sophie, quel plaisir ! Très jolie robe, même si ma préférence va toujours à la rouge ! déclara Bridget, avant de froncer les sourcils. Est-ce que tout va bien ? Vous êtes toute pâle.

Elle s'efforça de sourire.

— J'ai eu un peu chaud, tout à l'heure, j'avais besoin de me rafraîchir un peu, mais ça va déjà mieux.

— Vous êtes sûre que c'est tout ? Je vous trouve une petite mine.

— Nous avons eu beaucoup de travail, ces derniers temps, c'est sûrement ça. Merci de vous inquiéter pour moi. En tout cas, je voulais vous féliciter pour cette soirée : nous n'aurions jamais pu réunir autant de monde sans votre aide.

— C'est gentil, mais je n'ai pas fait grand-chose. Cela dit, je suis d'accord avec vous, cette soirée s'annonce très bien !

— Je vais vous laisser, je crois que j'ai besoin d'un grand verre d'eau fraîche. A plus tard.

— A plus tard, mais reposez-vous, ou je vais encore devoir aller me plaindre auprès de Maxwell !

— Oh non, ce ne sera pas nécessaire ! s'exclama Sophie.

Pourvu que Bridget sache lui faire confiance cette fois-ci et ne file pas tout droit raconter à Max son petit malaise. Elle n'avait pas besoin de ses attentions, ce soir.

Un verre d'eau à la main, elle chercha un siège un peu à l'écart. Elle avait du mal à supporter la chaleur et la foule.

— Est-ce que tout va bien ? demanda une voix masculine familière. Vous m'avez l'air pâle.

Elle leva les yeux vers David. Elle ne l'avait plus revu depuis qu'elle avait repoussé ses avances.

— Je vais bien, j'ai juste eu un peu trop chaud. Et vous, comment vous portez-vous ?

— Eh bien, à part le fait que votre compagnie me manque, je vais bien, répondit-il, un large sourire aux lèvres. Vous êtes sûre que vous n'avez besoin de rien ?

— Je vous remercie, je me repose ici un moment et tout ira pour le mieux.

— Très bien, comme vous voudrez, répondit David. Bonne soirée, chère Sophie.

Elle le regarda s'éloigner, soulagée. Elle ressentait pourtant un vague regret à son sujet. Il aurait été tellement plus simple d'éprouver quelque chose pour David. Il semblait être quelqu'un de vraiment gentil.

Elle chercha Max du regard et le vit qui traversait la salle pour venir à sa rencontre. Il semblait contrarié.

— Je viens de voir ce Rinaldo en train de te parler. Il ne t'a pas ennuyée, j'espère ?

Elle éclata de rire.

— David est bien trop courtois pour m'ennuyer. Il sait que je ne souhaite rien de plus qu'une amitié et il respecte ma position sans poser de questions.

Max respira.

— Je préfère cela.

— En revanche, je ne vois pas pourquoi tu te montres aussi exclusif envers une simple « amie » ? ne put-elle s'empêcher de lancer. D'autant que tu t'es bien assuré que je sois informée de ton « engagement à ne pas t'engager ». C'est bien comme cela que tu dis ?

— Je vois que tu as entendu ce que je racontais à Al Janton. On avait pourtant bien décidé que je nous présenterais comme de simples collègues. Cela dit, Al a dû se douter que c'était avec toi que j'étais allé au chalet des sources. Il fallait que je lui donne un peu plus de précisions.

— Sans doute. Pourtant c'est la vérité, n'est-ce pas ? Tu as toujours dit que tu n'étais pas homme à te mettre en couple.

— Pourquoi me parler de cela maintenant ? demanda-t-il en tirant sur son nœud de cravate.

— Simple curiosité, répondit-elle en évitant son regard. Tu ne veux pas que les choses deviennent sérieuses entre nous, n'est-ce pas ?

— Sophie, tout ce que je sais c'est que je serais un bien piètre mari, et que tu ne mérites pas cela. Tu mérites beaucoup mieux.

— Dans ce cas, pourquoi continuer à nous voir ? Pourquoi m'inviter ce soir ?

— Parce que je ne peux pas faire autrement ! C'est plus fort que moi, avoua-t-il. Je te désire tellement... Ecoute, pourquoi parler de cela maintenant ? Je dois faire un discours dans cinq minutes, et je suis déjà plus que stressé !

— Inutile d'en parler. Maintenant ou plus tard, lança-t-elle. Dépêche-toi de te préparer pour ton discours, la soirée doit être une réussite jusqu'au bout.

— Merci, marmonna-t-il sans comprendre ce qu'elle ressentait au fond. Merci d'être venue ce soir.

Il s'éloigna pour gagner l'estrade où un micro était installé à un pupitre. Quelqu'un fit tinter sa flûte de champagne pour attirer l'attention de l'assistance et annonça la princesse Bridget, qui le rejoignit aussitôt sur l'estrade, sous les applaudissements de l'assemblée.

— Merci ! lança-t-elle, enthousiaste, face à la salle. Merci à vous tous d'être présents ce soir pour soutenir le projet de Maxwell Carter, un frère tout juste rencontré et qui tient à participer au bien-être de Chantaine. Notre île est d'ailleurs si généreuse qu'elle l'a adopté aussitôt !

La salle se remit à applaudir de plus belle.

— Comme je sais que vous êtes tous impatients de le rencontrer, je vais lui céder la place, non sans vous demander au préalable de l'accueillir comme vous savez le faire. Mesdames et messieurs, voici M. Maxwell Carter !

Max s'avança sous les projecteurs, tandis que la salle applaudissait.

— Merci ! Merci de votre accueil, de votre enthousiasme et surtout de votre générosité. Je reste époustouflé par l'efficacité de la princesse Bridget, qui a réussi, en moins de temps qu'il n'en fallait pour le dire, à nous réunir tous ici, ce soir. Pour ma part, au-delà des barbecues ou des soirées pizza, je ne suis pas très au point en matière d'événementiel !

Des rires parcoururent l'assemblée.

— Je suis très touché par votre implication dans notre projet. Je comprends maintenant pourquoi la famille princière est à ce point fière de son peuple. Un peuple accueillant, un peuple engagé et solidaire, et c'est pourquoi je suis très fier, moi aussi, d'avoir une chance de contribuer à votre bien-être, et à celui des plus vulnérables d'entre vous.

Sophie écoutait le discours de Max avec les mêmes frissons que tout le monde, mais lorsque ses yeux s'emplirent de larmes, ce fut pour une raison plus intime, plus personnelle, que personne n'était en mesure de deviner. Elle se savait prisonnière de ses sentiments. Des sentiments tellement forts qu'elle était condamnée à voir son cœur brisé, quoi qu'il arrive.

11

— Est-ce que je peux profiter du voyage ? demanda Sophie à Terri qui s'apprêtait à monter en voiture avec son mari.

— Bien sûr, dit Terri, mais tu es sûre que tu veux déjà quitter la fête ?

— Une migraine me gâche le plaisir, prétendit-elle.

En vérité, ce n'était pas sa tête, mais bien son cœur qui la faisait souffrir, et il lui fallait un peu de calme pour envisager la suite.

— C'est vrai que tu n'as pas l'air en forme, tu es toute pâle, s'inquiéta Terri.

— Une bonne nuit de sommeil et ça ira mieux.

— Je l'espère, oui, marmonna Terri, visiblement peu convaincue. Et Max, que fait-il ?

— Je ne sais pas, mais tu as raison, je dois le prévenir que je vais rentrer. Est-ce que vous me laissez une minute ?

Terri acquiesça et elle retourna sur ses pas pour retrouver Max. Comme beaucoup de monde l'entourait, elle dut jouer des coudes pour arriver à sa hauteur et lui taper sur l'épaule.

— Sophie, qu'est-ce qu'il y a ?

— Je vais rentrer avec Terri et Bob, j'ai mal à la tête et je suis épuisée.

— Tu sais, je peux me libérer, c'est à moi de te raccompagner !

Elle secoua la tête.

— C'est une mauvaise idée : il y a tant de monde qui veut te rencontrer.

— Ils risquent d'être déçus…

— Courage, tu t'en sors très bien, et puis c'est ta mission, maintenant !

Il sourit et lui prit la main.

— Je t'appelle demain !

— D'accord, dit-elle avant de tourner les talons pour traverser la foule en sens inverse.

Une fois à l'extérieur, elle prit une profonde bouffée d'air frais, puis rejoignit Terri et Bob qui l'attendaient dans leur voiture. Elle ferma un instant les yeux, tandis qu'ils quittaient le parking. Lorsqu'elle les rouvrit, ce fut pour découvrir le regard perçant de Terri braqué sur elle.

— Je suis sûre que tu nous caches quelque chose, Sophie.

— Terri, intervint Bob, Sophie n'a peut-être pas envie d'être passée sur le gril maintenant.

— Mais je m'inquiète pour elle ! Sophie, est-ce qu'il s'est passé quelque chose avec Max ?

— Non, pas du tout !

— Mais alors que se passe-t-il ? Je vois bien que tu n'es pas dans ton état normal.

Cette femme avait un flair incroyable, et une intuition à toute épreuve.

— Pourquoi es-tu si pâle ? Est-ce que tu es malade, est-ce que tu es… ?

— Non, interrompit Sophie avant que son amie ne poursuive ses suppositions. J'ai beaucoup trop travaillé et je suis épuisée, c'est tout.

— J'ai du mal à croire que cela soit la véritable raison de ton état, mais si tu ne veux pas en parler ce soir, sache tout de même que tu peux m'appeler à tout moment, quoi qu'il arrive !

— D'accord, merci à toi, répondit Sophie qui sentait des larmes lui perler aux paupières.

Heureusement, Terry se retourna dans son siège avant qu'une larme ne roule sur ses joues. Sophie eut l'impression que le voyage de retour durait une éternité. Lorsque Bob s'arrêta enfin au pied de son immeuble, elle sentit un nœud dans sa gorge. La présence protectrice de Terri la rassurait et elle aurait aimé pouvoir lui parler de sa grossesse, mais c'était trop tôt.

Elle parvint alors à sourire.

— Vous êtes vraiment adorables tous les deux, murmura-t-elle. Merci de m'avoir raccompagnée.

— Allez, va te reposer. Mais compte sur moi pour t'appeler demain, prévint Terri.

Sophie hocha la tête et regagna son appartement d'un pas lent, soulagée pourtant que cette soirée soit enfin derrière elle. Tout en enlevant ses chaussures, elle calcula mentalement les étapes qui la séparaient encore de son lit. Elle allait souffler un instant et puis se servirait un grand verre d'eau, se démaquillerait et pourrait enfin aller se coucher.

Sa mère l'avait élevée seule, comptant sur les pensions alimentaires lorsqu'elles étaient versées. Même si elle ne voulait pas se plonger déjà dans ce genre de réflexions, elle avait du mal à penser à autre chose. Pourtant, elle avait des économies et la possibilité de travailler dans de nombreuses entreprises avec l'expérience qu'elle avait acquise.

Chaque chose en son temps, inutile de se projeter aussi loin dans le futur, alors qu'elle n'avait aucune certitude pour le moment.

Elle inspira profondément et sentit qu'elle retrouvait son calme.

Demain serait un autre jour.

Demain, il serait temps d'affronter la réalité.

Sophie se coucha dans l'espoir de dormir tard, le plus tard possible. Au lieu de cela, elle ouvrit un œil à 8 heures tout juste. Elle savait qu'elle ne retrouverait pas le sommeil et se leva pour prendre une longue douche, puis s'installa devant la télévision. Contrairement à son habitude, elle n'appellerait pas sa mère, ce matin, comme si cette dernière pouvait deviner au son de sa voix qu'elle était enceinte.

Elle se servit des céréales avec un yaourt, en songeant qu'il serait bon qu'elle commence à faire attention à son alimentation. Ensuite elle se lança dans un peu de ménage.

Pendant qu'elle époussetait ses étagères, son téléphone sonna. Elle retint son souffle : il s'agissait de Pippa. Agréablement soulagée, elle décrocha aussitôt.

— Bonjour princesse !

— Vous pouvez m'appeler Pippa, tout de même ! J'appelais pour vous inviter à déjeuner avec moi au palais. Je tourne en rond, toute seule avec Amelie, et j'avais l'espoir de profiter de votre charmante compagnie.

— Avec plaisir ! Vu que le temps est radieux, nous pourrions peut-être manger à l'extérieur. Qu'en dites-vous ?

— Excellente idée, je vais faire dresser une table dans le jardin du palais.

— Formidable. A quelle heure ? demanda Sophie, ravie de trouver une échappatoire.

— D'ici une heure ?

— Très bien, à tout de suite !

Elle raccrocha et se prépara pour sortir. Elle avait envie de faire un tour en ville, avant de rejoindre la princesse. S'arrêtant à la devanture d'un fleuriste, elle décida d'acheter deux bouquets. Un pour Pippa, bien sûr, et un autre pour elle.

Lorsqu'elle rejoignit la princesse au palais, cette dernière l'accueillit à bras ouverts.

— Des fleurs, quelle charmante attention !

Une jolie table avait été dressée dans le jardin. Le cadre était charmant et très apaisant. Elle ne regrettait pas le moins du monde d'avoir accepté l'invitation de la princesse.

— Elles sentaient tellement bon que je n'ai pas pu résister, dit Sophie en se dirigeant vers le landau dans lequel dormait la petite Amelie. Elle est toujours aussi adorable !

— Un amour ! Je n'ose pas trop m'étendre sur son calme devant Eve et Stefan, vu que leur bébé souffre toujours autant de ses coliques. Ils commencent à sérieusement frôler l'épuisement.

— Vous avez raison. Je suis heureuse que cela se passe aussi bien pour vous, d'autant que vous êtes souvent livrée à vous-même, avec les nombreux voyages de votre mari.

— C'est vrai que je ne sais pas comment je ferais si Amelie était plus difficile, reconnut-elle. Mais avec un prénom comme le sien, elle ne pouvait que tenir de son aïeule. Laquelle était une sainte !

— Vous avez donc fait le bon choix, avec ce prénom.

— Bien, profitons tout de même de ce qu'elle dort pour commencer à déjeuner, on ne sait jamais ! suggéra Pippa en riant.

Sophie picora un peu de ce qui était disposé sur la

table. Il y avait l'embarras du choix avec des salades, du poulet froid, plusieurs variétés de petits pains, du fromage et des fruits.

— C'est délicieux ! Quand je pense que je me serais fait un sandwich à la pâte à tartiner !

Pippa sourit.

— Rassurez-vous : moi aussi je mange n'importe quoi quand je suis seule… Au fait, parlez-moi du gala d'hier.

— Bridget a vraiment réussi son pari. Je suis certaine que les contributions vont aller au-delà de toutes nos attentes. Il y avait beaucoup de personnes et Max était vraiment ravi.

— Tout le monde voulait le rencontrer : vous imaginez, un inconnu qui fait partie de la famille princière et qui vient ici lancer un chantier pharaonique et créer un centre pour les enfants handicapés à Chantaine. Son extrême discrétion avait excité la curiosité de tous !

— C'est vrai que beaucoup de gens semblaient curieux de le rencontrer.

— Finalement, vous y êtes allée avec lui, comme il vous l'avait proposé ? interrogea Pippa.

— Oui, en effet, dit-elle sans parvenir à sourire.

Pippa dut deviner son trouble car elle changea de sujet aussitôt.

— Il y a un soufflé au chocolat en dessert, qu'en dites-vous ?

Elle n'était pas certaine que son estomac soit d'accord pour un dessert de ce genre, mais préférant ne rien laisser transparaître de ses maux, elle hocha la tête.

— J'imagine que c'est un vrai délice ! s'exclama-t-elle en voyant arriver une assiette copieusement servie, dont elle prit une petite cuillérée. Malheureusement, je n'ai plus beaucoup d'appétit, je ne finirai certainement pas une telle portion.

— Vous y avez à peine goûté !

— Est-il possible de le rapporter chez moi pour plus tard ? demanda Sophie.

Pippa s'amusa.

— Bien sûr. Nous le ferons emballer en cuisine.

Un petit gémissement se fit entendre dans le landau. Restée silencieuse depuis le début du déjeuner, Amelie se rappelait à leur bon souvenir !

— Est-ce que je peux la prendre ? demanda Sophie.

— Je vous en prie, d'autant plus que je compte terminer mon dessert !

Sophie s'empara précautionneusement du nourrisson et le serra contre elle. La petite fille émit un nouveau gémissement.

— Il faudra peut-être que vous la berciez un peu ou que vous fassiez quelques pas. Généralement, elle apprécie le mouvement.

Sophie se mit à osciller doucement et Amelie s'apaisa aussitôt. Quel genre de mère serait-elle ? Bien sûr, elle avait très envie de devenir mère un jour, mais elle ne savait pas du tout comment elle élèverait son enfant.

— Comment est son papa avec elle ?

— Il est très à l'aise. C'est un vrai papa poule, qui est ravi que je l'allaite. Nous avons décidé de continuer au moins jusqu'à ses six mois, pour qu'elle profite de mes anticorps et de tous les bienfaits du lait maternel, en particulier contre les allergies.

Sophie observa les yeux bleus de la fillette.

— Elle a l'air d'une petite fille très attentive.

— Oui, on a l'impression qu'elle détaille tout son environnement.

— Il y a énormément de choses à découvrir, n'est-ce pas, chère Amelie ?

— Vous avez l'air très à l'aise. Je suis sûre que vous seriez une maman parfaite !

Sophie baissa le regard.

— L'avenir le dira. Je peux vous poser une question indiscrète, princesse ? Vous ne me répondrez que si vous le souhaitez.

Pippa acquiesça et l'encouragea d'un sourire.

— Est-ce que la venue d'Amelie était prévue ?

— Absolument pas, et ce n'est un secret pour personne : la découverte de ma grossesse s'est faite dans une ambiance cataclysmique ! Nic venait de perdre sa mère, et son père sombrait dans une profonde dépression, suite à ce décès. Il avait fallu que mon mari se rende d'urgence auprès de lui, aux Etats-Unis, parce qu'il venait de faire une tentative de suicide. Nic avait envisagé de s'installer là-bas, ce qui était impossible pour moi. Je ne pouvais imaginer me séparer des miens, alors que je venais d'apprendre que j'étais enceinte.

— Et comment les choses se sont-elles arrangées ? demanda Sophie, en quête d'un peu d'espoir pour elle-même.

— Nic et moi, nous nous aimons, c'est la seule chose certaine qui soit. Il a vu que j'étais prête à abandonner mon titre pour lui.

— J'ignorais tout cela.

— Eh bien, vous savez ce qu'on dit : l'amour triomphe toujours !

Amelie se réveilla de nouveau et Pippa tendit les bras.

— Je vais l'allaiter et je peux vous garantir qu'en moins de vingt minutes, elle sera rendormie !

La princesse installa discrètement sa fille au sein, la discussion reprit, revenant rapidement sur la soirée de la veille.

— Bridget a réussi un coup de maître, hier soir.

Nous n'imaginions pas qu'elle pourrait réunir autant de monde en si peu de temps.

— Elle est très douée dans son domaine, mais Maxwell n'est pas étranger à cette réussite. Nombreux étaient les gens qui souhaitaient faire sa connaissance.

— Il a été surpris de l'accueil qu'il a reçu, en effet, confirma Sophie.

— Il n'a pas encore saisi que pour les habitants de Chantaine, il fait partie de la famille princière, malgré toutes ses réticences.

— C'est vrai qu'il ne cherche pas à être sous les projecteurs.

— C'est tout à son honneur, mais la donne risque de changer pour lui, avec la notoriété. C'est souvent le revers de la médaille.

— Max n'est pas du genre à s'encombrer des revers de médaille. Le plus souvent, vous savez…

— Oui, cela se sent. Il y a chez lui un côté rebelle assez marqué. Chez vous aussi, d'ailleurs. Je trouve que vous avez un certain nombre de points communs, à vrai dire. Vous ne pensez pas ?

Sophie secoua la tête.

— Je n'en suis pas convaincue. C'est un meneur, un homme d'action, tandis que moi, je préfère suivre plutôt qu'ouvrir la marche.

— Vous vous sous-estimez tellement, Sophie. Et si je vous dis cela en toute amitié, c'est parce que j'ai longtemps été comme vous, très négative à mon sujet. Vous êtes bien plus forte que vous ne voulez l'admettre.

Amelie lâcha bientôt le sein de sa mère qui la prit contre elle.

Sophie regarda avec une certaine mélancolie la jeune mère serrant sa fille avec tendresse. Peu après, elle prit congé de la princesse et retourna à son appartement.

En entrant, elle eut plaisir à trouver son bouquet sur la table. Egayant la pièce, les œillets avaient réussi à embaumer jusqu'à l'entrée.

Elle se servit un grand verre d'eau dans la cuisine et sortit son téléphone portable qui ne cessait de vibrer. Elle avait reçu de nombreux messages. *Max. Terri. Max. Max.*

Elle laissa échapper un soupir. Il faudrait bien qu'elle le rappelle. Elle composa son numéro et attendit la tonalité. Au même instant, on frappa à sa porte. Elle jeta un coup d'œil par le judas et raccrocha. Max se tenait de l'autre côté, la mine préoccupée.

— Bonjour, dit-elle en ouvrant la porte.

— Mais où est-ce que tu étais passée ?

— Je déjeunais avec ta sœur et ta nièce.

— C'était Eve ou Pippa ?

— Eve a un garçon et elle est ta belle-sœur, expliqua-t-elle. Pippa est ta sœur et son bébé est une fille.

— C'est bon, j'ai compris, répliqua-t-il en avançant dans la pièce. Et d'où viennent ces fleurs ?

— Je me les suis offertes, elles m'ont plu. Autre chose ? Ou je suis placée en garde à vue directement ?

Il leva vers elle un regard désolé.

— Pardon, je vois bien que j'exagère, mais j'ai eu peur que quelque chose n'aille pas, après ce que nous avons évoqué hier soir. Je me suis inquiété de te voir partir avec Terri.

Elle inspira profondément. Le moment était venu de lui parler franchement.

— Je crois que tu ferais bien de t'asseoir un instant, suggéra-t-elle.

— Ah oui ? Et pourquoi donc ?

Elle baissa les yeux.

— Tu devrais vraiment t'asseoir.

Visiblement à contrecœur, il s'exécuta et prit place sur le canapé.

— De quoi s'agit-il ?

— Eh bien, je ne sais pas exactement comment t'annoncer cela. Je n'ai pas besoin d'entendre des remarques négatives, mais je ne m'attends pas à ce que tu sautes de joie non plus.

Il fronça les sourcils tandis qu'elle faisait les cent pas sur le tapis du séjour.

— Bon sang, mais de quoi est-ce que tu parles, à la fin ?

Son ton et son impatience devenaient difficiles à supporter.

— On dirait que la patience n'est pas ton fort. Je me trompe ?

— Je n'aurais jamais pensé que ce soit une découverte pour toi, après tout ce temps. Tu me connais, tout de même !

Elle secoua la tête.

— C'est difficile à expliquer et je…

Elle s'interrompit et inspira profondément, puis tourna les talons pour disparaître dans la salle de bains, dont elle ressortit, le test de grossesse à la main.

— Voilà ! annonça-t-elle en lui présentant le bâtonnet. Les deux traits, là, veulent dire « positif ».

Il leva vers elle un regard stupéfait.

— Ce… ce n'est pas possible.

— J'ai fait deux tests pour être sûre. Positifs, tous les deux.

— Et se pourrait-il que je ne sois pas le père ?

La colère monta en elle aussitôt. Elle avait envisagé bien des réponses, mais cette réaction dépassait de loin ses pires craintes.

— Sors de chez moi ! lança-t-elle, glaciale.

— Attends, ma question est légitime. Il me semble que tu sortais avec David Rinaldo juste avant que…

— Sors de chez moi ! hurla-t-elle.

Max obéit. Sophie lui était apparue sous un jour qu'il ne lui avait jamais connu. Il y avait une telle fureur dans son regard…

Après tout, sa question était plutôt logique.

Ce David Rinaldo avait courtisé Sophie et ils étaient sortis ensemble à plusieurs reprises. D'ailleurs ne les avait-il pas surpris la veille, en train de discuter à l'écart des festivités ?

Mais bien vite, sa colère retomba et il se rendit compte de son comportement. Elle avait été claire avec David. Il savait qu'elle ne lui avait rien caché. Il avait surtout besoin d'un peu de calme pour encaisser la nouvelle et réfléchir à la situation. Il avait du mal à croire à ce qu'elle venait de lui dire.

Elle était enceinte.

Elle était enceinte de lui !

Il en avait le souffle coupé. Il allait devenir père ? Comment était-ce possible ? Il avait toujours été prudent, pourtant. Même avec elle. Mais peut-être pas totalement.

Il lui avait fait confiance.

Mais était-ce vraiment une question de confiance ?

Il ne savait que penser.

Il rentra chez lui sans bien savoir comment. Il avait mal dans la poitrine. Il devait prendre une décision. Ce serait une décision capitale, il le savait. Il ne pourrait y échapper. Arrivé dans sa cuisine, il se servit une bière et alla s'asseoir devant son poste de télévision.

Il n'eut pas à réfléchir très longtemps. Il voulait que son enfant ait la meilleure des vies possibles. Il devrait donc se marier avec Sophie, et le temps pressait déjà.

Il fut tenté de retourner aussitôt la voir, mais songea

qu'elle aussi aurait sans doute besoin de faire le point calmement. Il lui appartenait maintenant de regagner sa confiance.

Le lendemain matin, il évita soigneusement Sophie au bureau, puis les affaires courantes s'accumulant, il ne put reculer plus longtemps. En milieu de matinée, il repassa par le bureau, mais n'y découvrit que Terri.

— Où est Sophie ?

— Elle a appelé pour prévenir qu'elle était souffrante.

Bon sang !

— Je ne me souviens pas que ce soit déjà arrivé par le passé, dit-il.

— Moi non plus, ajouta Terri. Mais c'est vrai qu'elle avait une grosse migraine, samedi, après le gala.

— Ah bon ?

— Je devrais peut-être aller la voir pour m'assurer que ce n'est pas trop grave ? suggéra Terri.

— Non, je crois que je vais y aller moi-même, après le travail.

Il sortit plus tôt, dans l'après-midi, et repassa chez lui se changer avant de se rendre chez Sophie. Il frappa une première fois. Face au silence, il se surprit à prier pour qu'elle soit bien chez elle. Il frappa de nouveau et la porte s'ouvrit.

Sophie était là, visiblement fatiguée, comme en attestaient les cernes bleutés qui marquaient ses paupières.

— Bonjour, murmura-t-il.

— Bonjour.

Son regard et son ton disaient la déception et la tristesse. Ils disaient les heures sans sommeil et les larmes versées. Il reçut tout cela comme un coup de poignard.

— Mon attitude n'a pas été la bonne, j'en suis bien conscient, déclara-t-il d'emblée, en franchissant le seuil.

— Vraiment ? rétorqua-t-elle, les bras croisés.

— S'il te plaît, reconnais au moins que tu as eu un peu plus de temps que moi pour te faire à l'idée.

— Cela n'enlève rien à ce que tu as dit.

— C'est vrai.

Elle inspira longuement, mais garda les bras croisés.

— Je suis désolé, déclara-t-il, conscient que c'était à lui de prendre les devants.

— De quoi es-tu désolé ?

— De tout, de tout ce que je t'ai dit.

Elle continuait de le fixer, sceptique.

— Je ne me suis jamais imaginé que je pourrais devenir père.

— Je n'avais pas particulièrement prévu de devenir mère dans ces conditions, moi non plus.

Il hocha la tête. Elle avait raison.

— Il faut que nous fassions face ensemble à cette situation qui s'impose à nous. Nous attendons un enfant.

Elle acquiesça.

— En effet.

— Notre seule option est donc de nous marier, déclara-t-il sans plus de détour.

Sophie ouvrit de grands yeux, mais aucun son ne sortit de sa bouche.

— Est-ce que tu as entendu ce que je viens de dire ?

Elle hocha lentement la tête, comme au ralenti.

— Nous devons nous marier. Il faut que cet enfant ait le meilleur avenir possible et la seule solution, c'est d'en passer par le mariage.

Sophie hocha la tête de nouveau, mais son silence et quelque chose d'indéfinissable dans son regard le mirent mal à l'aise.

— Qu'est-ce que tu en dis ? Je pense que le plus tôt sera le mieux.

— Attends, répondit-elle. Il faut que je réfléchisse à cela. On ne peut pas se décider aussi rapidement.

Il ne s'était pas attendu à cette réaction.

— Qu'entends-tu par là ? A quoi est-ce que tu peux bien vouloir réfléchir ?

— Je veux dire que je ne suis pas certaine que le mariage soit la meilleure solution, dans notre cas.

— Et pourquoi donc ?

— Parce que je te rappelle que tu n'as jamais voulu te marier ni avoir d'enfants, avec moi ou avec qui que ce soit d'autre. Cela me semble être une sacrée raison, non ?

Il aurait eu du mal à dire le contraire. Il restait persuadé qu'il serait un mari effroyable.

12

Sophie revint travailler le jour suivant et n'échappa pas à l'interrogatoire de Terri.

— Je n'ai pas trop envie de parler pour l'instant, expliqua-t-elle à sa collègue.

— Qu'est-ce que Max a bien pu faire ? Je vais devoir le cuisiner lui aussi, pour savoir de quoi il retourne ?

Sophie sourit.

— C'est gentil de t'inquiéter pour moi, mais j'ai la situation en main, je t'assure.

Terri fronça les sourcils.

— Pourtant, je n'aime pas cela.

— C'est pourtant toi qui dis toujours que je suis plus forte que je ne l'imagine.

— Peut-être, mais je déplore que tu aies besoin d'être forte. Tu mérites d'être heureuse, et c'est tout.

— Merci, je vais bien, dit-elle pour rassurer son amie.

Ce n'était pas exactement la vérité, mais elle avait l'espoir d'arriver à arranger les choses. Elle n'avait pas trop le choix, à dire vrai.

Un instant plus tard, Max entra dans le bureau. Il sembla sidéré de l'y trouver.

— Mais qu'est-ce que tu fais là ?

— Je travaille ici, lui rappela-t-elle sobrement.

Il ouvrit la bouche pour répliquer, mais s'abstint finalement.

— Est-ce que tout va bien au niveau des plannings ? demanda-t-elle pour replacer la conversation sur le terrain professionnel.

— Tout va bien.

— Vraiment ? intervint Terri. Nous venons pourtant d'apprendre qu'il y avait de nouveaux retards de livraison.

— Je vais les rappeler, dit Sophie.

— Ce n'est pas nécessaire, fit Max.

— Bien sûr que si, je travaille ici, répéta-t-elle en le fixant avec insistance.

Elle contacta aussitôt le fournisseur en question. Après quelques échanges particulièrement tendus, elle raccrocha, la mine satisfaite.

— Bonne nouvelle : nous serons livrés cet après-midi !

Max ouvrit de grands yeux surpris.

— Comment est-ce que tu as fait ?

— Je me suis montrée très ferme et visiblement assez persuasive.

— Je l'avais été, moi aussi, lorsque je les ai contactés. Pourtant, cela n'a rien changé.

— Je crois que j'ai été ferme avec la bonne personne, cela peut tout changer.

— Qui était-ce ? demanda-t-il.

— Hors de question que je révèle mes sources pour le moment !

— Comment ?

— Plus tard, je raconterai tout. Pour l'instant, réjouissons-nous d'avoir nos livraisons dans les temps.

— Je ne te savais pas aussi manipulatrice.

— Je ne le suis pas, j'essaie simplement de m'adapter aux contraintes.

Le regard de Max se fit plus insistant.

— J'ai toujours pensé que tu étais intelligente.

— Moi aussi, mais cela ne suffit pas, parfois.

Sophie se rendait compte que pour la première fois, Max prenait conscience de tout le travail qu'elle abattait en sous-main, pour qu'il puisse rester le grand organisateur du projet. Jusque-là, se tenir dans l'ombre ne lui avait jamais posé problème, mais pour une fois, ce rayon de lumière était le bienvenu.

— Je t'ai sans doute sous-estimée pendant longtemps, reconnut-il.

— Nous avons tous nos forces et nos faiblesses, décréta-t-elle, philosophe.

Il ouvrit la bouche, puis la referma. Sa confession en resterait là, pour le moment.

Ce soir-là, elle travailla tard, puis rentra chez elle. Elle devait prendre soin de sa santé, maintenant. Aussi se prépara-t-elle un repas équilibré, avant de s'installer confortablement devant un programme télévisé. Elle ne prêta guère attention à ce qu'elle regardait. L'essentiel était de se détendre et de se changer les idées.

Une heure plus tard, elle entendit que l'on frappait à sa porte. Elle se leva à regret et se dirigea vers l'entrée. Max se tenait sur le pas de sa porte, un bouquet de fleurs à la main.

— Bonsoir, dit-elle sans entrain.

— Je suis désolé, je te réveille ?

— Plus ou moins, oui.

Il lui tendit les fleurs qu'elle alla placer dans un vase, avant de le rejoindre dans le séjour.

— C'est gentil, mais je crois que je vais bientôt aller me coucher. Qu'est-ce que tu voulais me dire ?

— Je viens te redemander de m'épouser, déclara-t-il. C'est la meilleure chose à faire pour notre enfant, Sophie ...

Elle baissa les yeux.

— On ne peut pas se marier juste pour un enfant. Le mariage, c'est aussi une histoire de couple.

— Mais qu'est-ce qui compte le plus à tes yeux : le bébé ou nous, qui sommes adultes ?

— Tout est important. Nous ne devons pas nous sentir piégés dans un mariage non désiré. Un mariage ne peut pas être un sacrifice. Ce ne sera bon ni pour nous ni pour le bébé !

Max fronçait les sourcils.

— Sophie, c'est un sujet des plus graves. Nous devons nous montrer responsables.

— Je suis d'accord. Ce sujet est grave pour trois personnes, au moins.

— Comment te convaincre que ce mariage est la meilleure issue ?

Elle avait l'estomac noué, mais elle tint bon.

— J'ai besoin de plus que d'un père par obligation.

— Par obligation ? répéta Max.

— Bien sûr ! Dis-moi, est-ce que tu aurais seulement envisagé de me demander en mariage, si je n'avais pas été enceinte ?

Dans son regard fixe qui ne cilla pas un seul instant, elle lut la réponse qu'elle connaissait déjà. Cela lui brisa le cœur. A moins qu'il ne soit déjà brisé.

— Un enfant change les choses, marmonna-t-il. Un bébé peut faire changer le regard que l'on porte sur la vie.

— C'est vrai. Jusque-là, j'aurais été folle de bonheur que tu me demandes en mariage. J'aurais donné n'importe quoi pour que cela arrive. Mais aujourd'hui, cela ne me suffit pas. Je sais que je veux plus qu'un père pour notre enfant. Je veux un homme qui veuille de moi dans sa vie.

— Mais bien sûr que je veux de toi, tu le sais bien.

Elle secoua doucement la tête.

— Ce que tu voulais, c'était une relation sans engagement, au jour le jour, et je ne peux pas te le reprocher, tu t'es montré très clair à ce sujet. Je ne pouvais ignorer que tu ne voulais pas t'engager dans une vie maritale et encore moins familiale. Je ne veux pas être celle qui te contraint à une vie que tu ne souhaites pas.

Il se passa la main dans les cheveux.

— Je ne sais pas quoi répondre à ça.

Elle haussa doucement les épaules.

— Il n'y a rien à répondre. Je vais faire ce que font les femmes dans ce cas : prendre les choses en main.

— Mais tu n'as pas à assumer tout cela toute seule, reprit-il. Je suis là et je serai là pour toi.

Elle hocha la tête.

— D'accord.

Elle savait qu'elle ne devait pas être très convaincante, mais il ne l'était pas non plus.

Max fut convié au palais par Stefan qui souhaitait une petite réunion informelle sur l'avancement des travaux. Il fut guidé dans les couloirs du palais jusqu'au bureau du prince qui l'attendait.

— Je vous en prie, entrez, déclara Stefan en lui indiquant un fauteuil. Est-ce que je peux vous offrir quelque chose à boire ? Un whisky ?

— Merci, mais je préfère de l'eau, ce soir.

— Très bien, déclara Stefan en faisant signe à son assistant. Je prendrai la même chose. Alors, j'ai entendu dire par Bridget que le gala avait été un vrai succès ?

— En effet, répondit-il. Votre sœur sait certainement comment organiser ce genre d'événements et comment inciter les convives à participer à une cause !

— C'est tout à fait exact, et nous nous rendons compte de la valeur de son travail !

L'assistant revint avec une carafe d'eau et deux verres, qu'il déposa sur le bureau.

— Comment vont votre femme et votre fils ? demanda Max.

— Un peu fatiguée en ce qui concerne ma femme. Notre fils a des problèmes de coliques qui, d'après le médecin, devraient finir par passer. Mais encore faut-il que nous y survivions ! expliqua Stefan. Merci en tout cas de prendre des nouvelles.

— Je suis désolé d'apprendre que votre bébé traverse une période difficile, et vous de même pas la force des choses, marmonna Max, perturbé par cette conversation qui le renvoyait à des préoccupations qu'il cherchait au contraire à fuir.

Quel genre de père serait-il, lui, face à un bébé qui pleurerait ou qui souffrirait ?

— Merci, mais je sais que nous finirons par nous en sortir. Pour le moment, Eve a accepté de se faire aider par une nourrice, afin d'éviter de sombrer dans l'épuisement complet. Au début, lorsque j'insistais pour qu'elle délègue un peu, elle pensait que je remettais en question ses capacités de mère, et le vivait assez mal. Il n'est pas évident de trouver les mots justes pour exprimer sa pensée sans blesser ceux qu'on aime, parfois. Mais je vous assomme sans doute avec nos soucis familiaux.

— Pas du tout, je ne vous aurais pas posé la question, si le sujet ne m'intéressait pas.

— Merci de votre sollicitude, Maxwell. Alors, maintenant, parlez-moi un peu du chantier. Comment avancez-vous ?

— Hélas, un peu moins vite que je le souhaiterais. J'ai dû reculer la date d'achèvement de près d'un mois par rapport à la date initiale, expliqua-t-il.

— Cela reste très impressionnant, car je dois vous

avouer que notre dernier chantier routier a duré plus d'une année ! tempéra Stefan.

— Ah, effectivement. Je l'ignorais.

— Je sais que vous êtes très exigeant et particulièrement perfectionniste, mais Eve me rappelle souvent qu'il faut savoir prendre un peu de recul.

— J'imagine que c'est encore plus complexe pour vous qui devez gérer en prime votre image face aux médias et surtout à votre peuple.

— C'est vrai. Nous tenons à ce que le peuple de Chantaine sache que nous ne sommes pas uniquement une famille d'apparat, qui vit de ses impôts.

— C'est une sacrée révolution par rapport à la génération précédente, n'est-ce pas ? Qu'est-ce qui vous a incité à faire les choses différemment de notre père ?

Max avait toutes les difficultés à se représenter le prince Edward comme son père, mais il pouvait tout à fait imaginer quelle figure imposante cet homme avait pu être pour Stefan.

— Pour vous dire la vérité, je crois tout simplement que je suis né différent de lui. Mon père n'était pas intéressé par les études, alors que j'ai toujours eu une grande soif de connaissances. A une période de ma vie, je lui en ai voulu pour son style de vie, ses excès, mais avec le recul, je vois maintenant qu'il a accompli de bonnes choses, lui aussi. Et puis grâce à lui j'ai un frère et des sœurs, dont je suis très fier. Sans ses écarts, ni vous ni Coco n'auriez été de ce monde, et ce serait regrettable !

— Eh bien ça, c'est de la pensée positive ou je ne m'y connais pas !

— Je préfère la pensée positive au pessimisme ambiant, pas vous ? Il m'est arrivé plusieurs fois de décider que je ne voulais pas être comparé à mon père, ni jugé pour ses actes à lui. Cela s'est toujours révélé libérateur !

— Je veux bien vous croire.

Il songea que Stefan était peut-être en train de lui donner des pistes de réflexion importantes.

— Dans tous les cas, pour en revenir au chantier, je suis sûr que nous pourrions demander à réévaluer le devis auprès du gouvernement.

— Ce ne sera pas nécessaire, répondit Max. J'ai pris un engagement, et je compte bien le respecter.

Il croisa le regard de Stefan et y lut quelque chose qui ressemblait à du respect.

— C'est tout à votre honneur, mais ne prenez pas trop de risques, tout de même.

Stefan tendit le bras vers lui et ils échangèrent une cordiale poignée de main.

— Il n'est pas question de risque, mais bien d'un défi à relever.

— Est-ce que vous accepteriez de vous joindre à nous pour dîner, un de ces jours ? Mon assistant pourrait vous contacter et arrêter une date, si vous êtes d'accord.

Il pouvait difficilement décliner une telle invitation.

— Oui, bien sûr, mais je travaille souvent tard le soir et…

— Eve vous dirait qu'il faut bien que vous mangiez à un moment ou à un autre. Je suis certain que nous arriverons à trouver ce moment.

Il rentra chez lui, l'esprit occupé par tout ce que Stefan lui avait dit. Le prince avait fait le choix de ne pas reproduire le comportement de leur père. Il avait décidé d'être un autre souverain pour son peuple et il y était parvenu. De la même façon, il s'était révélé un meilleur mari, meilleur frère et meilleur père.

Si Stefan avait réussi à se libérer de l'héritage paternel,

alors Max était sans doute lui aussi en mesure de le faire. Qu'est-ce qui l'empêchait de changer, d'apprendre, d'évoluer ?

Il songea à Sophie et se rendit compte qu'il devrait gravir une montagne pour la convaincre qu'il pouvait être l'homme de la situation, le père dont son enfant aurait besoin et le mari qui l'épaulerait. Comment lui faire comprendre que ce n'était pas juste son sens du devoir qui le poussait dans cette direction, mais aussi une aspiration profonde ?

Un nouveau défi s'imposait à lui. Un défi plus important sans doute que tous ceux qu'il avait affrontés dans sa vie professionnelle.

Mais sa détermination était pleine et entière.

Max découvrit rapidement qu'il avait beau être déterminé, Sophie l'était aussi à sa façon. Elle se montrait polie et cordiale, mais sans rien laisser transparaître, elle avait réussi à dresser un mur entre eux.

Il ne pouvait rien lui reprocher : elle faisait son travail, tout son travail et même au-delà, mais en dehors de cela, elle tolérait tout juste sa présence. Il avait essayé de lui apporter des fleurs, il se présentait avec tout ce qu'il fallait pour dîner et elle le remerciait, échangeait quelques mots avec lui, puis le raccompagnait jusqu'à la porte.

Un soir, il n'y tint plus :

— Que faut-il donc que je fasse pour que tu me laisses entrer dans ta vie ?

Elle le fixa avec surprise.

— Tu es dans ma vie, mais tu n'es plus dans mon lit, c'est là toute la différence. Je ne suis pas sûre qu'entretenir une aventure sans lendemain soit la meilleure chose à faire pour moi, en ce moment.

— Mais puisque je te répète que je suis prêt à m'engager ! Je t'ai même demandée en mariage. Qu'est-ce que je peux faire de plus ?

— On peut lire sur ton visage que cette perspective te réjouit au plus haut point ! lança-t-elle, sarcastique.

Blessé par ses réponses, il soupira.

— Ce qui m'attriste, c'est que tu refuses de me prendre au sérieux.

— Faut-il avoir cette même discussion encore une fois ? demanda-t-elle. Nous savons tous les deux ce qu'il en est, pourquoi remuer le couteau dans la plaie ?

— Tu me proposes de faire comme si de rien n'était, mais tu sais très bien que ce n'est pas ma façon d'agir.

— Pourtant, je ne vais pas changer d'avis simplement parce que tu en as décidé ainsi !

— Bon sang, je veux simplement prendre soin de toi et de notre bébé. Qu'y a-t-il de mal à cela ?

Il avait eu le mot juste, sans doute, car le visage de Sophie s'adoucit.

— Non, bien sûr qu'il n'y a aucun mal à cela. Mais j'ai tellement peur qu'un beau matin tu ne changes d'avis ou me reproches d'avoir pris cette décision. Je ne crois pas que je pourrais le supporter.

— Cela n'arrivera pas ! déclara-t-il, conscient pourtant qu'il en faudrait un peu plus pour parvenir à la rassurer complètement.

Sophie s'inscrivit à un cours de yoga qui lui permettait de réguler son anxiété. Entre Terri qui ne la lâchait pas d'une semelle au travail et Max qui passait la voir tous les soirs chez elle, elle aspirait à ce moment rien qu'à elle, de temps à autre.

A part Max, elle n'avait parlé à personne de sa grossesse, mais cette situation ne durerait pas éternellement. Elle allait devoir décider. Comment imaginer ne plus travailler avec Max ? Et puis tout le reste était compliqué : où s'installerait-elle pour fonder son foyer avec son enfant à venir ?

Alors qu'elle sortait de son cours de yoga, Bridget l'appela :

— Nous organisons un pique-nique au palais avec Eve et Pippa et nous serions ravies que vous soyez des nôtres ! Cela étant, je vous préviens que tous les enfants seront réunis. Qu'en dites-vous ?

Elle était à la fois ravie à l'idée de retrouver tout le monde et touchée d'être ainsi invitée par les princesses. Celles-ci lui manqueraient une fois qu'elle aurait quitté Chantaine.

— C'est une excellente idée, je pense que ce sera un repas très animé !

Exactement ce qu'il lui fallait pour chasser ses soucis du moment.

Lorsqu'elle arriva au palais, elle retrouva tout le monde dans le jardin. Les jumeaux et Stephenia couraient dans tous les sens, sous l'œil attentif de Bridget, chaussée de ses éternels talons aiguilles. Eve avait installé son fils dans un porte-bébé qui lui permettait de le garder contre elle, tandis qu'Amelie dormait dans son landau.

En apercevant Sophie, Eve lui adressa un large sourire et un signe de la main.

— Sophie, ravie de vous voir !

Pippa se retourna à son tour.

— Venez profiter du rodéo !

Bridget sourit rapidement sans quitter ses fils du

regard tandis qu'ils entreprenaient une partie de saute-mouton dans l'herbe.

— Bienvenue à notre atelier contraception ! lança-t-elle, moqueuse. Rien de tel pour éviter une grossesse imprévue qu'un moment en compagnie de mes fils. Cela vous fera passer toute envie !

La remarque de Bridget la prit de court et elle posa machinalement la main sur son ventre. Avait-elle deviné ? Impossible, la princesse avait sûrement lancé une plaisanterie au hasard, sans se douter qu'elle visait juste.

— Ne dis pas des choses comme cela, voyons ! protesta Eve.

— Je plaisantais ! Tu sais bien que j'adore mes deux petits pirates. Travis, arrête de tirer sur la robe de Stephenia ! s'exclama-t-elle soudain.

— Tu fais ça tellement bien, dit Pippa, que je te vois sans mal avec une famille nombreuse, encore cinq ou six enfants. Qu'en dis-tu, Bridget ?

Cette fois-ci, ce fut l'intéressée qui ouvrit de grands yeux choqués.

— Tu plaisantes, j'espère ?

— Allez, arrêtez toutes les deux, intervint Eve. Vous allez faire peur à Sophie !

— Oh non, ne vous inquiétez pas. Cela fait une semaine que je n'ai pas eu la moindre occasion de sortie, je suis ravie de profiter d'un peu d'animation !

— Cela ne devrait pas manquer, en effet, plaisanta Eve.

— Comment va votre bébé, depuis la dernière fois ? Vous avez l'air en pleine forme en tout cas. Vous êtes resplendissante, on a du mal à croire que vous venez d'avoir un bébé !

— Je n'ai pas encore perdu tout le poids de la grossesse, mais je commence à dormir un peu mieux depuis que mon fils est soulagé de ses coliques. Le fait d’utiliser un porte-bébé pour le garder contre nous a été d’un grand secours. Et puis, vous savez, Stefan a suggéré que l’on fasse breveter votre massage parce que ça nous a vraiment beaucoup aidés.

— J’en suis ravie pour vous, répondit-elle. Qu’est-ce qu’il a grandi, en peu de temps ! C’est impressionnant. Quant à Amelie, je vois qu’elle est toujours fidèle à elle-même.

Pippa acquiesça.

— J’en profite tant que ça dure, mais je reconnais que c’est un ange !

— Est-ce que tout le monde est prêt à passer à table ? demanda Bridget.

— Ouiiii ! répondirent les plus jeunes en chœur.

— Commencez par vous laver les mains, ordonna Eve.

Les enfants partirent en courant en direction d’une petite porte qui ouvrait sur des sanitaires. Une nounou les accompagna pour les aider.

Pendant ce temps, le personnel plaçait les plats sur la table dans le jardin.

— D’après ce que j’ai compris, vous avez eu énormément de travail sur le chantier, Maxwell et vous ?

— Oui, tout le monde est sur le pont en ce moment, pour rattraper le retard accumulé au moment des livraisons. Max n’est pas habitué à ne pas être dans les temps !

— Oui, c’est vrai qu’à Chantaine, nous dépendons beaucoup de nos fournisseurs pour le matériel. J’imagine que ce n’est pas évident à gérer pour vous.

— En effet, mais nous commençons à voir le bout du tunnel. Je suis certaine que tout devrait rapidement être terminé.

— Cela veut dire que vous allez repartir ? se désola Pippa. J’ai du mal à imaginer ne plus vous voir. Savez-vous déjà où aura lieu votre prochain chantier ? N’aimeriez-vous pas rester parmi nous ? Nous pourrions sans doute vous aider à trouver un travail à Chantaine.

— Merci. C'est vrai que j'ai vraiment adoré mon séjour ici et que vous allez beaucoup me manquer, bredouilla-t-elle, sentant les larmes lui monter aux paupières. Pardon, je ne voulais pas me mettre ainsi à pleurer devant vous !

Pippa lui caressa la main amicalement.

— Ne vous inquiétez pas. Nous ressentons la même chose. Nous sommes devenues si proches en si peu de temps, qu'il paraît impensable que vous repartiez.

Eve et Bridget hochèrent la tête à l'unisson.

— Allez, n'y pensons pas trop pour le moment, suggéra Bridget. Il est temps de profiter de ce délicieux repas.

— Tu as raison, ajouta Eve.

Après le repas, on apporta un gâteau au chocolat somptueux en guise de dessert. Les enfants parurent enthousiastes et en dévorèrent plus de la moitié. Après quoi, les nounous vinrent prendre le relais pour accompagner une nouvelle fois les enfants aux lavabos.

Elle en profita pour passer aux toilettes un instant, avant d'en ressortir absolument paniquée. Elle venait de découvrir qu'elle avait perdu un peu de sang. Tremblante, elle saisit son téléphone portable pour appeler Max de toute urgence.

Remarquant le tremblement de ses mains et sa pâleur extrême, Bridget avança à sa rencontre.

— Sophie, est-ce que tout va bien ? On dirait que vous venez de croiser un fantôme !

Son appel tomba directement sur la messagerie vocale de Max et elle sentit la panique la submerger.

— Il faut que je parle à Max tout de suite. Je saigne… Le bébé…

Pippa sursauta.

— Mon Dieu ! dit-elle. Vite, il faut rentrer au palais vous allonger.

— Avez-vous une idée de l'endroit où peut se trouver Max ? interrogea Bridget.

— Il est peut-être au centre pour les enfants, balbutia-t-elle.

Elle était terrorisée. Un scénario nouveau s'imposait à elle. Et si elle perdait le bébé ?

Max était occupé à scier les planches aux dimensions de l'entrée élargie du centre pour les enfants handicapés. Une tape sur son épaule le fit sursauter et l'obligea à s'interrompre.

— Bernard ? dit-il en reconnaissant l'assistant du palais, qu'il avait déjà rencontré lors de son arrivée à Chantaine.

— Bonjour, monsieur Carter, je regrette de venir vous trouver ainsi, mais je crains qu'il n'y ait un problème. Mlle Taylor demande que vous la rejoigniez de toute urgence, elle est au palais.

Il eut l'impression que son cœur s'arrêtait de battre.

— Sophie ne va pas bien ? Que s'est-il passé ?

— Justement, nous ne savons pas précisément. C'est pourquoi il faudrait que vous veniez au plus vite.

Il lui emboîta le pas, sous le choc.

— Pensez-vous qu'elle ait besoin d'une assistance médicale ?

— Le médecin du palais est en chemin, répondit Bernard.

— Est-ce que vous pouvez au moins me dire ce qui s'est passé ? insista-t-il.

— La princesse Bridget a parlé d'un problème en lien avec une grossesse. Je regrette de ne pas pouvoir vous en dire plus, on m'a simplement demandé d'aller vous chercher au plus vite.

Il eut l'impression que le trajet durait une éternité. Pendant ce temps, ce fut à Sophie qu'il pensa. Il avait peur pour elle. Puis une deuxième pensée s'immisça en lui : il craignait aussi qu'il n'arrive quelque chose au bébé.

Il repensa également à l'accident de scooter, qui avait failli lui coûter la vie. Une autre crainte s'imposait à lui. Il comprenait doucement qu'il n'arriverait pas à concevoir la vie sans Sophie. Cette idée lui paraissait tout bonnement insoutenable.

— Vous ne pouvez pas rouler plus vite ?

— Je dépasse déjà largement les limitations de vitesse, monsieur. Je vous assure que je fais mon possible pour arriver au plus vite.

Devant le palais, Max ouvrit sa portière dès qu'il le put.

— Où est-elle ?

— Je vous accompagne, répondit Bernard en serrant le frein à main.

Les deux hommes remontèrent l'allée centrale et grimpèrent les marches de l'entrée quatre à quatre, avant de parcourir le couloir qui menait au petit salon où tout le monde était réuni.

— Voilà M. Carter, annonça Bernard en entrant.

Max courut jusqu'au divan sur lequel Sophie était allongée. Le regard inquiet qu'elle leva dans sa direction lui serra le cœur.

— Oh ! Max, merci d'être venu si vite ! dit-elle d'une petite voix.

— Sophie, qu'est-ce qui se passe ? Est-ce que tout va bien ?

— J'ai vu du sang et je me suis affolée. J'ai peur

d'être en train de perdre le bébé ! lui annonça-t-elle, les yeux remplis de larmes.

Il se sentait impuissant et totalement inutile, et il détestait cela.

— Où est le médecin ? demanda-t-il en levant les yeux.

— Le médecin a déjà examiné Sophie, lui répondit Bridget, mais il attend qu'on lui apporte un appareil à échographie. Cela ne devrait plus tarder, on a envoyé quelqu'un à l'hôpital.

— Je ne veux pas perdre ton bébé, murmura Sophie en appuyant le front contre son épaule.

Elle ne désirait qu'une chose : qu'il la serre contre lui pour la protéger.

— Je t'aime, Sophie, murmura-t-il. Je ne veux pas te perdre !

Elle redressa la tête, surprise. Etait-elle victime d'une hallucination ?

— Qu'est-ce que tu as dit ?

— Je dis que je t'aime et que je veux ce bébé, moi aussi, dit-il. Quoi qu'il arrive, il faut que tu saches que je t'aime. Je veux que tu fasses partie de ma vie. Je ne supporterai plus de passer un jour sans toi.

— Max ! s'exclama-t-elle en fermant les paupières et laissant couler ses larmes. Je n'ai jamais osé rêver de ces mots dans ta bouche. Je ne pensais pas possible de les entendre un jour !

— J'ai essayé de lutter contre moi-même. J'y ai mis toute mon énergie, mais ce n'est plus possible, je n'en ai plus envie. Je t'en prie, Sophie, fais-moi confiance !

Elle plongea son regard dans le sien et y lut la réponse qu'elle attendait. Elle savait avec certitude que c'était son cœur qui parlait à cet instant.

— Je te crois, et moi non plus, je ne veux plus lutter. Oui, je veux devenir ta femme.

A cet instant, on frappa à la porte, et Max sursauta, comme redescendu sur terre brutalement. Le médecin arrivait avec l'appareil à échographie.

— Est-ce que vous êtes prêts pour l'échographie ? demanda Bridget.

Max se tourna vers Sophie.

— Tu es prête ?

— Oui, fit-elle en lui tendant une main tremblante qui trahissait sa peur.

— Je suis avec toi, maintenant, je ne lâcherai plus ta main.

Le médecin répandit du gel sur son abdomen, puis approcha la sonde.

— Je vais essayer de comprendre ce qui se passe. Il arrive fréquemment que des femmes enceintes aient quelques pertes de sang, en début de grossesse, mais cela ne veut pas dire qu'elles n'iront pas jusqu'au terme sans encombre. Il est cependant plus prudent de vérifier qu'il ne se passe rien d'anormal.

L'examen fut rapide, et le médecin lui adressa rapidement un sourire.

— Voudriez-vous entendre les battements du cœur de votre bébé ? proposa-t-il. Le rythme est bien régulier, il n'y a rien à signaler d'inquiétant.

— Dieu merci ! murmura-t-elle avant de se tourner vers Max. Je t'aime, je suis si heureuse de porter ton bébé !

Épilogue

Deux mois plus tard…

Max se tenait debout face au prêtre. Il attendait de voir Sophie remonter le chemin tracé dans le sable de la plage privée qu'ils avaient choisie sur la côte de Chantaine. Cela faisait des années qu'il l'attendait, en fait.

Lui qui avait passé sa vie à maintenir les gens à distance, il découvrait combien il était bon de laisser quelqu'un entrer dans son cœur. Sophie avait réussi cette prouesse et il ne l'en remercierait jamais assez.

Pour la première fois de sa vie, il ressentait une forme de paix intérieure, ainsi que le bonheur de se projeter dans le futur. Sa rencontre avec Sophie, avec l'amour, lui avait aussi permis de se rapprocher de sa famille, de ses frères et sœurs. Il ne savait pas vraiment comment se comporter en frère, mais il n'était jamais trop tard pour essayer et apprendre. Sophie lui avait déjà ouvert les yeux sur tant de choses en lui.

Elle apparut à cet instant et son cœur cessa presque de battre. Ses cheveux étaient attachés, mais des mèches rebelles descendaient dans sa nuque et son cou. Le vent léger qui soufflait sur le satin clair de sa robe laissait deviner la présence d'un petit ventre rond.

Leur bébé.

Il la voyait et la reconnaissait comme son âme sœur.

C'était une évidence qui s'imposait à lui. Tandis qu'elle avançait vers lui, le sourire aux lèvres, il sentait son cœur chavirer.

Il tendit la main et leurs doigts s'unirent, serrés.

— Nous sommes réunis ce jour pour célébrer...

Le prêtre officia avec beaucoup d'attention et de chaleur. Ils prêtèrent serment à tour de rôle, la voix nouée par l'émotion partagée.

— Vous pouvez embrasser la mariée !

Il la serra tout contre lui et l'embrassa avec une infinie tendresse.

Derrière eux, sur la plage, les invités applaudissaient, mais ils ne s'en rendaient déjà plus tout à fait compte.

Elle avait l'impression de vivre un rêve éveillé. Après la cérémonie, en attendant la réception, Max lui fit découvrir leur maison.

— Je n'arrive pas à croire que nous sommes mariés, répétait-elle.

— Oui, et ce n'est que le début d'une longue lune de miel ! dit-il en ouvrant la porte.

— C'était une idée merveilleuse d'organiser la cérémonie sur la plage. Tout était parfait. Et je ne regrette pas notre décision de rester à Chantaine pendant quelque temps !

— Je suis heureux que tout se soit déroulé comme tu le souhaitais. Mes sœurs ont fait du bon travail !

— Oh oui, leur aide m'a été tellement précieuse. C'est formidable que Coco et sa famille aient pu être présents, eux aussi.

— Je dois dire qu'ils sont tous admirables. Stefan me l'avait dit, mais je ne m'en rendais pas vraiment compte. Il avait raison.

— Oui, et ils se sont montrés tellement accueillants envers moi, tellement charmants, que je me sens vraiment un membre de votre famille à part entière, souligna-t-elle. Et as-tu vu comme nos mères se sont entendues aussitôt ? On croirait deux amies de longues dates, tu ne trouves pas ?

— Oui, c'est inespéré ! Ma mère a déjà prévu de revenir pour la naissance du bébé.

A cet instant, un chiot se précipita dans ses jambes en remuant la queue. Elle le caressa tendrement.

— Et voilà le petit dernier ! Si l'on m'avait dit, il y a quelques mois, alors que je rêvais d'adopter un épagneul King Charles pour partager ma solitude, que je serais ici, dans notre maison, avec mon mari et notre futur bébé… Tu m'as fait le plus beau cadeau possible, Max, je suis la femme la plus heureuse qui soit.

Il la serra tout contre lui.

— Et je ferai tout ce qui est en mon pouvoir pour que tu le restes toute ta vie, murmura-t-il en l'embrassant.

BRENDA HARLEN

Surprise pour le prince

Traduction française de

FLORENCE MOREAU

HARLEQUIN

1

— Peux-tu m'accorder une minute ?

Cameron Leandres leva les yeux de son bureau pour découvrir Rowan Santiago, prince régent de Tesoro del Mar, sur le seuil de sa porte. Ce n'était pas tous les jours que son cousin lui faisait l'honneur d'une visite !

— Naturellement ! répondit-il aussitôt. Mais pas plus d'une minute. J'ai rendez-vous avec le ministre du commerce d'Ardena à 9 h 30.

— Le rendez-vous a été reporté, répondit Rowan, assez froidement.

Cameron fronça les sourcils.

— Personne ne m'en a averti.

— Je viens d'avoir Benedicto Romero au téléphone.

« Le roi d'Ardena en personne ? »

Cameron attendit, anxieux, que Rowan continue.

— Il est furieux de ce qu'il a lu dans le journal, ce matin, et menace de ne pas renouveler nos accords commerciaux.

— J'ai jeté un œil aux premières pages en arrivant. Je n'ai rien vu qui puisse avoir des conséquences sur nos négociations.

— Et dans les pages people ?

Rowan jeta un exemplaire du journal sur le bureau de Cameron.

Une photo attira immédiatement son attention. Elle était surmontée d'un titre en caractère gras :

LE PRINCE CAMERON AJOUTE UNE NOUVELLE CONQUÊTE À SA LISTE.

C'était une parodie de la phrase qui avait fait la une du même journal, quelques jours plus tôt, pour annoncer sa nomination au poste de ministre du commerce : « Le prince Cameron ajoute un nouveau titre à son portefeuille ». Il n'osait pas imaginer le contenu de cet article-là. Il en commença automatiquement la lecture :

Les nouvelles responsabilités du prince sur la scène politique n'entravent manifestement pas ses loisirs. On l'a vu pas plus tard qu'hier soir, au Club Sapphire, se déhancher sur la piste de danse pour les beaux yeux… de la plus jeune fille du roi d'Ardena.

Cameron serra les mâchoires, ravalant le juron qui lui venait aux lèvres. Il regarda de nouveau la photo, et reconnut la jeune femme qui s'était littéralement jetée à sa tête, sur la piste de danse.

— J'ignorais que c'était la fille du roi, dit-il.

La vérité était parfois une bien piètre défense.

— Eh bien elle l'est, et elle a dix-sept ans !

Cameron se prit brièvement la tête entre les mains, sans parvenir cette fois à retenir son juron.

— Est-ce que tu as couché avec elle ? demanda sans ambages Rowan.

— Non !

La question était choquante, mais il ne pouvait répondre au prince régent que cela ne le regardait pas. Ils étaient tous les deux conscients que le moindre de ses actes était désormais susceptible d'avoir des répercussions politiques.

En l'occurrence, il avait la conscience tranquille : même si, sur le moment, il ne savait pas que la femme de la photo n'était pas majeure, il avait tout de suite vu qu'elle était beaucoup trop jeune, même pour un simple flirt. Par le passé, il n'avait pas toujours fait preuve de discernement dans le choix de ses conquêtes, mais aujourd'hui, à l'âge de trente-six ans, il avait dépassé le stade où un sourire engageant et un corps sensuel suffisaient à le séduire.

— Je suis allé au Club Sapphire avec Allegra de Havilland.

C'était la femme avec laquelle il s'était le plus affiché ces derniers temps. Il n'épilogua pas et poursuivit ses explications, pointant la photo du doigt.

— Cette jeune fille m'a dit qu'elle s'appelait Leticia, sans préciser son patronyme. Elle est venue me rejoindre sur la piste quand Allegra est allée se refaire une beauté. Nous n'avons même pas dansé deux minutes ensemble. Quand Allegra est revenue, elle est partie. Il ne s'est rien passé de plus.

Son cousin hocha la tête.

— Dans ces conditions, il n'y a aucune raison de penser que les choses ne peuvent pas s'arranger.

Six ans auparavant, Rowan, le prince régent, l'avait convoqué pour un premier rendez-vous au palais, misant sur lui alors qu'il remettait pourtant son autorité en cause. A l'époque, il avait pensé que Rowan avait souscrit à l'adage bien connu : « Dieu me garde de mes amis, mes ennemis, je m'en charge », et il ne pouvait pas l'en blâmer. Avec le temps, après qu'ils eurent travaillé ensemble sur plusieurs dossiers importants, un respect mutuel était né entre eux. Cameron était à jamais reconnaissant à son cousin de lui avoir offert la possibilité d'être autre chose qu'une ligne dans les livres d'histoire.

— Je regrette que l'incident ait causé un problème avec le roi, dit-il enfin.

Rowan hocha la tête.

— Il faut que tu redoubles de vigilance, Cameron. N'oublie pas qu'en tant que membre et de la famille royale et du gouvernement, tout ce que tu dis ou fais est décortiqué par les médias.

— Est-ce que tu veux que je te remette ma démission ? demanda-t-il, retenant son souffle.

— C'est exclu. Tu es un véritable atout pour notre cabinet.

— Souhaites-tu que je prenne rendez-vous avec le roi ?

— Non, répondit Rowan. Je l'ai invité à déjeuner. J'espère que je vais pouvoir arranger les choses avec lui.

Cameron préféra ne pas penser aux répercussions d'un éventuel échec de son cousin. Rowan n'était pas destiné à occuper la position qui était actuellement la sienne, mais il avait embrassé sa mission sans sourciller quand Julian et Catherine, son frère et sa belle-sœur, avaient succombé à une explosion soudaine, sur leur yacht.

Sans se l'avouer ouvertement, Cameron lui en avait voulu à l'époque, car il se sentait tout aussi qualifié que lui pour occuper la fonction de prince régent. Cependant, au cours des six années qui s'étaient écoulées, il s'était rendu compte qu'il ne lui enviait ni ses devoirs ni ses responsabilités. Il n'aurait pas voulu les endosser, même de façon provisoire. Et il était sincèrement désolé que ses propres actes aient compliqué un peu plus encore la tâche de son cousin.

— J'ai également contacté *La Noticia*, poursuivit Rowan, parce que j'étais contrarié qu'Alex ait publié l'article sans nous en avertir.

Alex Girard était le chroniqueur de la rubrique people du journal de l'île. Sa pondération et ses reportages équitables lui avaient valu de nombreuses invitations au palais et l'occasion d'obtenir des exclusivités sur la famille royale. Curieux qu'il ait agi de cette façon... Rowan lui fournit l'explication.

— Il se trouve qu'Alex n'est absolument pas responsable de cette publication. Il est à l'étranger pour deux semaines et a confié sa rubrique à l'une de ses collègues : Gabriella Vasquez.

Gabriella ! Cameron aurait dû s'en douter...

Elle ne l'avait pas toujours détesté, ils avaient même été extrêmement proches, elle et lui. Mais cela remontait à une époque bien lointaine, où elle n'était pas encore « Chère Gabby », et où elle n'utilisait pas sa rubrique de conseillère du cœur pour le discréditer, tant sur le plan personnel que politique. Si ses allusions avaient toujours été dépourvues d'ambiguïté, la condamnation de ses actes était jusque-là plus subtile. Elle avait manifestement décidé de ne plus prendre de gants.

Qu'à cela ne tienne ! Il allait adopter les mêmes méthodes.

Gabriella n'avait nullement été surprise d'être convoquée par sa rédactrice en chef, Allison Jenkins, l'une de ses plus chères et plus vieilles amies. Elle ressentit toutefois une pointe de culpabilité, en entrant dans son bureau, de la voir se masser les tempes, comme elle en avait l'habitude quand une migraine menaçait.

— Tu voulais me voir ? demanda-t-elle.

Allison leva les yeux vers elle.

— Je suis sûre que tu sais pourquoi.

— Comme il n'y avait rien qui prête particulièrement

à controverse dans ma chronique « Chère Gabby » de cette semaine, j'imagine que c'est au sujet de la rubrique mondaine.

— Et est-ce que tu *imagines* également combien de coups de téléphone j'ai reçus, ce matin ? Et combien d'e-mails ? Ma messagerie va exploser.

De fait, la propre messagerie de Gabriella avait été tellement bombardée d'e-mails que l'application avait quitté inopinément. Mais elle s'en fichait. Chacun savait que la presse écrite se portait mal ; tout ce qui pouvait doper les ventes, comme sa contribution aux pages mondaines, était bénéfique.

— Enfile ton costume de bon petit soldat et fais face ! lui dit Gabriella. C'est pour cela qu'on te paie une fortune, non ?

Alli secoua la tête.

— Tu n'as même pas le moindre remord.

— Pourquoi en aurais-je ? Je n'ai fait que relater la stricte vérité.

— Tu as peut-être déclenché un scandale international, voilà ce que tu as fait !

— Ce n'est tout de même pas *moi* qui dansais de façon scandaleuse avec la fille *mineure* du roi d'Ardena.

— Ils étaient simplement en train de danser. Tu n'as aucune preuve qu'il se soit passé autre chose.

— Je n'ai jamais écrit que c'était le cas.

— C'est vrai, reconnut la rédactrice en chef. Mais ton article sous-entend que le prince est amateur de jeunes filles candides.

C'était la vérité, mais elle préféra ne pas s'étendre sur le sujet avec sa supérieure.

— Les unes consacrées à la famille royale font vendre, rappela-t-elle à Allison.

— Justement ! Nous avons de nombreuses informations

exclusives parce que nous avons travaillé avec acharnement pour avoir de bonnes relations avec le palais.

— Est-ce que tu penses vraiment que quelqu'un au palais va remarquer un article perdu au milieu du journal, en page 12 ?

— Ce n'est pas une supposition, c'est un fait, lui répondit Alli. Parmi tous les appels que j'ai reçus, il y en avait un du prince Rowan.

Gabriella déglutit avec difficulté.

— Le prince régent t'a téléphoné ?

— Et je peux te dire qu'il n'était pas content du tout !

— Alors je vais présenter des excuses publiques pour t'avoir placée dans une situation délicate, dit Gabriella. En revanche, je ne peux pas m'excuser pour ce que j'ai écrit. Le prince Cameron utilise son titre et son charme pour attirer des femmes dans son lit et j'estime que les jeunes filles innocentes doivent être averties.

— Alors passe un communiqué en ton nom propre, mais n'utilise pas mon journal pour mener ce qui me semble être de l'ordre d'une vendetta personnelle.

Ces propos ébranlèrent Gabriella, car ils n'étaient pas dénués de vérité. Quand Alex Girard lui avait demandé de s'occuper de la rubrique mondaine pendant ses vacances, elle avait été mise face à ses contradictions. Pendant près de seize ans, elle avait soigneusement évité tout contact avec la famille royale. Evidemment, cela n'avait rien d'une prouesse pour le commun des mortels qui n'évoluaient pas dans les mêmes cercles que les privilégiés de l'île...

Sa nouvelle mission exigeait au contraire qu'elle recherche leur compagnie, qu'elle se rende dans les endroits qu'ils étaient censés fréquenter, qu'elle fraye avec leurs amis et leurs connaissances. Bien sûr, la rubrique n'était pas exclusivement réservée à la famille royale, mais tout le monde savait que les réelles célébrités de Tesoro del Mar, c'étaient les Santiago et les Leandres.

— Ma chronique de lundi portait sur le pique-nique du prince régent avec sa famille, sur la plage. Mardi, j'ai couvert le lancement du livre de la princesse Molly et la lecture qu'elle a donnée dans une librairie. Hier, je suis allée interviewer l'équipe d'Hollywood qui filme une comédie romantique à San Pedro. Je n'avais pas vraiment envie d'aller au Club Sapphire, hier soir, mais on m'a donné un tuyau selon lequel des « gens importants » s'y retrouveraient. Alors je m'y suis rendue.

— Qui y avait-il, à part ceux auxquels tu t'en es pris ? demanda Allison, désireuse d'aller au fond de l'affaire.

— La clique d'Hollywood, dit Gabriella, de mauvaise grâce.

— Et pourquoi n'as-tu pas choisi de parler d'eux ?

— Parce que la veille, je les avais déjà pris en photos sous toutes les coutures, pendant l'interview.

Allison se prit la tête dans les mains.

— Tu veux vraiment me donner un ulcère ?

— J'ai juste fait mon travail.

— Tu aurais pu tout aussi bien le faire en te concentrant sur nos visiteurs hollywoodiens : décrire ce qu'ils portaient, ce qu'ils buvaient, qui était avec qui.

— Et ne pas faire allusion à la présence du prince ? demanda Gabriella sur un ton de défi.

— Tu aurais pu te contenter de mentionner que le prince Cameron était lui aussi au Club.

— Avec la fille du roi, précisa Gabriella.

— Je vais finir avec un ulcère et un *licenciement*, dit Allison entre ses dents. Une chose me console : tu pourras me tenir compagnie, nous coulerons ensemble.

— Je n'ai franchi aucune ligne blanche, je n'ai rien fait d'illégal.

— Dis-le à notre service juridique quand nous serons assignés en justice.

— Ce n'est pas diffamatoire, puisque c'est la vérité, dit Gabriella.

— La vérité est souvent une question de point de vue, vous ne croyez pas, mademoiselle Vasquez ?

Gabriella reconnut immédiatement cette voix.

Seize ans avaient eu beau s'écouler, son timbre suave et sensuel était resté gravé dans sa mémoire... Gorge nouée, elle pivota sur ses talons.

Cameron.

— Nous ne sommes pas au bout de nos peines, dit Alli pour elle-même.

Pendant une bonne minute, Gabriella fut incapable de détacher les yeux de l'homme appuyé avec nonchalance contre le montant de la porte. Elle entendit la chaise d'Alli grincer derrière elle et comprit que cette dernière s'était levée, par déférence envers le visiteur impromptu. Elle avait probablement même fait une révérence.

Elle se refusa à l'imiter. Elle ne s'inclinerait pas devant cet homme. Non, jamais plus elle ne s'abaisserait devant lui.

Cependant, il était indéniable que le revoir la bouleversait. Son cœur battait à tout rompre... Allons ! Elle était décidée à lui faire face avec calme et décontraction, et à passer outre le tremblement de ses genoux.

Il n'avait pas changé. Ses cheveux étaient toujours aussi fournis, noirs comme l'encre et légèrement ébouriffés, comme s'il n'arrivait pas à les dompter. Ses yeux mordorés étaient sertis de cils épais et mis en valeur par des sourcils bien dessinés. En revanche, ses lèvres aux contours parfaits se réduisaient actuellement à un simple trait, seul signe extérieur de son mécontentement.

Il portait un costume couleur charbon sur une chemise

blanche comme neige qui soulignait son teint bronzé, ainsi qu'une élégante cravate à rayures noires et grises. Dans son cas, c'était l'homme qui mettait les vêtements en valeur et non l'inverse : pas simplement parce qu'il était de sang royal, mais en raison de l'assurance évidente qui émanait de toute sa personne.

En l'examinant plus attentivement, elle se rendit compte de certains signes subtils du passage du temps : des cheveux gris près des tempes, quelques petites rides d'expression au coin des yeux. Rien, toutefois, qui ait un véritable impact négatif sur son apparence générale.

Ses épaules étaient aussi larges que dans son souvenir, et son corps semblait toujours aussi musclé et svelte. Il avait toujours su qui il était, ce qu'il voulait, et il ne permettait pas que quoi que ce soit se dresse en travers de son chemin. Quoi ou *qui* que ce soit. Il était d'une sensualité éhontée et d'une beauté diabolique. Il était impossible qu'elle reste indifférente à cette tentation de la nature.

— Peut-on parler en privé, dans ton bureau peut-être ? lui demanda alors Cameron.

Son ton était aussi décontracté que son attitude… Et en complète contradiction avec la colère qu'elle voyait briller dans les profondeurs de ses yeux dorés.

Elle releva le menton.

— Je n'ai pas vraiment de bureau, j'ai juste un box. Tout le monde n'a pas un travail de privilégié avec…

— Vous pouvez utiliser le mien ! interrompit hâtivement Alli. J'ai rendez-vous avec le département marketing.

— Merci, dit Cameron, inclinant la tête vers elle.

Gabriella n'avait nulle intention de remercier sa chef ! Elle ressentait tout sauf de la gratitude à l'idée de se retrouver en tête à tête dans le petit bureau d'Allison avec un homme dont la seule présence avait toujours suffi à la bouleverser... Mais elle redressa les épaules et le défia du regard, se rappelant qu'elle n'avait plus dix-sept ans.

Cameron n'avait pas oublié Gabriella Vasquez. Si, en seize ans, quelques détails s'étaient estompés dans son esprit, la revoir les raviva d'un coup : il eut la sensation d'être submergé par une vague puissante et dut lutter pour maintenir la tête hors de l'eau.

La première fois qu'ils s'étaient rencontrés, ses cheveux étaient une masse de boucles soyeuses qui lui tombaient jusqu'au milieu des reins. Aujourd'hui, les mèches brun clair lui arrivaient aux épaules et cette coiffure plus courte attirait l'attention sur son visage, sur sa peau dorée, sur ses yeux couleur cacao, sur ses longs cils sombres, sur ses lèvres charnues qui promettaient un goût de paradis.

Malgré lui, son regard glissa vers ses seins ronds et pleins, vers sa taille toujours aussi fine, puis vers ses hanches aux courbes ensorcelantes et enfin vers ses jambes qui semblaient ne jamais finir... Le désir douloureux de retracer de ses mains les contours familiers le saisit et il dut serrer les poings pour résister à une envie impérieuse de l'attirer à lui.

Mais, plus encore que ses atouts physiques, ce qui l'avait attiré chez elle, c'était son esprit et son courage : même à court de munitions, elle ne se rendait pas. Dès leur première rencontre, il avait vu en elle à la fois un défi et une incroyable promesse de plaisir...

Dans un ultime effort pour se protéger, Cameron repoussa les souvenirs.

— Seize ans, c'est long pour garder de la rancœur contre quelqu'un, tu ne crois pas ? demanda-t-il.

— Tu as raison, dit-elle d'un ton léger. Et même si je conçois que tu aies du mal à le croire, mon article n'était pas dirigé contre toi.

Il émit un vague rire sceptique.

— La rubrique people de notre journal couvre la vie des célébrités. Je t'ai vu au club avec la princesse Leticia, et il m'a paru évident que deux membres de familles royales se rencontrant sur une piste de danse ferait un bon papier.

— Donc tu avais juste l'intention de faire vendre ton journal ?

— C'est mon travail, dit-elle d'un ton léger.

— C'est curieux, mais je ne te crois pas.

Elle haussa les épaules.

— Cela fait douze ans que je tiens une chronique de conseillère pour *La Noticia*. Ma rédactrice en chef aurait pu te le confirmer, si tu ne l'avais pas fait fuir.

Il sentit un sourire lui monter aux lèvres, mais refusa d'y céder.

— Peut-être parce qu'elle est plus raisonnable que toi.

— Peut-être, dit-elle, conciliante.

— Tu n'as pas pensé que je pourrais te faire renvoyer ? demanda-t-il d'un ton mielleux.

Les yeux de Gabriella lancèrent un éclair, mais elle ne changea pas de ton quand elle répondit :

— Si, mais dans ce cas je porterais plainte pour licenciement abusif, et tous les détails glauques seraient révélés, ce qui donnerait bien plus d'importance qu'il n'en mérite à ce petit article.

Il plissa les yeux.

— « Ce petit article » pourrait conduire le roi d'Ardena à se retirer d'un accord commercial en vigueur depuis cinquante ans entre nos deux pays.

Elle n'en savait rien, mais ne se laissa pas déstabiliser.

— Ce serait regrettable, mais on pourrait difficilement m'en tenir, moi, pour responsable.

— Tu sous-entends que j'ai séduit sa fille ?

— C'est ce qui s'est passé ? fit-elle impulsivement.

Se ressaisissant, elle leva les mains.

— Désolée, oublie ma question. Je ne veux pas savoir, cela ne me regarde pas.

Il serra les dents, mais avant qu'il ne puisse répondre, un portable sonna. Elle tenait à la main un petit appareil qu'il n'avait pas remarqué.

— Excuse-moi, dit-elle en se détournant.

Elle vérifia qui l'appelait et, fronçant les sourcils, elle prit la communication.

— Sierra ?

Il n'entendait pas ce que lui disait sa correspondante, mais à en juger par la pâleur du visage de Gabriella, il devinait que les nouvelles n'étaient pas bonnes.

Il était plus qu'agacé par ses manières, irrité par la façon dont elle le tenait à distance et furieux contre son article. Alors, pourquoi la détresse qu'il lisait à présent sur ses traits l'affectait-elle à ce point ? Pourquoi souhaitait-il qu'elle se tourne vers lui, plutôt que de se détourner ?

D'une main fébrile, elle referma son téléphone. L'appel l'avait visiblement bouleversée, mais quand elle lui fit face, elle avait retrouvé une contenance.

— Aussi fascinante qu'ait été notre conversation, dit-elle, je dois partir.

— Nous n'en avons pas fini, Gabriella.

Elle releva le menton dans un mouvement qui l'intrigua autant qu'il le contraria.

— Si tu as d'autres soucis concernant mon travail, adresse-toi à ma hiérarchie.

Sur ces mots, elle passa devant lui, le frôlant et sortit

du bureau. Il s'efforça de faire abstraction du regret qui couvait au fond de lui.

Il était inutile de regretter la façon dont il avait réagi, seize ans plus tôt, inutile de se demander où ils en seraient aujourd'hui, s'il s'était conduit différemment. On lui avait souvent donné une deuxième chance, dans la vie, mais il ne pourrait l'exiger de Gabriella.

Si, d'un point de vue professionnel, il avait surmonté l'agacement provoqué par son article, il était frustré du désintérêt qu'elle avait clairement manifesté à son égard. Néanmoins, devait-il la croire ? A supposer qu'elle ne ressente plus rien pour lui, pourquoi continuait-elle à le prendre pour cible ? Pourquoi avait-elle écrit un article qui allait forcément attirer son attention ?

« C'est mon travail. »

Ses mots résonnaient en lui… L'explication était-elle aussi simple que cela ? Ou bien voulait-il croire qu'elle ne l'avait pas oublié, car lui-même ne l'avait pas oubliée ?

Ils étaient sortis ensemble quelques mois et, bien qu'il ait connu de nombreuses femmes avant et après sa brève liaison avec Gabriella, aucune ne l'avait marqué comme elle.

Elle était à la fois naïve et innocente, pas du tout son type. Mais cette candeur avait quelque chose de touchant, tout comme la pureté et la douceur qui émanaient de sa personne et qui l'avaient séduit.

Alors que beaucoup de femmes recherchaient sa compagnie parce qu'il était prince, Gabriella avait été intimidée par son titre, et déterminée à garder ses distances. Mais il n'avait pas jeté l'éponge et c'était un trait de sa personnalité qui n'avait pas changé en seize ans.

« Non, Gabriella, pensa-t-il en sortant à son tour du bureau, nous sommes loin d'en avoir fini, toi et moi. »

2

Gabriella tremblait encore quand elle franchit les portes automatiques et se retrouva en plein soleil. Elle était parfaitement consciente que son angoisse n'était pas simplement liée à l'appel de Sierra... Entendre la voix de sa fille l'avait un peu rassurée, mais elle ne serait complètement tranquillisée que lorsqu'elle la serrerait dans ses bras. Déverrouillant la porte de sa voiture, elle s'installa derrière le volant, impatiente d'être à l'hôpital.

Pendant le trajet, elle s'efforça en vain de chasser Cameron Leandres de son esprit. Elle était tiraillée de pensées contradictoires : elle s'inquiétait d'une part pour sa fille, et d'autre part pour elle-même — et le secret qu'elle gardait depuis seize ans.

Tout était de sa faute. Elle aurait dû savoir qu'il y aurait des répercussions si elle continuait à s'en prendre à lui par voie de presse interposée. Mais elle était en colère contre lui depuis si longtemps que, lorsqu'elle l'avait revu au Club Sapphire, pour la première fois depuis des années, elle avait été submergée de souvenirs et d'émotions. Puis elle l'avait vu danser avec la jeune princesse d'Ardena. Quand celle-ci avait levé les yeux vers lui, elle avait été frappée par le regard de l'adolescente : c'était exactement celui qu'elle-même avait posé sur lui, autrefois...

Ce soir-là, quand Cameron l'avait lui aussi regardée

comme si elle était le centre du monde, elle avait voulu croire qu'elle l'était. Elle s'était imaginé qu'elle pouvait lui faire confiance, qu'elle comptait vraiment pour lui. Oh ! Elle n'avait pas été la première femme à commettre une telle erreur, et certainement pas la dernière, mais cette pensée ne la soulageait nullement…

Mais il y avait prescription, elle avait surmonté le passé ! Et si elle avait senti le rythme de son cœur s'accélérer, quand il avait surgi sur le seuil du bureau d'Allison, ce n'était pas réellement surprenant. Cameron Leandres était encore un homme extrêmement séduisant et n'importe quelle femme aurait réagi comme elle. D'ailleurs, elle aurait parié que même le cœur cynique d'Alli s'était mis à battre plus fort. Mais elle n'interrogerait pas son amie à ce sujet, car elle savait que celle-ci ne lui reparlerait que trop tôt de Cameron.

Comme elle arrivait sur le parking de l'hôpital, son téléphone émit une brève sonnerie. Elle avait reçu un message. Elle se gara dans le premier emplacement libre et afficha le texto.

Où es-tu ? Avec le prince ? Quand je suis revenue à mon bureau, vous aviez disparu et j'ai senti de bonnes vibrations entre vous 2.

Elle n'allait pas pouvoir éviter le sujet longtemps ! Cependant, comme il était plus facile d'éluder lorsqu'elle n'avait pas à regarder son amie dans les yeux, elle répondit :

J'ai reçu un appel de Sierra. Elle a eu un accrochage en voiture. Je viens d'arriver à l'hôpital, je te rappelle.

Après avoir envoyé le message, elle fourra son portable

dans son sac, sortit à la fois Allison Jenkins et Cameron Leandres de ses pensées, et pénétra dans le bâtiment.

— Je cherche la chambre de Sierra Vasquez, dit-elle à l'infirmière de l'accueil.

— Première porte à droite, troisième rideau sur la gauche.

— Merci.

Elle trouva immédiatement sa fille, qui paraissait si petite et si pâle sur l'étroit lit d'hôpital ! Le plâtre jaune fluorescent autour de son poignet tranchait sur les draps vert pâle. Sierra ouvrit les yeux.

— Bonjour, maman.

— Salut, mon cœur !

Gabriella écarta une mèche brune du front de sa fille, et toucha sa joue sans couleur.

— Tu m'avais dit que tu n'étais pas blessée.

— Ce n'est rien, dit Sierra. Vraiment. Et puis je ne voulais pas que tu te mettes à paniquer au téléphone.

— Est-ce que j'ai l'air paniqué ?

Sierra lui adressa un petit sourire.

— Tu caches bien ton jeu, mais moi je te connais mieux que n'importe qui, dit-elle.

— Il est normal qu'une mère s'inquiète pour son enfant, répondit Gabriella en s'asseyant sur une chaise, à côté du lit. Comment va Jenna ?

— Elle n'a pas eu une égratignure. Sa mère est déjà venue la chercher. Mme Azzaro aurait voulu t'attendre, mais elle devait repartir pour faire une déposition.

— J'appellerai Luisa ce soir, dit Gabriella.

Puis elle prit la main de Sierra dans la sienne.

— Dis-moi, que s'est-il passé ?

— Un chat a traversé la route. Jenna a fait une embardée pour l'éviter et la voiture a heurté un réverbère.

— Je ne savais même pas que Jenna avait son permis.

— Elle l'a depuis trois semaines, dit Sierra avec une petite moue.

— Et ses parents la laissent aller à l'école en voiture ?

— C'était sans doute la première et dernière fois.

— Sans doute. Bon, je suis sûre que Don et Luisa sont aussi soulagés que moi de savoir qu'aucune de vous n'est sérieusement blessée.

— On ne peut pas en dire autant de la voiture.

— Une voiture, on peut toujours la donner à réparer.

Sierra remarqua tout à coup la tenue de sa mère.

— Comment se fait-il que tu sois aussi bien habillée ? demanda-t-elle d'un ton malicieux.

Gabriella baissa les yeux vers sa jupe, et sa veste assortie. Elle disait toujours que le grand avantage de travailler chez soi, c'était qu'on pouvait passer la journée en pyjama, si on le voulait. Non qu'elle ait l'habitude de ne pas s'habiller, mais elle ne mettait pas de tenues sophistiquées, et ne se torturait pas les chevilles avec des talons hauts. Sauf si elle devait aller au journal.

— J'avais rendez-vous avec ma rédactrice en chef, ce matin.

Sa fille l'interrogea du regard.

— Ne me demande pas pourquoi, dit-elle. Secret professionnel.

— Je suis désolée si j'ai interrompu une réunion importante, dit Sierra.

— Rien n'est plus important que toi, lui assura sa mère en passant prudemment un bras autour de ses épaules. Et je n'ai pas besoin de préciser que cet accident n'aurait pas eu lieu si tu avais été dans l'enceinte du lycée, comme tu étais censée l'être.

— On avait deux heures de libre, maman.

— Deux heures durant lesquelles tu pouvais aller en étude pour faire tes devoirs.

— Jenna voulait s'acheter une nouvelle paire de chaussures pour sortir avec Kevin ce soir, et il y avait des promotions…

Elle s'interrompit devant le regard de sa mère.

— Très bien, j'ai compris, je ne quitterai plus le lycée sans ta permission.

— Parfait. Et pour être sûre que tu t'en souviendras, je te prive de sortie pendant une semaine.

— Une semaine ? dit Sierra d'un ton indigné.

— Tu préfères deux semaines ? lui demanda Gabriella.

Sa fille soupira.

— Non, non. Une semaine me suffit, dit-elle, boudeuse.

Gabriella se leva.

— Bon, je vais essayer de trouver le médecin pour pouvoir te faire sortir, puis on louera un film et on passera la soirée…

— Mais maman, tu ne peux pas rester avec moi ce soir !

— Et pourquoi ? demanda Gabriella en sourcillant.

— Parce que Rafe est venu passer le week-end sur l'île pour te voir et qu'il a dit qu'il allait réserver à L'Atelier.

Ce fut au tour de Sierra de froncer les sourcils.

— Tu as oublié, avoue !

— Non, répondit sa mère, d'un ton peu convaincant.

Cela lui était bel et bien sorti de la tête et d'ailleurs, elle n'était pas aussi excitée que sa fille à l'idée de ce dîner à L'Atelier en compagnie de Rafe.

— C'est peut-être ce soir qu'il va te faire une déclaration, dit Sierra. Je ne voudrais pas tout gâcher en t'obligeant à rester auprès de moi sous prétexte que j'ai un plâtre.

Sa fille n'avait pas besoin de s'en charger, elle-même était assez grande pour tout saboter, et c'était d'ailleurs sans doute ce qu'elle ferait. Mais elle préférait ne pas y penser maintenant. L'homme d'affaires américain ne cessait de faire des allusions à l'avenir qu'il envisageait avec elle, mais elle-même ne savait plus où elle en était.

— Ma chérie, Rafe et moi pourrons dîner ensemble une autre fois. Je ne veux pas te laisser toute seule ce soir.

— Paolo pourrait venir regarder le DVD avec moi.

Gabriella leva les yeux au ciel.

— Et je veux encore moins que tu passes la soirée seule avec ton petit ami.

— Je n'imaginais pas un tête-à-tête ! Mamie sera à la maison, non ?

Gabriella hésitait, peu convaincue.

— Ecoute, j'ai juste un poignet cassé, dit Sierra. Ce n'est pas une raison suffisante pour que tu annules ta soirée avec Rafe.

— Il comprendra.

Sierra soupira.

— Maman, ce soir, il va te demander en mariage.

— Ah bon ? C'est lui qui te l'a dit ?

— Non, mais je ne suis pas idiote. Une visite impromptue, un dîner à L'Atelier, un sujet important à aborder…

Non, sa fille n'était définitivement pas idiote. D'ailleurs, ne devait-elle pas se réjouir que Sierra apprécie l'homme avec qui elle sortait depuis un an et demi ? Bien sûr, tout le monde appréciait Rafe. C'était un homme merveilleux : il avait de l'allure, ses affaires marchaient bien, il était généreux et attentionné. Elle l'aimait beaucoup, elle aussi. Mais de là à envisager le mariage…

Elle avait presque trente-quatre ans, elle avait perdu son innocence depuis longtemps, et pourtant elle n'avait été amoureuse — vraiment amoureuse — qu'une fois dans sa vie, à dix-sept ans à peine. Après quoi, elle avait connu un destin bien différent de celui des filles de son âge… Elle avait survécu à ce premier amour malheureux, mais il lui avait fallu beaucoup de temps pour panser son cœur en miettes.

Aujourd'hui, elle s'estimait guérie et tout à fait capable de tomber de nouveau amoureuse. Pourtant, Rafe avait beau être merveilleux, c'était indéniable, quelque chose la retenait encore. Mais elle préférait ne pas s'appesantir sur ce qui l'empêchait de s'accomplir pleinement dans sa relation avec Rafe.

Cameron n'avait aucune envie de sortir. Après le guet-apens du Club Sapphire, la nuit précédente, il n'avait qu'un souhait : rester chez lui, loin des yeux inquisiteurs des paparazzi.

Peut-être vieillissait-il. Depuis qu'il avait fêté ses trente ans, six ans auparavant, il aspirait à davantage qu'un défilé de femmes interchangeables dans sa vie. Le temps passé en compagnie d'amis ou de membres de sa famille mariés et heureux en couple avait fini par le rendre envieux… Mais il semblait voué à ne jamais pouvoir rester assez longtemps avec une femme pour nouer avec elle une relation sérieuse. A moins qu'il n'ait pas encore rencontré la partenaire idéale.

Quand la fille de Michael était née, il avait mesuré le vide qui régnait dans sa vie. Il avait pris conscience, de façon subite, de son propre besoin de construire une famille. C'était d'autant plus surprenant pour lui que ses parents n'étaient pas un modèle de réussite.

Son père, Gaetan Leandres, avait pris la tête de la propriété familiale et était parfaitement satisfait de sa vie jusqu'à ce qu'il ait l'infortune de tomber amoureux d'une princesse. Il l'avait épousée contre la volonté de son beau-père, et ils avaient eu trois enfants. Cameron avait toujours cru que sa mère, Elena, aimait son mari, mais à sa mort, quand elle s'était retrouvée seule, elle avait soudain éprouvé un vif ressentiment en pensant à tout ce à quoi elle avait renoncé pour vivre avec lui.

Elle avait alors tenté de réaliser ses rêves et ses ambitions à travers ses enfants. Michael, le fils aîné, avait toujours su ce qu'il voulait et avait refusé de se laisser manipuler par sa mère. Marissa, la benjamine et la seule fille, était tellement discrète qu'elle avait pour ainsi dire échappé à l'attention de sa mère. Aussi était-ce presque par défaut que celle-ci avait concentré ses efforts sur son cadet, âgé de douze ans au décès de son père.

Cameron, trop jeune pour être fixé sur ce qu'il attendait de la vie, était encore malléable, et elle l'avait poussé à des extrémités dont il n'était pas fier. Il avait blessé beaucoup de personnes qui ne le méritaient pas et il avait renoncé à la seule femme qu'il ait jamais aimée.

Renoncé ? Il serra les lèvres. Non, il était plus exact de dire qu'il l'avait rejetée, de façon si radicale qu'elle n'avait jamais essayé de reprendre contact avec lui. Puis il avait décidé de tourner le dos au passé. Il n'avait jamais voulu admettre qu'il avait peut-être commis une erreur, et que chaque femme qu'il avait connue depuis n'avait été qu'un pâle substitut.

Aujourd'hui, pour la première fois depuis seize ans, il avait revu Gabriella Vasquez, la seule femme qui ait un jour conquis son cœur…

Il ferma les yeux pour chasser son visage de ses pensées. Il ne voulait pas songer à elle maintenant, ni se rappeler ce qu'ils avaient partagé, encore moins imaginer à quoi leur vie ensemble aurait pu ressembler. A quoi bon ? Gabriella appartenait au passé et il était résolument tourné vers l'avenir.

Bien sûr, il ne pouvait pas s'imaginer passer le reste

de sa vie avec une mondaine aussi attachée à son statut qu'Allegra ! Mais il espérait que leur dîner de ce soir, dans un endroit public, aurait un effet positif dans les esprits et effacerait le fiasco de la soirée précédente, au Club Sapphire.

Car il y aurait de la publicité, de cela, il ne doutait pas. Il était loin le temps où les paparazzi lui montraient leur carte de presse avant de le photographier. Ils se tapissaient désormais dans l'ombre et utilisaient des téléobjectifs. Et quand bien même il n'y aurait pas de paparazzi dans les parages, le premier quidam pouvait sortir son portable, faire une photo et la diffuser sur internet.

Il arriva chez Allegra à 19 h 50, sachant déjà qu'elle le ferait attendre un bon quart d'heure. En général, cela lui était égal, mais ce soir, sans qu'il ne sache pourquoi, il trouva cette habitude agaçante. Toutefois, quand elle se montra enfin, il dut admettre que cela en avait valu la peine.

Elle portait une robe fourreau couleur émeraude qui épousait sa silhouette élancée et rehaussait la couleur de ses yeux. Ses longs cheveux blonds étaient arrangés en une tresse fantaisie, qui lui donnait un air sexy et sophistiqué. Des émeraudes rondes serties de diamants brillaient à ses oreilles et un collier assorti se perdait dans son profond décolleté.

— Désolée de t'avoir fait attendre, dit-elle de façon presque machinale.

— Tu es ravissante, répondit-il sur le même ton, même s'il était sans doute plus sincère.

— Est-ce que tu veux prendre un verre, avant que nous partions ?

Il rejeta sa proposition d'un signe de tête.

— J'ai réservé à L'Atelier. Si nous ne partons pas maintenant, nous serons en retard.

— L'Atelier ?

Les yeux d'Allegra se mirent à briller et un sourire éclaira son visage tandis qu'elle passait son bras sous le sien.

— Tu me réserves d'autres surprises ? demanda-t-elle, mutine.

A L'Atelier, on les installa à l'une des six tables réservées aux VIP, au dernier étage, et Cameron commanda une cuvée Cristal, qui avait les faveurs d'Allegra.

Durant le dîner, ils sirotèrent tranquillement leur champagne tout en parlant de choses et d'autres. Quand le serveur vint prendre son assiette vide et les restes du coq au vin d'Allegra — elle ne terminait jamais ses plats, se contentant de picorer — un éclat de couleur près de la porte attira soudain l'attention de Cameron.

Une robe rouge s'enroulant autour de courbes bien féminines. Une masse de boucles foncées effleurant des épaules sexy. Un rire rauque qui lui fit l'effet d'une gorgée de cognac.

Il sentit son souffle devenir plus saccadé et sa gorge s'assécher…

Non, ce ne pouvait pas être elle…

A cet instant, elle entra dans son champ de vision et son cœur se mit à cogner violemment.

C'était bien Gabriella.

Il ne reconnut pas l'homme qui l'accompagnait, mais il ne prit pas vraiment le temps de l'examiner. Il n'avait d'yeux que pour la femme qui occupait toutes ses pensées depuis qu'il l'avait revue, le matin même. Celle qui avait hanté ses rêves pendant tant d'années.

Elle était magnifique. Sensuelle. Sexy. Séduisante.

Le retour du serveur, qui leur apportait les desserts, lui fit reprendre ses esprits. Il remarqua qu'Allegra plissait légèrement les yeux, sans doute contrariée par son manque d'attention mais peu désireuse de le commenter.

Il lui prit la main et elle lui sourit. Elle était toujours prête à l'excuser, tout comme elle pouvait faire abstraction d'articles délicats… Comme il était dommage qu'il ne soit pas amoureux d'elle.

— Allegra…

Elle leva un regard brillant vers lui, pleine d'espoir.

— Oui ?

Il prit sa respiration.

— Je pense que toi et moi, nous devrions faire une pause.

Elle cligna plusieurs fois des yeux.

— Pardon ?

Elle avait l'air offusqué, et il ne pouvait lui en vouloir. Il ne comprenait pas lui-même comment il avait pu prononcer cette phrase. Et pourtant, il ressentait un immense soulagement d'avoir enfin exprimé ce souhait profond. Même s'il était aussi rongé par un sentiment de culpabilité.

— Tu m'as invitée ici pour me quitter ? demanda-t-elle, abasourdie.

— Non, répondit-il aussitôt, se défendant maladroitement. Je n'ai rien prévu… Je veux dire, je ne te quitte pas.

Les yeux pleins de larmes, elle ne le lâchait pas du regard. Il poussa un soupir intérieur : il avait de la chance qu'elle ne soit pas du genre à faire un scandale.

— C'est pourtant ce que je comprends.

Sa voix était calme et soigneusement maîtrisée. Elle

repoussa sa chaise. Alors, s'emparant de sa flûte, elle lui lança le champagne au visage.

— C'est dégueulasse ! ajouta-t-elle.

Et dire que, quelques secondes auparavant, il se félicitait de sa discrétion ! Cameron prit sa serviette en lin et s'essuya le visage.

Gabriella s'était réfugiée aux toilettes pour se calmer. Tout au long de ses préparatifs pour le dîner avec Rafe, inquiète, elle avait retourné les prédictions de Sierra dans sa tête. Une fois au restaurant, ses appréhensions s'étaient aggravées lorsque le maître d'hôtel les avait conduits à l'étage VIP.

Six tables y étaient dressées, mais l'agencement et la décoration donnaient la sensation de dîner dans un salon privé. Les colonnades, la végétation luxuriante, les lumières douces et la musique romantique contribuaient à créer cette impression. Elle sentit son estomac se nouer et elle comprit que Sierra avait raison : Rafe l'avait invitée ici dans l'intention de la demander en mariage. Le problème, c'était qu'elle ignorait quoi lui répondre.

Elle songea un instant à appeler sa fille des toilettes pour lui demander de la rappeler et de feindre une urgence qui aurait exigé son retour immédiat à la maison. Hélas ! Elle ne pouvait pas compter sur la complicité de Sierra : celle-ci pensait réellement que son mariage avec Rafe était une excellente idée et elle ne comprendrait pas ses hésitations. Hésitations qui l'avaient conduite en ces lieux pour fuir un homme aussi parfait que merveilleux, et qui souhaitait passer le restant de ses jours avec elle.

Comme elle se remettait du rouge à lèvres, la porte des toilettes s'ouvrit sur une femme en pleurs qui s'écroula dans l'un des fauteuils, le visage dans les mains. Certaines avaient manifestement des problèmes bien plus graves que les siens.

Glissant son tube de rouge dans son sac, elle prit plusieurs mouchoirs en papier dans la boîte posée sur le comptoir et se dirigea vers l'inconnue…

Sans un mot, elle les lui tendit.

La jeune femme blonde releva la tête, et la regarda à travers les larmes qui noyaient ses yeux magnifiques.

Gabriella parvint de justesse à retenir un cri.

Il était déjà assez délicat de se retrouver en tête à tête avec une femme au cœur brisé dans les toilettes. Passe encore si c'était une inconnue, mais en l'occurrence, elle connaissait l'éplorée : c'était Allegra de Havilland, la fiancée attitrée du prince Cameron.

Et elle songea immédiatement qu'elle tenait l'article le plus croustillant de sa carrière.

3

Cette pensée à peine conçue, Gabriella la repoussa vivement, honteuse qu'il lui ait traversé l'esprit d'utiliser le malheur d'autrui pour servir sa carrière. Comme il aurait été cruel d'exploiter la peine d'Allegra pour faire la une de *La Noticia* !

S'abstenant de la questionner sur le chagrin que le prince lui avait causé, elle se contenta de demander :

— Voulez-vous que je vous appelle un taxi ?

La belle héritière était en train d'essuyer avec le plus grand soin le mascara qui avait coulé sous ses yeux.

Au lieu de répondre à la question de Gabriella, elle dit :

— Je pensais que notre relation évoluait dans le bon sens, que nous allions devenir un vrai couple.

— Les hommes ont généralement un temps de retard sur les femmes, en ce qui concerne les relations, répondit Gabriella sur un ton léger.

— J'aurais pu comprendre s'il m'avait demandé un peu de temps avant de s'engager, mais ce qu'il veut, c'est que nous fassions une pause !

Gabriella fit une figure de circonstance, convenant tout à fait que de telles paroles puissent blesser un cœur rempli d'amour. Mais, à bien y réfléchir, elles étaient loin d'être aussi mortifiantes que celles qu'il lui avait lancées autrefois, accompagnées d'une poignée de billets…

— Tout le monde m'avait mis en garde contre lui,

dit Allegra, mais il avait toujours été si attentionné et charmant avec moi.

Dans un sanglot, elle ajouta :

— Je voudrais tant le détester… Et pourtant, même si je lui en veux, je l'aime encore.

De nouveau, elle tamponna le dessous de ses yeux et renifla.

— Je suis vraiment navrée. Vous devez certainement avoir un mari, un petit ami, enfin quelqu'un qui vous attend et…

— Ne vous inquiétez pas, il ne m'en tiendra pas rigueur ! répondit Gabriella d'une voix rassurante.

— Ce doit être un homme exceptionnel, alors, dit doucement la princesse.

L'ironie de la situation fit sourire Gabriella.

— C'est vrai, reconnut-elle.

— Vous avez bien de la chance.

Gabriella hocha la tête.

— Qu'avez-vous l'intention de faire ? demanda-t-elle. Voulez-vous retourner auprès de votre fiancé, ou préférez-vous que le maître d'hôtel vous appelle un taxi ?

Elle n'avait délibérément pas utilisé le nom ou le titre de Cameron : il était inutile qu'Allegra sache qu'elle avait deviné son identité.

— Je ne peux pas revenir à notre table. Je lui ai jeté le contenu de ma coupe de champagne au visage !

Prise de court, Gabriella toussota pour masquer son envie de rire.

— Dans ces conditions, attendez ici. Je reviendrai vous prévenir quand le taxi sera arrivé, dit-elle.

— C'est vraiment trop aimable à vous, dit Allegra, reconnaissante.

— Je suis passée par là, moi aussi, répondit-elle d'un air songeur.

Elle examina l'environnement luxueux qui était le leur, et ajouta avec un petit sourire :

— Les circonstances étaient différentes, bien sûr, mais je sais ce que c'est d'avoir le cœur brisé par un homme.

Sur ces mots, elle sortit des toilettes.

Ayant informé Rafe de la situation et s'étant excusée d'avoir interrompu la soirée romantique qu'il avait organisée, elle se mit en quête du maître d'hôtel.

Après s'être assurée qu'Allegra était bien montée dans son taxi, elle se retourna… et tomba nez à nez avec le prince Cameron Leandres, pour la deuxième fois de la journée.

— J'imagine les unes croustillantes qui sont en train de te passer par la tête, dit-il d'une voix tendue.

— Je doute que ton imagination y suffise, répondit-elle dans un sourire, incapable de résister à la raillerie.

— Pourquoi n'écouterais-tu pas ma version de l'histoire ?

— Parce qu'elle ne m'intéresse pas.

Sur ces mots, elle passa devant lui pour s'éloigner, mais il la rattrapa par le bras.

La bouffée de chaleur qui la submergea était aussi inopportune qu'inattendue. En dépit de la piètre opinion qu'elle avait de lui, n'était-il pas inquiétant que le moindre effleurement de sa part la bouleverse à ce point ? D'autant que son cœur battait déjà la chamade avant qu'il ne la touche… Il était décidément le seul homme capable de mettre à ce point tous ses sens en émoi.

Toutefois, elle n'avait pas l'intention de lui laisser deviner l'effet qu'il exerçait sur elle. Aussi, au lieu de se dégager vivement de son étreinte, regarda-t-elle sa main avant de lever les sourcils, adoptant de façon délibérée une attitude décontractée et indifférente.

Il laissa retomber son bras le long de son corps.

— Bien sûr, dit-il d'un ton sarcastique, il s'agit juste de vendre des journaux.

— C'est mon métier, lui rappela-t-elle.

Et, cette fois, elle le quitta pour rejoindre Rafe, bien plus affectée par la scène qu'elle ne voulait l'admettre.

— Tout va bien ? demanda celui-ci une fois qu'elle se fut rassise en face de lui.

Elle s'efforça de lui sourire.

— Oui, oui. La journée a été un peu difficile, c'est tout.

— J'ai commandé des pizzas, dit-il.

Elle leva vers lui un regard perplexe.

— Des pizzas ?

— De chez Pinelli, précisa-t-il. Nous les prendrons sur le trajet du retour.

— Mais…

Il posa un doigt sur sa bouche, pour l'empêcher de protester.

— Nous reviendrons ici un autre soir, dit-il sur un ton rassurant.

— Je suis désolée, Rafe…

Elle était sincère : elle regrettait vraiment d'avoir gâché l'atmosphère qu'il s'était efforcé de créer. D'un autre côté, elle devait reconnaître qu'elle était soulagée qu'il ne lui demande pas sa main ce soir-là.

— Ce n'est rien, dit-il d'un ton apaisant.

Puis il lui donna un bref baiser sur la bouche.

Un baiser aussi rassurant et fiable que l'homme qu'il était. Aucun trouble inattendu ne la saisit, aucune bouffée de chaleur, rien qu'elle ne soit pas en mesure de maîtriser, ce dont elle lui fut d'ailleurs reconnaissante : elle ne souhaitait pas du tout perdre de nouveau le contrôle de ses émotions.

Rafe posa sur la table un billet qui payait largement la bouteille de champagne à laquelle ils avaient à peine touché, et remit un pourboire fort généreux au serveur afin de compenser ce qu'il aurait gagné s'ils n'étaient pas partis prématurément. Sur le trajet, ils passèrent prendre les deux pizzas géantes au fromage et aux champignons, pour les partager avec Sierra, Paolo et la mère de Gabriella qui avait modifié ses projets pour la soirée afin de chaperonner le jeune couple.

Dans le confort de sa maison, entourée de sa famille, Gabriella se retrouva et parvint à se détendre. Quand Rafe annonça qu'il allait rentrer, ce fut avec soulagement qu'elle le raccompagna à la porte. Manifestement, elle s'était trompée sur les intentions de son fiancé et elle s'en réjouissait.

Ce fut alors qu'il brandit une petite boîte carrée de la poche de sa veste.

Ouvrant grands les yeux, elle sentit une fine perle de transpiration glisser sur son front.

Rafe eut un petit rire tendu.

— Sincèrement, Gabriella, c'est la première fois que je vois une femme pâlir devant un écrin.

— Je n'aime pas être prévisible, parvint-elle à articuler.

— Je te rassure, tu ne l'es pas !

Il ouvrit alors la boîte et elle en observa le contenu avec le même mélange de fascination et d'inquiétude qui poussent les passants à contempler, bouche bée, une scène d'accident.

— Elle est superbe ! dit-elle, la gorge nouée.

— Je l'ai achetée, il y a deux mois, dit-il. Ce soir, j'avais espéré que tu serais enfin prête à la porter. Mais ce n'est manifestement pas le cas.

Refermant le couvercle, il lui glissa la boîte dans la main.

— Je te demande juste de la garder jusqu'à ce que tu sois prête.

Elle leva les yeux vers lui, espérant qu'il comprendrait à quel point elle était désolée de ne pouvoir sortir la bague de la boîte et de la passer à son doigt. Et combien elle souhaitait de tout son cœur être en mesure de le faire un jour !

Le lendemain matin, Cameron ouvrit La Noticia avec appréhension. N'ayant rien vu d'inquiétant en première page, il alla à la rubrique people. Gabriella Vasquez avait appris de la bouche de son ex-petite amie les détails les plus intimes de l'échec de leur relation, et il avait donc déjà rédigé mentalement sa démission, convaincu qu'aucune de ses explications ne sauverait désormais sa carrière politique.

Le titre du haut de page — « Une actrice américaine quitte un tournage avec fracas » — lui donna un moment de répit. Même s'il n'avait pas l'habitude de s'intéresser aux commérages, il s'astreignit à lire l'article pour s'assurer qu'il n'était en rien responsable de la conduite de l'actrice.

Il lut plusieurs paragraphes relatifs au drame qui avait eu lieu lors du tournage d'une comédie romantique, à San Pedro, avant de tomber sur son nom, en bas de page.

« Quelques nouvelles en bref : l'agent de notre top model nationale, Arianna Raquel, a confirmé que la jeune femme, âgée de vingt-quatre ans, attendait son premier enfant et que le père était le compositeur russe, Pavel Belyakova ; le prince Cameron et sa petite amie de longue date dînaient vendredi soir à L'Atelier. »

Il tourna la page, s'attendant à un développement. Mais il ne trouva rien de plus, à part cette information laconique.

Il poussa un soupir, à la fois stupéfait et soulagé. Puis, immédiatement, une immense curiosité l'envahit. Et ce fut ce sentiment qui le poussa à se rendre chez Gabriella.

— Pourquoi ? demanda-t-il sans préambule lorsqu'elle ouvrit la porte.

Elle le dévisageait, stupéfaite.

— Qu'est-ce que tu fais ici ? demanda-t-elle finalement.

Etrange, pensa-t-il. Il avait perçu comme de l'appréhension dans sa voix. Il devait se tromper. Elle n'avait rien à craindre de lui.

— Il faut que nous parlions, dit-il.

— Comment sais-tu où j'habite ?

— J'ai appelé ta rédactrice en chef.

Il avait été surpris qu'elle n'habite pas en centre-ville et sa stupéfaction avait redoublé quand il s'était arrêté devant une maison à un étage, modeste mais fort bien entretenue, dans une allée tranquille.

C'était une maison pour une famille. Gabriella en avait-elle une ? Elle aurait fort bien pu se marier et avoir des enfants pendant les seize années qui s'étaient écoulées. Pourtant, elle ressemblait davantage à une femme fatale qui n'aurait eu à se soucier que d'elle, plutôt qu'à une mère de famille de banlieue.

Il mit un terme au vagabondage de ses pensées avant qu'elles ne l'entraînent sur une pente trop dangereuse, mais jeta malgré lui un coup d'œil à sa main gauche : elle ne portait pas d'alliance.

Son annulaire était aussi nu que les longues jambes minces qui sortaient du short qu'elle portait assez bas sur les hanches. Aussi nu que la peau qui se dessinait dans le décolleté sexy de sa tunique dont les contours flous caressaient doucement ses épaules. Aussi nu que...

Gabriella toussota, ce qui le ramena à la réalité.

— Tu as appelé Alli ? Merci ! Comme si son interrogatoire d'hier, suite à ta visite au journal, ne m'avait pas suffi !

Il s'éclaircit la gorge, soudain gêné par sa proximité, par la douce odeur qui émanait d'elle et qui l'avait toujours bouleversé.

— Je ne pensais pas que cela te vaudrait des ennuis.

— De toute façon, cela t'est bien égal, dit-elle comme pour elle-même.

— Est-ce que je peux entrer ?

— Non !

Sa réponse, immédiate et définitive, le fit sourciller.

— Tu veux vraiment prendre le risque que quelqu'un me repère sur le seuil de ta porte ?

— Si tu ne voulais pas qu'on te remarque, il fallait choisir une voiture plus discrète qu'une Aston Martin.

Toutefois, elle s'effaça — à regret — pour le laisser entrer.

Bien sûr, elle ne l'invita pas au-delà de l'entrée.

Bras croisés, elle lui fit face. En raison de l'architecture ouverte de la maison, la lumière se déversait dans le vestibule par une fenêtre située à l'est, enveloppant Gabriella d'un halo qui lui conférait une apparence aérienne.

Il observa les lieux : les murs jaunes étaient en parfaite harmonie avec les carreaux en terre cuite. Le mobilier était d'un style épuré et d'une couleur neutre, avec des éclats bleu turquoise et violets qui donnaient du caractère à l'ensemble.

— C'est joli, chez toi, dit-il.

— Merci, répondit-elle d'un ton tendu. Mais je ne pense pas que tu sois venu pour me complimenter sur ma décoration. Pourquoi ne me dis-tu pas tout de suite la raison de ta présence ici ?

— Parce que je n'arrive pas à te comprendre.

— Je me demande pourquoi tu essaies, répondit-elle.

Son ton était dédaigneux, et pourtant, il ne pouvait oublier le trouble qu'il avait vu dans ses yeux la veille au soir, quand il avait touché son bras : n'était-ce pas la preuve évidente qu'elle avait ressenti, tout au fond d'elle, la même électricité que lui ?

Il en avait été ainsi, entre eux, depuis leur première rencontre. Cependant, il ne s'était pas attendu à ce que cette liaison ancienne laisse des traces aussi profondes. Non, pas après toutes ces années, et surtout pas si l'on considérait la façon dont leur relation s'était terminée…

Il était bien jeune, à l'époque, et effrayé par les sentiments qu'elle lui inspirait. Il s'était si mal comporté envers elle ! Il n'avait aucune excuse pour sa goujaterie d'alors, et aucune raison d'espérer qu'elle lui ait pardonné. Voilà pourquoi il était particulièrement étonné de son silence dans les colonnes de *La Noticia*, au sujet de sa dispute avec Allegra.

— Tu aurais pu me mettre en pièces, aujourd'hui, dans ta rubrique, dit-il.

Elle haussa les épaules.

— Parce que tu as brisé le cœur d'une pauvre femme ? Rien de nouveau sous le soleil.

— Je n'ai pas pris la mesure du mal que je t'ai fait, Gabriella, dit-il tout à trac.

De la main, elle balaya ses paroles.

— C'est de l'histoire ancienne.

— Ah bon ?

Il fit un pas vers elle, scrutant ses beaux yeux qui s'obscurcirent tandis qu'elle les plissait.

— Tout à fait, dit-elle d'un ton ferme.

A la base de son cou, il voyait pourtant son pouls battre à tout rompre.

— Je ne t'ai jamais oubliée, Gabriella, reprit-il à

mi-voix. Et je pense que toi non plus, tu ne m'as pas oublié.

— Difficile de t'oublier quand ta photo fait régulièrement la une des tabloïds.

— Tu ne veux rien céder, n'est-ce pas ?

— Je t'ai déjà cédé bien plus que je n'aurais dû.

Sur ces paroles, elle se dirigea vers la porte et posa la main sur la poignée. Son geste était des plus explicites : elle lui désignait la sortie !

— J'ai à faire, et j'apprécierais que tu t'en ailles, dit-elle.

Mais il n'en avait pas fini avec elle. Pas encore.

— Qui était ce type avec toi, hier soir ?

D'un ton persifleur, elle dit alors :

— Flash spécial : c'est moi la journaliste, et toi l'objet de la curiosité publique. Par conséquent, c'est moi qui pose les questions et toi qui souris gentiment.

— Qui est-ce ? demanda-t-il de nouveau.

Elle soupira, avant de céder.

— Rafe Fulton.

Ce nom ne lui évoquait rien, mais il voulait en savoir plus sur l'identité de cet homme, et comprendre ce qu'il représentait pour elle.

— C'est ton petit ami ?

— Oui.

La réponse le fit tressaillir mais, avant qu'il ne puisse répondre, il entendit des pas, à l'étage.

Elle leva les yeux vers l'escalier.

— Il faut vraiment que tu partes, lui dit-elle.

Il n'avait pas précisément envie de s'attarder pour croiser son petit ami, mais il était intrigué par son ton pressant. Son petit ami était-il possessif ? Lui reprocherait-il de parler avec un autre homme ? Est-ce qu'elle ferait les frais de son mécontentement ? A cette pensée, il sentit son sang bouillir.

— Gabriella…

Il lui prit la main. Elle était glacée.

Se dégageant de son étreinte, elle ouvrit grand la porte.

— S'il te plaît, Cameron, va-t'en.

On descendait à présent les marches. Des pas légers et rapides, contrairement à ce qu'il avait imaginé…

— Qu'est-ce qu'il y a au petit déjeuner, maman ? Je meurs de faim.

Cameron sursauta, et son cerveau se mit à fonctionner à la vitesse de l'éclair.

Maman ?

— J'ai fait griller des toasts et Mamie est allée acheter des œufs frais au marché, répondit Gabriella, avant de se tourner vers lui pour ajouter à voix basse : Va-t'en, je t'en supplie. Je n'ai pas envie d'expliquer à ma fille la raison de ta présence ici.

Sa fille.

Elle ne cherchait pas à se débarrasser de lui pour éviter les reproches d'un mari jaloux ou d'un amant possessif, mais parce qu'elle ne voulait pas qu'il rencontre son enfant.

Sauf que la voix qu'il venait d'entendre n'était pas celle d'une petite fille, ni même d'une collégienne. Elle était bien plus proche de celle d'une adulte.

— Génial, j'adore les toasts !

La voix se matérialisa et Cameron comprit qu'il avait vu juste. La fille de Gabriella n'était pas une fillette, mais une très belle jeune femme dotée des mêmes boucles brunes que sa mère et d'une silhouette tout aussi féminine. Elle était d'ailleurs vêtue de la même façon, en short et en T-shirt, mais elle portait une écharpe autour du cou pour soutenir son bras plâtré au niveau du poignet.

A ce détail près, elle était le portait craché de sa mère seize ans plus tôt, et cette pensée lui donna le vertige...

— Oh ! fit la jeune fille en apercevant Cameron près de sa mère. Désolée... Je ne savais pas que tu avais de la visite.

— Ce n'est rien, dit Gabriella.

Elle lança alors un regard insistant à son interlocuteur et ajouta :

— Cameron s'apprêtait à partir.

Il ignora son commentaire, les yeux rivés sur la fille de Gabriella, qui soutenait son regard avec une curiosité manifeste.

Quand elle s'approcha, il remarqua que ses yeux étaient plus clairs que ceux de sa mère.

D'une couleur plus proche des siens.

Il regarda de nouveau Gabriella.

Celle-ci releva le menton, comme si elle le défiait de poser la moindre question. Mais il n'eut pas besoin de lui demander quoi que ce soit.

Toutes les pièces du puzzle venaient de se mettre en place.

Une vieille conversation avait refait surface, remontant du fin fond de sa mémoire... Des yeux remplis de larmes qui le fixaient, dans l'attente d'une réponse. Des yeux noyés de désespoir et de peur... Et puis il y avait le souvenir d'un déni féroce de sa part, d'une détermination inébranlable, suivis d'un immense soulagement.

Il avait fait l'impossible pour l'oublier, pour effacer ce qu'ils avaient été l'un pour l'autre, mais elle, elle ne l'avait pas oublié. Elle vivait chaque jour avec le souvenir de leur liaison de jeunesse. La fille de Gabriella était aussi la sienne, c'était certain.

Il était père.

4

— Eh ! Vous n'êtes pas…

Malgré son cerveau encore embrumé, Sierra se ressaisit à temps pour ravaler les paroles spontanées qui allaient lui sortir de la bouche. Elle avait failli demander au visiteur de sa mère s'il n'était pas un membre de la famille royale ! Par chance, elle s'était rendu compte avant du ridicule de sa question.

— Désolée, dit-elle. Pendant quelques secondes, j'ai cru que je vous connaissais.

— Je suis Cameron Leandres, dit-il.

Son intuition était donc juste ! La tête lui tourna soudain toute légère et elle eut l'impression qu'elle allait s'évanouir.

— Alors vous êtes… Oh, mon Dieu ! Vous êtes le prince Cameron ?

— Exact, confirma-t-il sur un ton décontracté.

Sierra croisa le regard de sa mère, qui ne paraissait ni surprise ni impressionnée par la révélation.

Bien sûr, sa mère était journaliste et elle s'occupait de la rubrique mondaine d'Alex, pendant ses vacances. Elle connaissait tous les gens en vue. Jenna allait mourir de jalousie quand elle lui apprendrait. Ce qui n'expliquait toujours pas ce que le prince faisait dans leur maison.

— Et toi, tu es sans aucun doute la fille de Gabriella, dit le prince Cameron.

— Sierra Vasquez, répondit-elle automatiquement.

Devait-elle s'incliner ou faire la révérence ?

Elle jeta un coup d'œil à sa mère, pour que celle-ci la guide. Ce fut alors qu'elle remarqua sa raideur, et son air contrarié. Quelle que soit la raison qui avait conduit ce membre de la famille royale chez elles, Sierra comprit que Gabriella n'appréciait pas sa présence.

— Ravi de faire ta connaissance, Sierra, dit le prince.

De nouveau, elle le regarda, de plus en plus perplexe.

— Merci pour l'information, Votre Altesse, dit subitement Gabriella. Je la transmettrai à Alex quand il reviendra de vacances.

— Inutile d'être si formels entre vieux amis, lui dit alors le prince.

Vieux amis ?

Sierra en resta bouche bée.

Elle nota alors que les pommettes de sa mère étaient toutes rouges, signe révélateur de son état d'esprit. De deux choses l'une : soit elle était très embarrassée, soit elle était très en colère. Pourquoi ? Parce qu'elle fréquentait en secret un membre de la famille royale et ne souhaitait pas que sa fille l'apprenne ? Depuis quand connaissait-elle le prince et quel était au juste leur degré d'intimité ?

Rongée par la curiosité, Sierra n'osait toutefois pas poser la moindre question à sa mère. Du moins pas en présence du prince.

— Que t'est-il arrivé au bras ?

Le prince avait repris la parole d'un ton décontracté et amical, comme s'il n'avait pas conscience de la tension qu'il engendrait.

Sierra jeta un coup d'œil prudent à sa mère, la sachant encore furieuse contre elle pour avoir quitté le lycée sans sa permission.

— J'ai eu un accident de voiture.

Il fronça les sourcils.

— Tu ne peux tout de même pas avoir l'âge de conduire ?

— Votre Altesse…, intervint Gabriella, manifestement à bout de patience.

— Pas encore, répondit tranquillement Sierra, ignorant l'intervention de sa mère. Ce n'était pas moi qui conduisais.

— J'espère que personne n'a été sérieusement blessé.

Elle secoua la tête et leva légèrement le bras.

— C'est la plus grave blessure à signaler.

A cet instant, un crissement reconnaissable de pneus sur les graviers se fit entendre : sa grand-mère venait de rentrer du marché.

— Va aider mamie à porter les sacs, Sierra, lui ordonna Gabriella.

Sierra comprit immédiatement que sa mère venait de trouver un moyen de l'éloigner pour finir en privé sa conversation avec son visiteur de marque. Quelle affaire avait conduit le prince chez elles ? Et pourquoi sa mère, d'ordinaire si posée et pondérée, semblait-elle troublée ?

— Mais j'ai le poignet cassé.

— Dépêche-toi ! dit Gabriella d'un ton tranchant.

Sierra ouvrit grand les yeux, surprise de la sécheresse de sa voix. Aussi grande que fut son envie de lui désobéir, elle se résigna et courut aider sa grand-mère en entendant la porte s'ouvrir à l'arrière de la maison.

Sierra partie, Gabriella eut un soupir de soulagement. Il s'agissait seulement d'un répit, sa fille lui réservait à coup sûr de nombreuses questions. Elle y ferait face plus tard. Pour le moment, c'était le prince qu'elle devait affronter et, de toute évidence, il ne serait pas aussi docile et compréhensif que Sierra.

— Quel âge a-t-elle ? demanda-t-il.

Elle croisa les bras.

— Ce qui concerne ma fille ne te regarde pas !

— Sauf si c'est aussi la mienne.

Elle jeta un coup d'œil vers la porte par laquelle Sierra avait disparu pour s'assurer qu'elle était bien hors de portée de voix.

— Ce n'est pas le cas, répondit-elle.

— Quel âge a-t-elle ? insista-t-il.

Elle releva le menton.

— Quinze ans ? Quand fête-elle son anniversaire ?

— Qu'est-ce qui te donne le droit de débarquer chez moi et de me poser toutes ces questions ?

— Son anniversaire, quand est-ce ?

Elle ne répondit pas par une date, mais par un ordre, celui de partir ! Il se contenta de serrer les mâchoires devant son incivilité. Elle tenta de se reprendre :

— Ecoutez, Votre Altesse…

— Je ne me souviens pas que tu te sois jamais adressée à moi par mon titre, ni que nous ne nous soyons jamais vouvoyés, dit-il.

Lors de leur première rencontre, elle ignorait qu'il portait un titre royal. Sans quoi, elle n'aurait sans doute jamais osé lui adresser la parole. Pour elle, il faisait simplement partie d'un groupe d'amis qui fréquentaient régulièrement le restaurant, le vendredi soir. Peut-être était-il plus beau que les autres, plus séduisant. Et il était le seul dont le sourire accélérait les battements de son cœur…

Pourtant, elle avait compris d'emblée qu'il était hors de sa portée. Non parce qu'il était un peu plus âgé qu'elle et plus élégant, mais parce qu'il était manifeste que sa famille avait de l'argent alors que la sienne travaillait pour ceux qui en avaient. Si Gabriella voulait poursuivre des études, comme elle le souhaitait, elle devait gagner de quoi les payer. C'était pourquoi elle était, à ce moment-là, serveuse dans une pizzeria où venait se détendre la jeunesse dorée à laquelle appartenaient Cameron et ses amis.

— A l'époque, j'étais jeune et j'avais beaucoup moins de discernement que maintenant, répondit-elle d'un ton tranquille.

— Touché, fit-il.

Et il lui adressa un petit sourire. Le même sourire qui l'avait tant émue, autrefois. Un sourire facile et naturel, au charme irrésistible. Mais elle n'avait plus dix-sept ans et trop d'éléments l'empêchaient aujourd'hui de succomber une nouvelle fois à son immense charisme.

— *Cameron*, dit-elle alors.

Ce qui lui valut un autre sourire.

— Voilà qui est bien mieux, *Gabriella*.

La façon sensuelle dont il prononça son prénom lui fit l'effet d'une caresse, et le trouble qu'elle ressentit lui déplut terriblement.

— Ce qui serait bien mieux, lui dit-elle, ce serait que tu partes et que je puisse passer tranquillement la journée en famille.

— Mais nous avons tant à rattraper ! dit-il, insistant.

En dépit du calme de son visiteur, elle avait conscience que ses paroles étaient moins une invitation qu'une menace.

— Une autre fois, dit-elle.

— C'est reculer pour mieux sauter.

C'était peut-être vrai. Mais elle savait aussi que le « prince noceur » avait la réputation de vite changer de centre d'intérêt, aussi espérait-elle qu'il les oublierait rapidement, elle et Sierra.

— Je serai ravie que l'on se revoie ultérieurement, à une date et à une heure que nous aurons choisies en commun, dit-elle, mentant effrontément.

— Entendu, finit-il par répondre.

Sur ces mots, il sortit un BlackBerry de la poche de sa veste et afficha vraisemblablement son agenda, puisqu'il ajouta :

— Samedi après-midi à 14 heures, devant le musée d'histoire de la marine.

— Il faut que je vérifie si je suis libre, dit-elle.

Il plissa les yeux.

— Samedi prochain, à 14 heures ! Si tu n'es pas au rendez-vous, je viendrai chez toi. Et cette fois, je ne repartirai que lorsque tu auras répondu à toutes mes questions.

— J'y serai, finit-elle par dire.

Elle n'avait guère le choix mais elle espérait que, durant la semaine qui s'écoulerait, un événement plus important surgisse dans l'existence de Cameron et qu'il l'oublie.

Elle savait, elle, qu'elle n'oublierait pas. Car sa fille était ce qui comptait le plus au monde pour elle — tout comme garder secrète la vérité sur sa filiation.

Cameron n'avait pas l'intention d'attendre patiemment une semaine pour obtenir des réponses aux questions qui le tourmentaient, d'autant qu'il n'était pas certain que Gabriella lui dirait la vérité. Aussi se promit-il de trouver lui-même la réponse dès que son emploi du temps lui en laisserait l'occasion.

Le jeudi après-midi, il détenait déjà la plus importante.

Une photocopie du certificat de naissance à la main, il fixait les données qui confirmaient ses soupçons. Sierra Katarina Vasquez était née un 15 juin — neuf mois après le week-end que Gabriella et lui avaient passé ensemble, sur la côte nord de l'île. Ce qui prouvait que la fille de Gabriella, cette jolie fleur de quinze ans qui allait en avoir seize, était aussi la sienne, même si à la rubrique Père, sur le certificat de naissance, figurait la mention : « Inconnu ».

La vue de ce simple mot avait soulevé une terrible fureur en lui. Il était à la fois stupéfait et révolté que Gabriella ait nié le rôle qu'il avait joué dans la vie de leur enfant. Mais sa colère fondit aussi rapidement qu'elle était venue, quand des bribes d'une conversation très ancienne lui revinrent à la mémoire…

Ils se connaissaient depuis plusieurs mois quand ils avaient organisé un fabuleux week-end à Cielo del Norte, fatigués de ne passer ensemble que des heures volées. Lorsqu'ils s'étaient séparés, après leur brève escapade, il lui avait promis de lui téléphoner… Mais n'avait pas tenu parole. Quelques semaines s'étaient écoulées avant qu'il ne la revoie. Avant qu'elle ne le retrouve.

Il se rappelait tous les détails de l'instant où il l'avait repérée, près de l'entrée de la résidence universitaire. Sa surprise initiale avait fait place au plaisir de la revoir, puis à de la colère et à des regrets.

Il aurait aimé courir vers elle, la prendre dans ses bras et lui dire combien elle lui avait manqué. Parce que c'était la vérité et que, chaque fois qu'il avait pensé à elle, il avait ressenti un immense et douloureux vide intérieur. Mais il s'était vite ressaisi : il était beaucoup trop jeune pour s'engager de façon sérieuse avec une femme. Il devait miser sur le temps pour l'oublier.

Aussi, au lieu de s'élancer vers elle, avait-il fait mine de ne pas la voir.

Il avait pensé qu'elle comprendrait et partirait. Mais elle s'était élancée derrière lui…

— Cameron, attends !

Impossible, cette fois, de faire comme s'il ne l'avait pas entendue. Il s'était arrêté et avait pris un air vaguement intrigué.

— Euh… Gabriella, c'est ça ?

Ses yeux — ses merveilleux yeux sombres insondables qui hantaient ses rêves — étaient écarquillés, son visage blême. Elle s'était mordu la lèvre et avait relevé le menton.

— Oui, c'est bien moi, Gabriella ! avait-elle répondu d'un ton amer. Nous avons passé un week-end ensemble, au bord de la mer, le mois dernier.

— C'est vrai, avait-il répondu en hochant la tête, comme s'il venait juste de s'en souvenir.

Comme si ce week-end n'avait pas hanté sa mémoire depuis !

— On s'est bien amusés, hein ? avait-il ajouté.

Elle avait hésité, comme si elle ne savait plus quoi lui dire.

Puis elle l'avait regardé droit dans les yeux.

— Je pense que je suis enceinte.

Il s'était senti pâlir, lui aussi. Automatiquement, il avait reculé d'un pas.

— Non, ce n'est pas possible !

— Je n'en suis pas encore tout à fait sûre, avait-elle dit en détournant les yeux. Mais je voulais te faire part de mes craintes.

Il avait secoué la tête. Il n'avait pas voulu croire que c'était possible. Ils avaient été si prudents. Evidemment, il y avait eu cette dernière matinée où il n'avait plus de préservatif... Mais il l'avait convaincue qu'il ferait attention, qu'elle n'avait rien à craindre.

— Quand...

Il s'était éclairci la gorge, l'esprit brouillé.

— Quand est-ce que tu en seras certaine ?

— Je vais acheter un test de grossesse, en rentrant à la maison.

Hochant la tête, il avait alors pris son portefeuille dans la poche de sa veste et lui avait tendu une liasse de billets.

Elle s'était mise à fixer l'argent sans esquisser le moindre geste, les yeux remplis de larmes.

— Prends ça ! avait-il insisté. Au cas où tu en aurais besoin.

Elle avait repoussé sa main et l'argent était tombé par terre. Puis, sans mot dire, elle avait pivoté sur ses talons.

— Gabriella...

— Ne t'inquiète pas, avait-elle dit d'un ton glacial qu'il ne lui connaissait pas, je ne veux rien de toi.

Elle s'était éloignée, mais le nœud qui lui serrait la gorge ne s'était pas dissipé avant longtemps. Puis les jours s'étaient transformés en semaines, les semaines en mois, et il ne l'avait plus revue ni entendu parler d'elle. Alors il s'était relaxé, persuadé qu'elle s'était trompée, qu'elle n'était pas enceinte.

Maintenant, il savait que ce n'était pas le cas...

Il pouvait difficilement lui en vouloir d'avoir refusé de faire figurer son nom sur l'acte de naissance. D'ailleurs, il devait même l'en remercier. Parce qu'à l'âge de vingt ans, il n'était pas du tout prêt à avoir un enfant. Elle non plus d'ailleurs, mais elle en avait pris la responsabilité. Elle aurait pu avorter ou accoucher sous X, pour que le bébé soit adopté, mais elle avait choisi de garder l'enfant et de l'élever seule.

Pour autant qu'il sache, elle n'avait jamais cherché à le joindre. Pas une fois en seize ans elle n'avait tenté de prendre contact avec lui pour lui annoncer sa paternité.

Il n'avait pas le droit de l'en blâmer, bien sûr. Et pourtant, quand il avait vu la jeune fille qui lui rappelait tellement Gabriella au même âge, il s'était senti cruellement exclu. Puis, en lisant ce petit mot, « inconnu », il avait eu la sensation d'avoir été nié.

Quelle différence, après tout, si elle l'avait fait figurer sur l'acte de naissance ?

Il savait bien ce qui se serait passé ! Il y aurait eu un scandale médiatique. Son enfant illégitime aurait fait la une des journaux. Et il aurait dû recourir aux procédés habituels : des démentis éhontés.

Poussé par les conseillers royaux, il aurait nié être le père du bébé de Gabriella. Et si elle avait détenu la moindre preuve de leur week-end en amoureux à Cielo del Norte, alors les conseillers en auraient fourni dix pour prouver qu'ils n'étaient pas seuls. On l'aurait dépeinte comme une fille à la moralité relâchée, qui s'était elle-même attiré des ennuis, et qui cherchait à se faire de l'argent en affirmant que le prince Cameron était le père de son rejeton. Et si elle avait recouru à un test ADN, le nom et la fortune des Leandres auraient eu raison des évidences scientifiques.

Pourtant, malgré la logique implacable de son raisonnement, il en voulait à Gabriella Vasquez de lui avoir caché leur fille pendant si longtemps. Mais il avait également conscience que cette colère n'était rien, comparée à celle de sa toute jeune amoureuse d'alors…

Pendant seize ans, elle avait ruminé sa colère contre son titre et ses agissements. Comment allait-il pouvoir réparer les dégâts ?

5

Gabriella n'envisageait pas de manquer le rendez-vous au musée. Elle ne pouvait ignorer la menace de Cameron : il était tout à fait capable de se présenter de nouveau chez elle pour parler de Sierra. Et il était hors de question que la conversation ait lieu à la maison. Toutefois, une semaine s'étant écoulée depuis la visite du prince, elle se berçait de l'espoir qu'il ait oublié leur rendez-vous, et sa fille.

« Ma petite fille à moi », se répétait-elle à voix basse, comme une ritournelle destinée à elle seule.

Depuis le début, elle avait su qu'elles allaient devoir se débrouiller par leurs propres moyens. D'emblée, Cameron lui avait clairement exprimé sa position. Si elle avait un temps pensé qu'il changerait peut-être d'avis une fois qu'il aurait réfléchi, la princesse royale l'avait vite détrompée, et elle avait abandonné cette ridicule espérance.

Sa propre mère avait été surprise d'apprendre qu'elle était enceinte. Plus que surprise d'ailleurs : déçue. Elle l'avait lu dans ses yeux, et en avait conçu de la honte. Son propre père était décédé quand elle avait dix ans, et sa mère avait été obligée de trouver un deuxième travail afin de pouvoir conserver la maison familiale. Il n'avait pas été facile pour Katarina de mener ces deux emplois de front, et de jouer à la fois le père et la mère pour sa fille unique, mais celle-ci avait toujours pu compter sur elle.

Quand Gabriella avait commencé à manifester de l'intérêt pour les garçons, Katarina lui avait expliqué la différence entre amour et désir. Elle avait alors affirmé à sa mère qu'elle n'avait nullement l'intention de tomber amoureuse ou de coucher avec un garçon. Elle avait des projets, elle souhaitait aller à l'université et avoir un métier avant de penser aux hommes.

Et puis elle avait rencontré Cameron…

Avant qu'il ne vienne pour la première fois au restaurant de Marconi, elle ignorait que le désir pouvait saisir une femme avec une telle intensité, au point de lui faire perdre la notion même de raison. Elle avait tenté de résister à l'appel impérieux de son corps, mais elle était si naïve et si peu préparée à affronter le charme naturel qui émanait de Cameron…

En dépit des mises en garde de sa mère, elle s'était crue amoureuse de lui, et avait pensé que cet amour était réciproque. Et elle avait estimé que deux personnes qui s'aimaient pouvaient légitimement faire l'amour.

Il ne lui avait pas fallu longtemps pour se rendre compte qu'elle avait été trompée tant par ses pulsions que par les paroles de Cameron.

Mais tout cela remontait à si longtemps… ! Aujourd'hui, elle était une femme nouvelle. Une femme qui regardait sa montre pour la dixième fois en moins de cinq minutes : il était presque 14 heures.

Elle scruta la foule, mais ne vit pas la moindre trace de Cameron parmi les gens qui se pressaient à l'entrée du musée. Peut-être ne viendrait-il finalement pas, peut-être…

— On dirait que tu t'apprêtes à te sauver !

Sa voix, profonde et chaude, un rien amusée, la fit sursauter.

Elle pivota sur ses talons, le cœur battant.

— J'aurais attendu 14 h 5, dit-elle.

Il lui sourit, ses dents blanches ressortant sur son visage bronzé. Elle avait les jambes comme du coton et se maudit pour sa faiblesse.

— Où sont tes gardes du corps ?

— Je suis passé à travers les radars.

Elle ne voyait pas comment c'était concrètement possible. Même vêtu de façon décontractée, avec son jean délavé et son T-shirt de l'université de Cambridge, sans compter sa casquette de base-ball aux couleurs des Orioles de Baltimore, il ne passait pas inaperçu dans la foule. Sans doute était-ce dû à l'assurance qui se dégageait de lui et qui frisait parfois l'arrogance. C'était le genre d'homme qui attirait inéluctablement les regards.

A cette pensée, elle se sentit sur ses gardes.

— Le musée ferme à 3 heures, dit-elle, impatiente d'en finir avec ce rendez-vous qu'elle avait accepté à contrecœur.

— Je n'avais pas l'intention de le visiter. C'était juste un lieu de rendez-vous. J'envisageais plutôt une promenade.

A ces mots, il lui offrit le bras.

Elle se contenta de le regarder.

— En plein centre-ville, un samedi après-midi ?

Un sourire effleura les lèvres de Cameron et elle sentit son cœur la trahir de nouveau, avec ses battements intempestifs.

— Tu redoutes les commérages des chroniqueurs ? lui demanda-t-il, taquin.

— C'est toi qui devrais être inquiet, répondit-elle.

Il se contenta de hausser les épaules.

— Cela fait des années que je ne me préoccupe plus des rumeurs et des insinuations.

Elle aurait aimé afficher un tel détachement, mais elle redoutait l'idée que l'on parle derrière son dos, que l'on répande des mensonges et des propos malveillants sur son compte. Elle en avait souvent souffert par le passé, mais elle ne pouvait s'en prendre qu'à elle-même : en refusant de dire qui était le père de son enfant, elle avait donné matière à spéculer.

— Gabriella ?

Elle repoussa les pensées douloureuses qui l'avaient assaillie.

— Où veux-tu que nous allions ? demanda-t-elle.

— Sur le port, dit-il.

L'endroit serait encore plus bondé, mais peut-être cherchait-il à se fondre dans la foule. Elle lui emboîta le pas, se félicitant de porter des chaussures à talon plat. Elle avait changé quatre fois de tenue avant de partir, non parce qu'elle voulait l'impressionner, mais précisément pour lui donner la sensation que ce n'était pas le cas.

— Tu as déjeuné ? demanda-t-il.

— J'ai pris un petit déjeuner tardif.

En vérité, elle avait à peine touché à l'omelette que sa mère lui avait préparée, car elle avait l'estomac noué à l'idée de le voir.

— Nous achèterons des sandwichs chez The Angel, et nous irons les manger au parc.

— Je ne me souvenais pas que tu aimais pique-niquer.

— En dix-sept ans, on change.

— C'est vrai, dit-elle, conciliante.

— Même si toi, tu n'as pas changé, dit-il. A quelques détails près évidemment. Tes cheveux ont raccourci, ta silhouette est plus féminine. Mais te voir me coupe toujours le souffle.

— Et toi, tu manies toujours aussi bien l'art de la rhétorique.

— Tu ne me crois pas.

— J'ai appris il y a longtemps à ne pas croire un seul mot qui sort de ta bouche.

Elle vit ses mâchoires tressaillir.

— Je peux difficilement t'en blâmer, finit-il par dire entre ses dents.

Elle ne répondit pas. Elle s'était promis de rester impassible. Quoi qu'il dise ou fasse, il ne l'atteindrait pas. Pourtant, après moins de dix minutes passées en sa compagnie, elle se sentait contrariée et agitée au plus haut point.

— Pour toi, un sandwich au *prosciutto* et au *provolone*, avec de la moutarde ? demanda-t-il comme ils arrivaient devant The Angel.

Elle fut étonnée qu'il se souvienne de leur traiteur préféré et de ses goûts d'alors. Mais, comme il venait de le dire, ils n'étaient plus les mêmes qu'autrefois…

— Non, je prendrai un sandwich au poulet et au fromage des Alpes, avec de la mayonnaise, répondit-elle.

— Mais avec un thé glacé, quand même ?

Cette fois, elle acquiesça d'un hochement de tête et il entra dans la boutique tandis qu'elle attendait, pensive, à l'extérieur.

Quand Sierra était enfant, elle venait souvent en ville, avec elle, le week-end. Elles faisaient du lèche-vitrine dans les boutiques qui longeaient le port puis elles allaient manger leurs sandwichs au parc, jetant des miettes aux canards qui barbotaient autour du pont. Après quoi, elles reprenaient leur promenade, et Gabriella serrait un peu plus fort la main de Sierra en remerciant le prince play-boy qui habitait dans la superbe demeure en haut de la colline, car il lui avait donné le plus beau cadeau du monde. Ensuite, elles allaient manger des glaces au citron chez Lorenzo, puis elles rentraient à la maison...

Un sourire lui vint alors aux lèvres, mais il disparut bien vite quand elle se rappela que Sierra aimait toujours passer ses samedis après-midi sur le port, même si maintenant, elle préférait la compagnie de Jenna et de Rachel. Un élan de panique la saisit : elle pouvait tout à fait croiser sa fille, en ville ! Elle ne savait plus précisément ce que Sierra avait prévu pour aujourd'hui, mais elle pensait qu'avec sa chance, il n'était pas impossible qu'elle tombe sur elle !

— Gabriella ?

Elle sursauta avant de reprendre ses esprits : non, cette voix masculine n'était pas celle de sa fille ! Elle se retourna et, au sentiment premier de soulagement, succéda une sensation de culpabilité et de remords : Rafe se tenait devant elle !

A cet instant, Cameron sortit de chez The Angel, un sac en papier à la main et un sourire aux lèvres. Il ne savait pas exactement ce qui motivait cette bonne humeur — sans doute le projet de surmonter le passé, avec Gabriella.

La tâche ne serait pas aisée, mais il le désirait ardemment. Il voulait connaître sa fille, il souhaitait qu'elle sache qu'il était son père, et il désirait aussi que Gabriella lui donne une seconde chance, en réalité leur première chance à eux trois de former une véritable famille.

Famille... Ce mot provoqua un petit tressautement, du côté de son cœur. Il crut d'abord qu'il paniquait à l'idée d'être lié à une femme et à son enfant, mais, plus il y pensait, plus il se rendait compte que c'était un désir ardent qu'il ressentait, un désir qui le tiraillait depuis qu'il l'avait revue dans son bureau, au journal.

A moins que ce désir n'ait été tapi en lui depuis dix-sept ans… Ce qui expliquerait pourquoi il n'avait pas été en mesure d'établir de relation à long terme avec une femme : parce qu'il n'avait pas pu oublier Gabriella, ni s'empêcher de la comparer aux autres. Et qu'il s'était rendu compte qu'aucune ne lui arrivait à la cheville.

Il secoua la tête, tentant de chasser cette idée ridiculement romantique de son esprit. Il avait tout juste vingt ans à l'époque de cette brève liaison et il s'était écoulé des années depuis, sans qu'il ne la revoie une seule fois. Sans même qu'il ne s'autorise à penser à elle… Pourtant, quand il s'était rendu compte qu'elle était l'auteur de la chronique qui le visait, il avait saisi le prétexte pour la retrouver. Bien sûr, l'article avait suscité sa colère, mais aussi sa curiosité. Il voulait la revoir, savoir ce qu'elle était devenue, et plus encore : vérifier s'il ne subsistait pas un peu de cette alchimie qui avait toujours pétillé entre eux.

Il n'avait pas été déçu. L'alchimie était toujours là, et autre chose aussi, qu'il n'avait pas anticipé. Mais il n'allait pas ressasser cela aujourd'hui ! Il voulait juste passer une agréable journée en compagnie de Gabriella, en apprendre davantage sur sa fille et convaincre la mère qu'il voulait de nouveau faire partie de sa vie.

Et qui sait ? Avec un peu de chance, il pourrait peut-être tester le potentiel qui existait encore entre eux. Mais bientôt, son sourire mourut sur ses lèvres…

Gabriella était en compagnie d'un homme qui la tenait par la main et lui souriait d'une façon dépourvue d'ambiguïté. Automatiquement, il sentit ses doigts se crisper et froissa sans le vouloir le sac qu'il tenait à la main.

— Tu es prête, Gabriella ? lança-t-il d'un ton délibérément décontracté.

Elle sursauta et se retourna, les joues en feu. Elle tenta de retirer sa main de celle de l'homme, mais il ne la lâcha pas. Bien que toujours souriant, celui-ci paraissait plus tendu.

— Tu as fait vite, dit-elle.

Cameron souleva un sourcil, la questionnant en silence.

— Cameron, je te présente Rafe Fulton. Rafe, voici Cameron.

Il lui tendit la main, moins respectueux de la politesse que désireux de voir Fulton lâcher Gabriella.

— Enchanté, dit Rafe.

Mais la lueur qui brillait dans ses yeux contredisait ses propos.

— Vous êtes Américain, dit Cameron, identifiant son accent.

— C'est exact.

— De New York ?

— Oui, même si, pour des raisons professionnelles, je passe plus de temps à l'étranger qu'à la maison.

— Rafe travaille dans la finance internationale, expliqua Gabriella.

— Est-ce ce qui explique votre présence à Tesoro del Mar ? demanda Cameron.

— C'est effectivement dans le cadre de mon travail que je suis venu sur l'île la première fois.

Puis, jetant un coup d'œil à Gabriella, il ajouta :

— Mais ce n'est pas pour cette raison que je suis revenu.

Gabriella se sentit devenir plus rouge encore.

— Désolée, Rafe, mais Cameron et moi devons discuter… affaires.

— Parfait, je vous laisse, dit Rafe. Nous nous voyons à 19 heures, comme convenu ?

Elle hocha la tête et Rafe s'éloigna.

— Quelle journée chargée ! dit Cameron. Je ne savais pas que ton petit ami était encore sur l'île.

— Est-ce que tu aurais choisi un autre jour ? demanda-t-elle alors, sur le ton du défi.

— Non, admit-il.

Puis il se mit en marche vers le parc, et elle lui emboîta le pas.

Au parc, ils s'installèrent à une table de bois, à l'ombre. Elle ouvrit son thé glacé et en but une longue gorgée.

Il mordit dans son sandwich, mais l'incident lui avait coupé l'appétit.

— C'est sérieux ?

Elle fronça les sourcils.

— De quoi parles-tu ?

— Entre toi et Rafe.

— Est-ce pour cela que tu voulais me voir aujourd'hui ? Pour me parler de Rafe ?

— Non. Je voulais connaître tes projets pour l'anniversaire de Sierra.

Elle se figea.

— Pardon ?

— Le 15 juin, c'est la semaine prochaine. Je suppose que tu vas organiser une fête.

Elle se sentit pâlir.

— C'est exact, dit-elle d'une voix faible.

— Les seize ans d'une jeune fille, ça se fête. C'est bien seize ans qu'elle va avoir ?

— Pourquoi me poses-tu la question, puisque tu connais la réponse ?

— Tout le monde peut consulter le registre des naissances.

— Son âge ne prouve rien, dit-elle, sur la défensive.

— C'est vrai. En revanche, je pense qu'un test ADN pourrait révéler beaucoup.

Elle repoussa son sandwich, qu'elle avait à peine entamé. Elle non plus n'avait plus faim.

— Tu veux vraiment déclencher un scandale qui te concernerait en première ligne ?

— C'est surtout Sierra que cela affecterait, répondit-il d'un ton tranchant. Pour ma part, je ne nie pas que c'est ma fille.

Elle se leva d'un bond, le regardant droit dans les yeux.

— Tu n'as pas le droit de…

— Je pense que les tribunaux m'accorderaient au contraire de nombreux droits.

Les yeux de Gabriella se remplirent de larmes.

— Que veux-tu de moi, au juste ? demanda-t-elle durement.

Il se leva pour la rejoindre.

— Je veux connaître mon enfant.

— Pourquoi ?

— Parce que c'est aussi *ma* fille.

Elle n'essaya pas de nier, mais répliqua :

— Elle ne sait même pas que tu es son père.

— Peut-être qu'il est temps de le lui apprendre.

Elle croisa son regard. Ses prunelles brillaient de colère et de frustration.

— Qu'est-ce qui te donne le droit, seize ans plus tard, d'en décider ?

— La question serait plutôt de savoir pourquoi j'apprends son existence seize ans plus tard.

— C'est toi qui n'as pas voulu savoir, lui rappela-t-elle.

Elle avait raison, mais c'était au début. La situation était à présent bien différente et il n'avait pas l'intention que sa paternité continue à être passée sous silence pour la première intéressée.

— Pour quand est prévu l'anniversaire ?

— Tu n'es pas invité !

— Ce n'est pas ce que je t'ai demandé.

Elle poussa un petit soupir.

— Samedi soir, à 20 heures. Mais tu n'es pas invité.

— Où a-t-il lieu ?

— Cameron…

— Chez toi, je présume ?

— Oui, je lui fais une surprise, et tu n'es pas invité, dit-elle de nouveau.

— Tu penses vraiment pouvoir continuer à me tenir à distance ?

— Je pense surtout que tu devrais être en mesure d'imaginer les dégâts, si tu viens. Il faudra peu de temps à Sierra pour comprendre qui tu es, et quand ses amis t'auront reconnu, je peux t'assurer qu'il y aura des photos de toi sur internet avant que les bougies ne soient allumées.

— L'argument me semble peu recevable, de la part d'une femme qui est responsable de ma mauvaise image dans la presse, ces derniers temps.

— Ce qui me préoccupe avant tout, c'est Sierra, dit-elle, angoissée. Comment serait-il possible de justifier ta présence à son anniversaire ?

— Autrement qu'en lui disant la vérité, tu veux dire ?

— Tout à fait, dit-elle en le fixant.

— Je serai ton nouveau petit ami.

— C'est impossible.

— Plus acceptable, en tout cas pour toi, que de me présenter à tous comme le père de la jeune fille qui fête son anniversaire.

Elle croisa les bras.

— Et comment expliquer à ma fille que je sors avec un autre homme que mon fiancé ?

A ces mots, il fronça les sourcils.

— Rafe et toi êtes fiancés ?

— Oui, fit-elle sur le ton du défi.

Puis elle détourna le regard.

— Alors pourquoi ne portes-tu pas de bague de fiançailles ?

Elle cligna des yeux, comme si la question la prenait au dépourvu.

— Eh bien... Elle est un peu trop grande, il faut que je la fasse ajuster à mon doigt.

— Vraiment ?

Il secoua la tête.

— En général, un homme s'assure que la bague qu'il offre convient afin de la passer au doigt de sa fiancée dès qu'elle lui dit oui.

Comme elle ne répondait pas, il enchaîna :

— A moins que tu ne lui aies pas encore dit oui.

— Ma relation avec Rafe ne te regarde pas.

— Dans la mesure où tu l'utilises comme un barrage entre nous, si !

— Il n'y a pas de « nous », entre toi et moi, dit-elle sèchement.

Il ne pouvait nier qu'ils ne s'étaient pas revus depuis seize ans. Pourtant, son ton sans appel le blessa, et il voulut lui prouver qu'elle avait tort. Alors, incapable de trouver les mots pour la convaincre, il l'embrassa.

6

Gabriella aurait eu toutes les raisons du monde pour ne pas accepter le rendez-vous de Cameron Leandres, et une seule — mais de poids — pour accéder à sa demande : Sierra. Elle avait d'abord espéré persuader le prince qu'il n'était pas le père de sa fille. En vain. Et elle ne s'était pas doutée qu'elle pourrait encore éprouver des sentiments aussi forts envers un homme qui lui avait brisé le cœur, des années auparavant. Mais, à l'instant où leurs lèvres s'étaient jointes, elle eut conscience qu'elle avait fait un très mauvais calcul.

Car ce baiser, aussi doux qu'un murmure, l'avait catapultée dans le temps… Il avait éveillé en elle une profondeur d'émotions qu'elle n'avait pas perçue plus jeune, tant elle était innocente. Pourtant, il s'agissait d'un simple baiser, et elle aurait dû être en mesure de se rebeller. Mais jamais elle n'avait su résister à Cameron. Dès le début, elle avait su que cela ne pourrait pas marcher entre eux : il était de sang royal, elle était une roturière. Malgré tout, elle s'était laissé piéger par son imagination romantique. Elle avait espéré, rêvé… et avait fini le cœur brisé.

Ensuite, elle avait cherché à se convaincre qu'une combinaison malheureuse — le bouillonnement hormonal de l'adolescence, son inexpérience — l'avait conduite à se comporter de cette façon téméraire et impulsive. Elle en avait tiré une consolation et, surtout, elle s'était promis de ne jamais reperdre le contrôle avec un homme, quel qu'il soit. Pas même avec celui qui la demanderait en mariage.

Mais soudain, tout avait rejailli. Le même désespoir brûlant, le même désir ravageur, la même fougue... Et elle n'était pas davantage préparée à ces sentiments-là que dix-sept ans plus tôt ! Alors que Cameron l'embrassait, impérieux, elle s'abandonna complètement... Il enfonçait ses doigts dans ses cheveux, approfondissant son baiser. Leurs langues se mêlèrent, leurs désirs s'enchevêtrèrent...

Elle sentit ses bras l'enlacer. Elle poussa un léger gémissement.

Elle avait tort d'être avec lui, de l'embrasser, de le désirer... Mais c'était plus fort qu'elle ! Elle ne pouvait empêcher son cœur de cogner, son sang de courir à toute allure dans ses veines, son corps de crier son désir !

Avec lenteur, elle finit par se dégager de son étreinte et reprendre ses esprits. Les larmes lui piquaient les yeux, mais elle ne pleurerait pas. Pas pour cet homme. Plus jamais. Il l'avait fait trop souffrir, elle ne le laisserait pas recommencer.

Il lui souleva alors le menton, la forçant à croiser son regard.

— Tu ne vas pas épouser cet Américain.

— Que j'épouse Rafe ou non ne te regarde pas.

— Si tu étais vraiment amoureuse de lui, tu m'aurais repoussé.

— Non ! Ton comportement me prouve simplement que j'ai de la chance de connaître Rafe.

Il se rapprocha d'elle, le regard sombre et menaçant.

— Arrête de prononcer son nom à chaque phrase, alors que tes lèvres sont encore chaudes de mon baiser.

Son ton était presque menaçant. Cette fois, elle plongea ses yeux dans les siens.

— Ne t'inquiète pas, cela ne se reproduira pas !

— Ne fais pas de promesses que tu ne pourras pas tenir ! Mais oublions cela pour l'instant et revenons à la décision que tu dois prendre.

— Quelle décision ?

— Demander à ton Américain de ne pas venir à l'anniversaire de Sierra pour que je puisse passer pour ton nouveau petit ami. A moins que tu préfères me présenter à notre fille comme son père.

Elle avait passé seize ans de sa vie à protéger Sierra de toute publicité. Ce n'était pas maintenant qu'elle allait la projeter à la une des magazines !

— Très bien, fit-elle. Viens samedi prochain. Je te ferai passer pour un ami.

Appartenir à la famille royale procurait de nombreux avantages, mais cela imposait aussi des restrictions, l'une d'entre elles étant de ne pouvoir s'ouvrir à personne de problèmes personnels, sans redouter que la confession ne finisse dans le journal du lendemain. L'expérience avait appris à Cameron que les seules personnes à qui il pouvait confier ses secrets, étaient les membres de sa famille. Aussi, en quittant Gabriella ce jour-là, après leur pique-nique au parc, se dirigea-t-il chez son frère, qui habitait dans le quartier huppé de Verde Colinas.

Michael y avait vécu treize heureuses années avec sa femme et, lorsque Samantha était décédée, deux ans plus tôt, il avait cru que son frère déménagerait. Mais celui-ci, dévasté par la perte de son épouse, ne voulait pas quitter l'endroit où il avait connu le bonheur. Marissa, leur sœur, s'inquiétait également beaucoup pour lui ; elle avait souvent appelé Cameron pour qu'ils fassent comprendre à leur frère qu'il avait une famille qui l'aimait, et surtout une petite fille qui avait besoin de lui. Jusque-là, leurs efforts n'avaient pas été couronnés de succès. Michael restait muré dans son malheur. Malgré tout, Marissa demeurait optimiste.

— Il faut lui laisser du temps, avait-elle dit récemment à Cameron. Ce n'est pas facile de perdre une femme avec qui on a vécu tant d'années.

Cameron n'avait jamais connu une telle expérience. Depuis sa liaison malheureuse avec Gabriella, des années auparavant, il n'était jamais retombé amoureux et avait soigneusement évité les relations à long terme. A part Allegra qui s'était fait, à tort, des illusions, toutes les femmes qui étaient sorties avec lui étaient parfaitement conscientes qu'il ne voulait pas s'engager.

Certaines, au cours de toutes ces années, avaient affirmé qu'elles l'aimaient, mais il était convaincu que ce qu'elles aimaient plus encore, c'était son titre de prince. Trop souvent, la déclaration avait été accompagnée de réclamations. « Je t'aime, et tu me manques tant quand tu es en voyage. La prochaine fois, tu pourrais peut-être m'emmener avec toi. Je ne suis jamais allée aux Bermudes ». Ou en Australie, ou en Chine. Ou bien la requête était plus directe : « Si tu m'aimais autant que je t'aime, tu m'achèterais un appartement en bord de mer ». Celles qui jouaient la carte affective avaient particulièrement le don de le hérisser, car c'était celle que sa mère brandissait souvent, avec lui. Il en avait conclu que tout le monde attendait quelque chose de lui, et qu'aucune ne l'aimerait jamais pour ce qu'il était.

Tout le monde sauf sa sœur, pensa-t-il quand Marissa lui ouvrit la porte. Elle était la seule personne qui donnait toujours plus qu'elle ne demandait. Après l'avoir salué affectueusement, elle le conduisit dans la cuisine pour lui préparer un café.

— Michael n'est pas là ? demanda-t-il.

— Il est au bureau, répondit-elle.

Il entendit de la musique et se rendit compte que sa nièce de vingt et un mois tournait sur elle-même au rythme d'une chanson pour enfant, dans le couloir.

— Il travaille le samedi ?

— Il a apparemment un gros projet à finir.

— Et c'est toi qui dois t'occuper de Riley, bien sûr !

— La nounou ne vient pas le week-end, je lui rends service.

A cet instant, la petite fille entra en courant dans la cuisine. A la vue de Cameron, elle s'arrêta puis lui sourit timidement avant de se réfugier dans les bras de sa tante. Il existait une réelle intimité entre elles deux, se dit-il. Sa sœur s'occupait sans doute très souvent de leur nièce.

— Cela arrive souvent ? demanda-t-il.

Comme sa sœur se concentrait sur Riley, il insista :

— Marissa ?

— J'ai emménagé ici, dit-elle alors, réticente.

— Pardon ?

Elle haussa les épaules.

— Cela m'a enfin permis de quitter la maison familiale.

— Maman n'a pas mis son veto ?

La princesse royale tenait toujours à donner son avis, voire à l'imposer, surtout pour ce qui concernait ses enfants.

— Je ne sais même pas si elle s'est rendu compte que je me suis installée chez Michael, dit Marissa d'une petite voix.

Il ne commenta pas.

Il était notoire qu'Elena accordait peu d'attention

à sa fille, focalisant son énergie et ses ambitions sur ses fils. Tous deux l'avaient néanmoins déçue, de sorte qu'il se demandait si elle n'avait pas eu tort de négliger sa fille. Mais cette dernière avait l'esprit trop pur et le cœur trop tendre pour accepter les manigances de sa mère. C'était précisément pour ces qualités-là qu'il était content de la voir aujourd'hui. Parce qu'il la savait beaucoup trop loyale et bienveillante pour juger les erreurs qu'il allait lui avouer.

— Il y a quelque temps qu'elle n'est pas venue ici, dit Marissa en frottant le dos du bébé. Je crois qu'elle s'est rendu compte que Michael ne lui pardonnerait sans doute jamais.

— Qu'a-t-elle encore à se faire pardonner ? demanda Cameron.

— Elle n'a cessé de harceler Samantha pour qu'elle fasse un enfant afin que la lignée des Leandres ne s'éteigne pas.

Or, Samantha avait succombé à des complications durant l'accouchement, ce que Marissa n'avait nul besoin de préciser.

— Et puis, après la naissance de Riley, elle s'est complètement détournée d'elle.

— Parce que c'était une fille, dit Cameron en se resservant du café.

Elle acquiesça d'un mouvement de tête.

— Dans ces conditions, rien ne m'oblige à partager la nouvelle avec elle, dit-il.

— Quelle nouvelle ?

— Qu'elle a une autre petite-fille.

Marissa ne put retenir un cri.

— Quoi ? Tu es papa ?

Il lui sourit en hochant la tête.

— Oui, même si je ne l'imagine pas m'appelant comme ça, étant donné qu'elle a presque seize ans.

Sa sœur se laissa tomber sur une chaise.

— Une adolescente donc… Je n'arrive pas à le croire.

— J'essaie moi aussi de me faire à l'idée.

— Tu ne savais pas ?

— Je l'ai appris il y a quelques jours.

— Et… tu es bien certain d'être le père ? demanda-t-elle, hésitante.

— Cela ne fait aucun doute, ne serait-ce qu'à la façon dont Gabriella a essayé de nier.

— Gabriella, c'est la mère, je suppose ?

— Oui. Gabriella Vasquez.

— De mieux en mieux, fit Marissa d'un air amusé. Cela explique pourquoi on a toujours l'impression qu'elle t'en veut, dans ses rubriques.

— Ne me dis pas que tu lis le courrier du cœur !

Sa sœur releva le menton.

— Elle écrit des choses très intéressantes ! dit-elle, combative. Et toujours pleines de bon sens ! Je me demande bien comment vous vous êtes rencontrés, tous les deux.

— Elle était serveuse chez Marconi, et j'ai été séduit dès que j'ai posé les yeux sur elle.

Marissa écarquilla les yeux.

— Comment se fait-il que je n'ai rien su de toute l'affaire ?

— Tu étais en pension, à l'époque, et notre liaison n'a pas duré très longtemps.

— Suffisamment en tout cas pour qu'il en reste quelque chose, dit-elle.

Il ne pouvait pas la contredire.

— Qu'est-ce qui n'a pas marché ? Et que s'est-il passé pour que Gabriella ne t'ait pas révélé qu'elle était enceinte ? Parce que je sais que tu n'es pas le genre d'homme à fuir tes responsabilités.

Il fixa le mug qu'il tenait entre ses mains, touché par la confiance de sa sœur.

— Elle a tenté de me le dire, mais je n'ai pas voulu l'entendre… J'étais si jeune, alors, j'étais effrayé, et maman venait de me faire une leçon interminable sur les devoirs et les responsabilités des membres d'une famille royale et…

— Et tu l'as laissée se dresser entre toi et la seule femme que tu aies jamais aimée, conclut Marissa.

Il haussa les sourcils.

— J'avais vingt ans, je ne connaissais rien à l'amour.

— Tu en connaissais sans doute plus long qu'aujourd'hui, puisque tu as passé seize ans à tenter de l'oublier.

— Tu es une romantique invétérée, Mar !

— Pourquoi ? Parce que je crois à l'amour alors que je ne l'ai pas encore connu ? demanda-t-elle sur le ton du défi.

— Parce que tu penses que ce qui pousse deux êtres l'un vers l'autre, c'est forcément l'amour alors que je suis persuadé que c'est le désir.

— Le désir s'enflamme et se consume, alors que l'amour perdure. Et pour moi, il est évident que tu éprouves toujours des sentiments pour Gabriella Vasquez, la question étant : qu'as-tu l'intention d'en faire ?

C'était une question qu'il préférait mettre de côté pour l'instant.

Quand Gabriella rentra chez elle, la maison était vide. Désireuse d'oublier Cameron, Rafe et les dizaines de petites tâches liées à la préparation de l'anniversaire, elle décida de travailler à sa rubrique.

Hélas ! La première lettre qu'elle ouvrit lui prouva qu'il était impossible d'échapper à ses propres problèmes.

« Chère Gabby,

» Mon petit ami, avec qui je sors depuis deux ans, m'a demandé en mariage. Bien que je porte la bague de fiançailles qu'il m'a offerte, je ne suis pas certaine d'être prête à m'engager pour la vie avec lui. J'étais d'accord sur le principe, quand il m'a demandé en mariage, parce que je l'aime, mais je ne pensais pas qu'il souhaiterait que nous nous mariions si rapidement.

» Or, il insiste pour que les noces aient lieu au plus vite. Il prétend que, si je l'aimais vraiment, je serais aussi impatiente que lui.

» Je l'aime, mais je n'ai que vingt et un ans. Il affirme qu'il veut fonder une famille et m'a prévenue que si je n'étais pas prête, il en trouverait une autre.

» Dois-je fixer une date ou attendre le bon moment ?

» Signé :

Une femme confuse. »

La réponse fusa immédiatement dans son esprit : « Laisse tomber ce type sur-le-champ avant d'être piégée pour la vie ».

Evidemment, elle fut un peu plus subtile dans la formulation de sa réponse.

« Chère amie,

» Si vous n'êtes pas certaine de vouloir vous engager pour la vie, vous n'êtes sans doute pas prête et votre fiancé ne devrait pas vous poser d'ultimatum.

» S'il vous aime, il attendra. S'il en trouve une autre

pendant ce temps, c'est qu'il n'est pas aussi attaché à vous qu'il le prétend. Dans ce cas, il vaut mieux que vous vous en rendiez compte *avant* de prononcer des vœux définitifs.

» S'il continue à vous harceler, fixez une date pour temporiser, et d'ici là, vivez votre vie sans lui. Car si vous le laissez vous conduire à l'église avant d'être sûre que cela correspond à vos désirs profonds, c'est un crapaud que vous embrasserez devant l'autel.

» Bonne chance,

Gabby. »

Gabriella relut la lettre et sa réponse, puis elle cliqua sur Sauvegarder, satisfaite. Mais, quand elle leva les yeux pour regarder l'heure et que son regard tomba sur l'écrin bleu nuit posé sur l'étagère, sa bonne humeur s'envola.

La femme confuse avait raison d'être inquiète. Elle était jeune, n'avait sans doute que très peu d'expérience, et ne devait pas accepter des liens dont elle n'avait pas envie. Sans compter les menaces de son petit ami.

Elle, en revanche, n'avait pas les mêmes excuses.

Elle aurait bientôt trente-quatre ans et elle connaissait Rafe depuis deux ans. Il était séduisant, charmant, intelligent, fortuné et il l'avait attirée dès le début. Aussi, pourquoi hésitait-elle ?

S'emparant de la boîte, elle l'ouvrit et fut soufflée par la beauté du diamant. Il semblait briller d'un feu intérieur. Oui, ce cœur de trois carats serti dans un chaton en platine était vraiment éblouissant. Et il avait dû coûter une fortune à Rafe.

Celui-ci n'avait exercé aucune pression sur elle, mais elle savait que son presque fiancé était persuadé que ce n'était qu'une question de temps avant qu'elle ne porte sa bague.

Gabriella n'en était pas aussi sûre que lui. Et si elle ne se sentait jamais prête ?

Avec prudence, elle retira la bague de la boîte et la glissa à son annulaire. Le bijou lui allait parfaitement, comme Cameron l'avait prédit, mais il pesait lourd à son doigt. Cela tenait à la bague elle-même, ainsi qu'à tout ce qu'elle symbolisait. Avec un soupir de regret, elle la replaça dans l'écrin.

Désormais, elle avait la conviction qu'elle ne pourrait jamais la porter. Elle avait cru pouvoir retomber amoureuse, mais Rafe avait beau être merveilleux, quelque chose la retenait. Et, depuis le baiser échangé dans le parc avec Cameron, elle avait compris que ce n'était pas *quelque chose*, mais quelqu'un… Elle devrait sans tarder avouer la vérité à Rafe.

Elle était toujours devant son ordinateur, fixant sans la lire une nouvelle lettre, quand la sonnette retentit. Elle alla répondre et découvrit avec étonnement que c'était Rafe qui se tenait derrière la porte.

— Il est déjà 19 heures ? demanda-t-elle, surprise que le temps ait passé si vite.

— Non, dit-il, mais je ne pouvais pas attendre jusque-là.

Elle s'effaça pour le laisser entrer. Il n'alla pas au-delà du vestibule.

— Qu'est-ce qui se passe ? demanda-t-elle.

— J'ai décidé de rentrer à New York ce soir, répondit-il.

Elle sentit sa gorge se nouer.

— Pourquoi ?

— Parce que tant que tu seras éprise du père de Sierra, tu ne pourras pas t'engager avec moi.

Elle baissa les yeux, les joues en feu.

— Comment sais-tu qu'il est le père de Sierra ? demanda-t-elle.

— A la façon dont il t'a regardée quand il m'a vu avec toi, comme s'il me défiait de toucher *sa* femme.

Elle secoua la tête.

— Non, ce n'est pas ce que tu crois... Il n'y a rien entre nous.

— Et tu penses vraiment que je vais te croire ? demanda-t-il avec dureté.

— Rafe, je t'assure que c'est vrai, je ne l'ai pas revu depuis seize ans... Je ne comprends pas pourquoi tu en doutes.

Il ne paraissait pas convaincu.

— J'ai toujours pensé que tu nourrissais encore des sentiments pour le père de ta fille, mais je me disais que tu finirais par l'oublier. Evidemment, je ne m'attendais pas à ce qu'il soit prince.

— Je ne vois pas ce que cela change, répondit-elle vivement.

— Peut-être rien du tout, au fond, tu as raison, dit-il, conciliant. S'il compte tellement pour toi, ce n'est pas parce qu'il est de sang royal, mais parce qu'il est le premier homme que tu as aimé, et que tu aimes encore.

Elle secoua la tête, refusant d'admettre qu'il avait raison, et qu'elle-même était insensée au point de cultiver des sentiments envers un homme qui lui avait prouvé, des années auparavant, qu'il ne l'aimait pas.

Mais Rafe se contenta de poser la main sur sa joue.

Elle ferma les yeux, savourant la chaleur de sa paume... Comme elle regrettait de ne rien ressentir de plus profond pour lui !

— Je ne peux pas te forcer à m'aimer, dit-il alors comme s'il lisait dans ses pensées.

Penchant la tête, il l'embrassa tendrement, avant d'ajouter :

— Mais je ne peux accepter une relation sans amour. Au revoir, Gabriella.

Elle le regarda s'éloigner, comme elle l'avait fait à de nombreuses reprises, auparavant, mais cette fois, c'était un véritable adieu.

7

Le jour des seize ans de Sierra, le soleil brilla de tous ses feux dès le matin. La seule ombre au tableau était le plâtre qui pesait encore lourd à son poignet.

Sa grand-mère lui servit le petit déjeuner au lit, comme le voulait la tradition familiale, le jour d'un anniversaire.

Respirant la bonne odeur qui flottait dans l'air, Sierra demanda d'un ton approbateur :

— Chocolat et gaufres ?

— Bravo ! fit Katarina. Ton petit déjeuner préféré. Il y a aussi du jus d'orange, du sirop d'érable et du yaourt.

— Tu me gâtes, mamie !

— C'est le rôle d'une grand-mère.

— Si je mange tout ça, je ne vais pas entrer dans ma robe, ce soir.

Et sur ces mots, elle avala une première bouchée de gaufre.

— Tu aurais dû prendre une taille au-dessus, observa Katarina.

Sa grand-mère lui adressait en général peu de reproches, mais elle désapprouvait ses vêtements trop moulants que la mode exigeait.

— Et si tu partageais mes gaufres avec moi ? dit Sierra.

— Tu es comme ta mère à ton âge, tu as une réponse à tout, dit Katarina en secouant la tête, mi-rieuse, mi-agacée.

— A propos, où est maman ? demanda Sierra en avalant une autre bouchée.

— Ici, répondit Gabriella.

Et elle entra dans la pièce, avec un énorme bouquet de fleurs tropicales dans un vase. Elle le posa sur la table de nuit et se pencha pour embrasser sa fille.

— Heureux et doux anniversaire, ma chérie !

— Qui a envoyé ces fleurs ?

— Rafe, répondit Gabriella.

— Il vient ce soir, non ?

Sa mère et sa grand-mère échangèrent un regard.

— Rafe est reparti à New York, dit Gabriella.

— Oh… !

Si Sierra était déçue, elle était encore plus inquiète de la réticence de sa mère à l'en informer.

— Tout va bien entre vous ?

— Oui. Euh… Non.

Gabriella poussa un soupir et s'assit sur le rebord du lit, tandis que Katarina s'éclipsait sous prétexte de ranger la cuisine.

— Rafe et moi avons décidé de ne plus nous voir, dit-elle.

Sierra en resta bouche bée.

— Mais… Pourquoi ?

— Il attendait plus de moi que je ne pouvais lui donner.

Sa mère avait beau adopter un ton décontracté, Sierra savait qu'elle nourrissait des sentiments pour Rafe, ce qui l'intriguait encore plus.

— Tu ne vas pas l'épouser ?

Elle secoua la tête en signe de négation.

Sierra plissa les yeux.

— C'est à cause du prince Cameron ?

Sa mère releva immédiatement la tête.

— Pourquoi cette question ?

— Parce que tu es bizarre depuis qu'il a fait son apparition.

Sa mère hésita, juste assez pour convaincre Sierra qu'elle avait vu juste.

— J'ai été surprise de le revoir, après tout ce temps. Mais je peux t'assurer que, même avant, je savais que je ne pourrais pas épouser Rafe.

— J'imagine que cela veut dire que nous n'irons pas à New York, dit Sierra, consciente qu'elle se comportait comme une enfant gâtée.

— On peut tout à fait y aller en vacances. Il suffira de mettre un peu d'argent de côté.

Sierra avala une gorgée de jus d'orange, et s'efforça de ne pas être amère à l'idée qu'elles n'auraient pas eu besoin d'économiser, si sa mère avait épousé Rafe. Il aurait pu les emmener à New York dans son jet privé, et n'importe où ailleurs sur la planète.

— Alors il n'y aura que toi, mamie et moi ce soir ? demanda Sierra.

Elle savait parfaitement que sa mère avait organisé une petite fête et que ses amies allaient venir, mais elle faisait mine de rien, ne voulant pas gâcher la surprise.

Gabriella arrangea les fleurs dans le vase, notamment un énorme lys rose.

— Il se peut aussi que le prince Cameron fasse un petit saut, dans la soirée.

Sierra manqua s'étrangler.

— Pourquoi ?

— Pour te souhaiter un bon anniversaire.

Vraiment ? La véritable réponse n'était pas aussi simple que sa mère voulait lui faire croire, elle le sentait bien.

Gabriella détestait ne pas être complètement honnête avec Sierra, mais elle n'était pas prête à voir s'effondrer la vie qu'elle avait construite, et c'était ce qui se produirait quand la vérité éclaterait au sujet du père de Sierra.

Et maintenant que Cameron était au courant, cela ne tarderait pas...

Aussi inquiète qu'elle l'était concernant la réaction de sa fille face à la nouvelle, elle avait aussi d'autres raisons de se faire du souci... Quand Sierra était encore bébé, elle avait passé un pacte, et elle savait qu'il était sur le point d'être rompu. Même si ce n'était pas sa faute, elle devrait en payer le prix.

Brusquement, elle sursauta et s'arracha à ses rêveries : on venait de frapper à la porte.

Posant le couteau avec lequel elle était en train de couper des légumes, elle alla ouvrir la porte. Elle s'attendait à trouver Beth ou Rachel, qui avaient proposé leurs services pour préparer la fête pendant que Jenna occupait Sierra à l'extérieur. En tout état de cause, elle ne pensait pas trouver Cameron sur le seuil de sa porte !

Son cœur, le traître, se mit à battre comme un fou dans sa poitrine...

— Tu as cinq heures d'avance, dit-elle froidement.

— Je sais, répondit-il sans relever son manque de politesse. Je voulais juste te montrer ce que j'avais offert à Sierra.

— Tu n'as pas à lui offrir quoi que ce soit.

— Je ne pouvais pas venir les mains vides ! Viens voir, le cadeau est garé de l'autre côté de la rue.

« Garé ? »

Gabriella sentit son ventre se contracter violemment en découvrant la voiture de sport jaune, ornée d'un énorme nœud rose sur le toit.

— Tu plaisantes ?

Il haussa un sourcil.

— Quoi ?

— Tu crois vraiment que c'est un cadeau approprié ?

— Je peux la changer pour une autre couleur, si elle ne lui plaît pas.

— Il ne s'agit pas de la couleur, mais de la voiture ! *Tu ne peux pas lui offrir une voiture.*

— Pourquoi ?

Elle le fixa, outrée qu'il ne comprenne pas.

— Tout d'abord, parce qu'elle a juste seize ans et qu'elle n'a pas encore de permis de conduire. Ensuite parce que c'est un cadeau bien trop extravagant de la part d'une personne qui est juste censée être mon ami.

De nouveau, il fronça les sourcils.

— Si l'on considère que j'ai manqué quinze ans d'anniversaires, je ne trouve pas le cadeau disproportionné. Et puis tous les adolescents rêvent d'une voiture.

— Cela ne signifie pas pour autant qu'on leur en achète une.

— Pourquoi est-ce que tu es tellement obstinée ?

— Parce que je suis sa mère et que je sais que Sierra n'est pas encore assez âgée ou responsable pour posséder une voiture ! D'ailleurs, même si elle l'était, je ne la laisserais certainement pas conduire un cabriolet jaune flambant neuf.

— Alors c'est le modèle qui te pose problème ?

Elle secoua la tête.

— Reprends cette voiture, je t'en prie.

— Mais qu'est-ce que je lui offre, alors ?

— Je ne sais pas, moi ! Un bon cadeau pour aller au cinéma, une corbeille remplie de produits pour le bain, une peluche !

— Une peluche ?

— Oui. Un cadeau passe-partout et bon marché.

— A mon avis, elle préférerait la voiture.

— Evidemment. Tout comme elle aimerait pouvoir faire du shopping sans restriction, ou aller à New York.

— Pourquoi veut-elle aller à New York ? Ton ami américain avait proposé de l'y emmener ?

Elle soupira.

— Il ne s'agit pas de Rafe, d'accord ? Il faut que cette voiture ait *disparu* avant que Sierra ne rentre à la maison.

— Très bien, dit-il à regret. C'est dommage, tout de même ! C'est une voiture de rêve.

— Ce qui est un rêve pour toi pourrait se transformer en cauchemar pour moi. Je me ferais un sang d'encre chaque fois qu'elle sortirait avec.

L'argument fit mouche.

— Je suis certain que tu as eu ton lot de soucis en élevant Sierra toute seule, pendant seize ans, et je n'avais vraiment pas l'intention de t'en créer un supplémentaire, lui dit-il.

Elle fut étonnée par la sincérité de son ton, touchée par sa soudaine compréhension.

— Je n'étais pas complètement seule. Ma mère a toujours été présente.

— Et maintenant, je suis là, moi aussi.

— Cameron…

Il posa un doigt sur ses lèvres, pour l'empêcher de protester.

— Je suis conscient que nous avons de nombreuses questions à régler, mais je veux que tu saches que, cette fois, je ne vais pas fuir mes responsabilités. Ni par rapport à Sierra ni par rapport à toi.

Ces belles paroles l'inquiétèrent plus qu'elles ne la rassurèrent.

*
* *

Cameron opta finalement pour une peluche.

Il était presque 21 heures quand il revint chez Gabriella et la fête battait son plein. Elle lui avait suggéré d'arriver un peu après le début des festivités, afin que personne ne lui pose de questions. De fait, les amies de Sierra ne lui prêtèrent pas attention, quand il entra. La musique jouait à plein volume, et tout le monde gesticulait à son rythme, sur la pelouse ou dans le patio. Passer inaperçu dans la foule était une expérience inédite pour lui, mais cela lui était égal et lui permettait d'observer Sierra.

Sa fille…

Elle passait entre ses amis, s'arrêtait pour leur parler et rire avec eux, ondulant au son de la musique. Elle lui rappela tout à coup Riley, la fille de son frère, qui tournait en rond en écoutant une berceuse, et qui fixait la pointe de ses pieds. Tout à coup, il perçut à quel point cette enfant, qui était maintenant presque une femme, lui avait manqué.

Quel visage avait-elle, bébé ? Se serait-il reconnu en elle, alors ? Avait-elle été une enfant timide qui se cachait derrière les jupes de sa mère, ou une petite fille précoce, ravie de faire connaissance avec quiconque croisait son chemin ? Plus il pensait à ces années sans elle, plus il sentait sa colère grandir…

Soudain, il entendit un rire doux et familier et il se retourna pour voir Gabriella se profiler sur la terrasse, un verre de vin dans chaque main. Tout était de sa faute. C'était elle qui l'avait privé des étapes qui jalonnent une enfance, pas simplement les grands événements, mais aussi le premier jour d'école et tout ce qui constituait la vie ordinaire.

Il aurait voulu la détester, il aurait dû la détester.

Mais, à la contempler, radieuse dans son haut à bretelles qui révélait ses épaules bronzées et sa jupe longue qui ondoyait jusqu'à ses orteils peints, il ressentait un tourbillon d'émotions qui n'avaient rien à voir avec la haine.

Elle était encore plus sexy qu'autrefois et, en dépit de leur histoire et de leurs secrets, elle l'attirait plus encore...

« Le désir s'enflamme et se consume, alors que l'amour perdure. »

Il repoussa les paroles de sa sœur, se rappelant l'impardonnable silence de Gabriella !

Il la regarda s'approcher de lui, pieds nus sur la terrasse. Une chaîne en or était attachée à sa taille et cliquetait à chacun de ses pas. Elle avait toujours eu un sens inné de la sensualité, elle avait toujours su susciter son désir...

A présent, elle lui souriait, comme si elle était vraiment heureuse de le voir, alors qu'elle jouait un rôle de composition. Si seulement il avait pu lui en vouloir ! Mais il était tout simplement ravi du spectacle qu'elle lui offrait.

Lorsque son regard se posa sur la belle bouche de Gabriella, il se rappela immédiatement leur pique-nique, dans le parc. Le baiser à l'ombre des arbres. Le goût de ses lèvres suaves, son corps si doux contre le sien, la passion avec laquelle elle avait répondu. Il en ressentit une grande confusion...

Elle lui tendit l'un des verres qu'elle tenait à la main.

— C'est un cabernet, dit-elle. Pas dans ta gamme habituelle, mais tout à fait convenable.

Il prit le verre, goûta le vin et hocha la tête en guise d'acquiescement.

— Est-ce que Sierra a été surprise ?

Gabriella sourit.

— Elle a fait semblant de l'être, mais je suis sûre

qu'elle s'y attendait. Ce qui compte, c'est qu'elle soit avec sa famille, ses amis, et qu'elle s'amuse.

— Pas toute sa famille, observa-t-il.

Elle soupira.

— Ah bon ? Et pourquoi ai-je accepté que tu viennes, ce soir ?

— Parce que tu ne pouvais pas faire autrement.

— Tu as sans doute raison.

Elle désigna la table et la nourriture abondante : il y avait des crudités avec toutes sortes de sauce en accompagnement, des quiches, des toasts, des petits-fours salés et sucrés ainsi que des saladiers de punch.

— Puisque tu es ici, mange ! dit-elle.

Il s'empara d'une assiette.

— C'est toi qui as préparé tout ça ?

— En vérité, c'est ma mère qui a presque tout fait. Le talent de ménagère a sauté une génération, je crois, puisque Sierra adore faire la cuisine.

Encore une chose qu'il ignorait. Mais avant qu'il ne puisse émettre un commentaire, quelqu'un baissa le volume et annonça qu'il était temps que Sierra ouvre ses cadeaux.

Ils avaient été disposés sur une table à part. Cameron avait ajouté le sien à la pile, à son arrivée. Sierra prit son temps pour les ouvrir l'un après l'autre, s'exclamant à chaque surprise et remerciant chaleureusement la personne qui le lui avait offert. Il y avait des CD, des DVD, des livres et des vêtements. Quand elle s'empara du sac rose vif qui contenait la peluche, Cameron sentit ses paumes devenir moites…

Elle prit la carte, la lut et le chercha des yeux dans la foule. Il avait simplement signé : « Cameron », et elle en profita pour le présenter aux convives, sans préciser son titre. Elle sortit ensuite le présent de son papier et poussa un petit cri de plaisir en découvrant la peluche. Elle la pressa contre son cœur, les yeux brillants, et il put se remettre à respirer.

Quand Gabriella vit Sierra étreindre la peluche, elle se sentit submergée par l'émotion. C'était le premier cadeau qu'elle recevait de son père.

Même à distance, elle distinguait qu'il s'agissait d'une marque, pas le cadeau peu onéreux qu'elle lui avait suggéré. Cependant, le fait que Sierra l'apprécie n'avait rien à voir avec la marque, mais tout avec le plaisir d'ajouter le superbe ours en mohair brun clair à sa collection.

— Bon choix, lui dit-elle dans un murmure.

— C'était ton idée.

— Merci d'avoir renoncé à la voiture.

Il haussa les épaules.

— Tu sais mieux que moi ce qu'il faut offrir, dit-il. Et si tu estimes qu'elle n'est pas prête, je respecte ton jugement.

— Il y a de nombreuses choses qu'elle n'est pas prête à affronter, dit-elle alors.

— Comme la vérité sur ma personne ?

— Exact.

— Et quand estimes-tu qu'elle le sera ?

Il essayait d'être patient, mais il avait déjà perdu seize ans et il n'avait pas l'intention d'en perdre davantage.

— Je ne sais pas, répondit-elle, honnête. Je te demande juste de faire d'abord connaissance avec elle, avant de mettre son monde sens dessus dessous.

— Est-ce pour le monde de Sierra que tu t'inquiètes, ou pour le tien ?

Son ton de défi ne lui échappa pas. Elle comprenait

qu'il soit bouleversé de découvrir sa paternité, tant d'années après ; pour autant, il ne pouvait deviner que tout ce qui affectait le monde de Sierra l'affectait de la même façon.

— A maints égards, Sierra est très mature pour son âge, répondit-elle. J'en oublie parfois qu'elle n'a que seize ans. Et même si je ne doute pas qu'une part d'elle-même a autant envie d'un père aujourd'hui qu'à dix ans, je ne pense pas qu'elle va t'accepter dans sa vie de façon inconditionnelle, comme elle l'aurait fait plus jeune.

— Il aurait sans doute été préférable que tu me retrouves six ans plus tôt, rétorqua-t-il. Ou mieux encore : seize ans plus tôt.

— C'est ce qui s'est passé, Cameron... J'ai essayé de te le dire, mais tu as été tellement effrayé que tu as refusé de le croire.

Elle n'avait pas voulu en venir là, elle n'avait pas envie d'aborder le sujet, et surtout pas ce soir, mais elle ne pouvait le laisser jouer les victimes.

— Tu ne m'as même pas reconnue, dit-elle plus blessée qu'elle ne l'aurait voulu.

— C'est faux, je...

— Arrête ! dit-elle d'une voix plus basse, mais plus agacée. Je connaissais les rumeurs qui circulaient sur ton compte, je savais que tu ne recherchais qu'à prendre du bon temps. Et malgré tout, je me suis fait des illusions, j'ai cru que je comptais pour toi. Bien sûr, tu ne m'as pas détrompé, sachant que c'était la seule façon de m'attirer dans ton lit.

— Tu comptais pour moi, bon sang !

— Je vais chercher le gâteau, dit-elle précipitamment.

Elle s'éloigna en toute hâte, refusant d'écouter ses mensonges, et surtout de reconnaître qu'un petit coin de son cœur était encore prêt à le croire.

8

Cameron la suivit à l'intérieur.

Il voulait des réponses. Il y avait tant de choses qu'il ignorait. Naturellement, cette fête n'était pas le meilleur endroit pour s'expliquer.

Pour le moment, il se contentait de regarder Gabriella disposer avec soin seize bougies roses sur le gâteau d'anniversaire. Chacune représentait une figurine différente.

— C'est ta mère qui les a fabriquées ? demanda-t-il.

Gabriella hocha la tête.

— C'est très réussi.

— Attends de goûter le gâteau ! lui dit-elle. Cela fait presque vingt ans que Dominic Donatella cherche à lui arracher le secret de son glaçage à la crème au beurre.

— Donatella ? De la fameuse pâtisserie ?

De nouveau, elle acquiesça, les yeux remplis de larmes, mais rivés au gâteau.

— Gabriella ?

— Désolée, les anniversaires me rendent toujours un peu nostalgique… Je n'arrive pas à croire que Sierra ait déjà seize ans.

Elle poussa un petit soupir.

— Quand elle était plus jeune, elle fermait les yeux pour faire un vœu auquel elle pensait très fort, puis elle soufflait ses bougies de toutes ses forces. Elle prenait l'affaire très au sérieux, convaincue que ses vœux deviendraient réalité.

— Est-ce que tu sais ce qu'elle se souhaitait ?

— Sans doute des poupées, des chiots, des poneys, comme toute petite fille. L'année où elle a fêté ses dix ans, elle m'a dit que ce qu'elle voulait plus que tout au monde, c'était être une princesse.

Sur cet aveu, elle recompta les bougies pour se donner une contenance.

— Tu aurais pu faire en sorte que son rêve devienne réalité, dit-il après un temps. Il te suffisait de lui avouer la vérité sur son père.

— J'y ai pensé, tu sais...

— Alors pourquoi n'as-tu rien fait ? demanda-t-il d'un ton pressant. Pourquoi n'as-tu pas cherché à entrer en contact avec moi ? Pourquoi a-t-il fallu que ce soit moi qui te retrouve et qui tombe par hasard sur elle ?

Elle détourna les yeux.

— Il m'était impossible de prendre contact avec toi... J'avais fait une promesse.

— Une promesse ? A qui ?

— Gabriella...

Tous deux sursautèrent.

— ... Tu apportes le gâteau ?

La question de Katarina l'avait précédée dans la cuisine.

— Oh... ! Désolée de vous avoir interrompus.

— Non, pas du tout, je cherchais les allumettes, dit précipitamment Gabriella.

— Elles sont dans le placard, au-dessus du réfrigérateur. A leur place, souligna sa mère.

— Exact, fit-elle.

Et elle s'éloigna de Cameron pour attraper les allumettes, en se hissant sur la pointe des pieds.

Sous le regard scrutateur de Katarina, Cameron se sentit soudain mal à l'aise. Il ne l'avait jamais rencontrée auparavant. Quand ils sortaient ensemble, autrefois, chacun avait ses propres raisons pour garder la relation secrète. Il se demandait même si Gabriella avait avoué à sa mère qu'il était le père de Sierra. Il pensait que non. Katarina avait l'air d'être le genre de femme qui l'aurait traqué et retrouvé. Pourtant, à la façon dont elle le fixait, les yeux plissés, il avait l'impression qu'elle avait deviné qui il était, ou du moins nourrissait-elle des suspicions.

— Vous devez être la mère de Gabriella, dit-il sans oser tendre la main, de peur qu'elle ne la refuse. Je suis Cameron Leandres.

— Je sais qui je suis et je sais qui vous êtes, répondit-elle. J'étais juste venue prendre le gâteau, pas échanger des plaisanteries.

— *Madre !* dit Gabriella en rougissant légèrement.

— J'ai tout de même le droit de dire ce que je pense ! Je ne vois pas pourquoi j'encouragerai une relation entre ta fille et cet homme qui n'a jamais été là pour toi, qui n'a même pas réagi quand ton bébé a failli mourir. Il est préférable qu'elle ne connaisse jamais l'identité de son père, au lieu d'apprendre qu'il a tourné le dos à la jeune fille qu'il avait mise enceinte et à l'enfant innocent qu'elle portait.

Cameron ne répondit pas à l'éclat de colère, mais il se tourna immédiatement vers Gabriella.

— Sierra a failli mourir ?

Gabriella se contenta de hausser les épaules, jetant un regard furieux à sa mère.

— Ce n'est pas le moment de remuer le passé.

— Bon sang, Gabriella ! J'ai le droit de savoir…

— Aujourd'hui, c'est la fête, répondit-elle d'un ton délibérément calme. Et Sierra attend.

Cette déclaration faite, elle alluma les bougies et s'empara du gâteau.

Sierra souffla ses bougies, puis embrassa sa grand-mère avant de serrer sa mère très fort dans ses bras. Il existait une affection évidente entre les trois femmes, un lien solide les unissait.

Avait-il le droit de débarquer dans leur vie si tard, et de bouleverser leur équilibre ? se demandait-il toujours, une demi-heure plus tard.

Bien sûr, il était le père de Sierra, mais cette paternité relevait plus d'un accident que d'un projet. Comme Katarina l'avait fait remarquer, il n'avait pas été aux côtés de Gabriella pendant sa grossesse. Pas plus qu'il ne l'avait été durant l'enfance de Sierra et les différentes étapes de sa vie. Que faisait-il ici, au juste ?

Le front plissé, il se mit machinalement à aider Gabriella à ranger la cuisine. Découvrir qu'il avait une fille de seize ans était perturbant, mais il avait trente-six ans, à présent, et il était assez mature pour assumer ses responsabilités envers elle, même si elle n'avait pas besoin de lui.

Il regarda par la fenêtre. La plupart des convives étaient partis, seuls les plus proches amis de Sierra s'attardaient encore. Un jeune homme notamment se tenait, à son goût, bien trop près de sa fille.

— Qui est ce garçon qui ne lâche pas Sierra ? demanda-t-il à Gabriella.

Elle essora son éponge et nettoya le contour de l'évier.

— Paolo.

— Son petit ami ? demanda-t-il malgré lui.

— Oui, cela fait six mois qu'ils se voient.

— N'est-elle pas un peu trop jeune pour avoir un petit ami ?

— Je te rappelle qu'elle vient de fêter ses seize ans, dit-elle en souriant. Paolo est un gentil garçon.

— Et toi, cela ne te dérange vraiment pas ?

— Disons que j'ai appris à choisir mes batailles, et à reconnaître celles qui sont perdues d'avance.

— Vous semblez vous entendre à merveille, j'ai du mal à croire que vous puissiez vous disputer.

— Si tu vivais avec nous, tu verrais.

— Et tu ne penses pas que ce sera un jour le cas ?

Elle resta silencieuse quelques instants, puis posa l'éponge sur le robinet, avant de répondre :

— Je n'attends rien de toi, Cameron.

— Je ne peux pas t'en vouloir… Mais je te promets que, cette fois, je ne vais pas disparaître.

— Parce que tu crois que cela relève de ton devoir ?

— En partie, oui.

— Et si ce n'était pas la meilleure option ?

— Que veux-tu dire, au juste ?

Elle dirigea son regard vers la fenêtre et, quand elle se tourna finalement vers lui, il lut de la confusion au fond de ses yeux sombres.

— Avouer la vérité à Sierra n'est peut-être pas un choix judicieux pour elle, dit-elle enfin.

— Est-ce que tu te poserais cette question, si je n'étais pas prince ?

Son hésitation confirma à Cameron qu'il avait vu juste. Contrairement à la plupart des gens qui cherchaient à exploiter son titre, Gabriella aurait préféré qu'il n'en ait pas.

— Le fait est que tu es prince ! Lorsqu'on apprendra

que tu as un enfant illégitime, Sierra se retrouvera au cœur d'une frénésie médiatique.

— Elle fera front, dit-il avec confiance.

— Comment peux-tu en être si sûr, honnêtement ?

— Parce que, que tu le veuilles ou non, c'est une Leandres. Une princesse. Un membre de la famille royale de Tesoro del Mar.

— Il se pourrait que je ne sois pas la seule à m'opposer à cette révélation, dit-elle.

— Que veux-tu dire ?

— Rien, oublie, fit-elle en secouant la tête.

— Tu me caches quelque chose, Gabriella. Je commence à en avoir assez de ta façon d'éluder mes questions.

— Je n'élude pas.

— Tu choisis juste tes batailles, c'est ça ?

Elle lui adressa un petit sourire.

— Quelque chose dans ce goût-là.

— Que voulait dire ta mère tout à l'heure ? Sierra a failli mourir ? demanda-t-il à brûle-pourpoint.

— Elle dramatise.

— Et toi, tu bottes en touche, encore une fois.

Elle soupira.

— Sierra est née avec un problème au cœur, une anomalie du septum auriculaire, ce qu'on appelle plus communément un trou au cœur, finit-elle par admettre. A la naissance, sa peau était légèrement bleutée et elle semblait avoir des difficultés à respirer. Quand le diagnostic a été établi, les médecins étaient optimistes : selon eux, le trou se refermerait tout seul. Mais ce ne fut pas le cas, et à six mois, elle a subi une opération à cœur ouvert.

— J'ai l'impression que tu censures de nombreux détails.

— Je n'ai pas envie de revivre ces événements terrifiants, c'est tout !

Il ne pouvait l'en blâmer. Tout comme il comprenait l'amertume de sa mère. Katarina avait raison : il avait été absent quand son enfant avait failli mourir et maintenant, il surgissait dans leur vie à l'improviste, menaçant de bouleverser le monde que Gabriella avait vaillamment construit pour elle et son enfant.

— Le pire, reprit-elle, c'était de savoir que Sierra devait être opérée, mais de ne pas être certaine que les médecins effectueraient l'opération.

— Pourquoi ? Parce qu'elle était trop jeune ?

Elle secoua la tête.

— Non, parce que je n'avais pas les moyens de payer. Je n'avais ni mutuelle ni économies... Je n'avais rien d'autre que mon enfant, et j'avais tellement peur de la perdre.

Il préférait ne pas imaginer... Même aujourd'hui, alors qu'il ne connaissait sa fille que depuis quelques semaines, il aurait été anéanti si un malheur lui arrivait. Alors pour une mère ayant porté son enfant pendant neuf mois, apprendre que le fruit de ses entrailles pouvait peut-être mourir, ce devait être insupportable.

— Mais finalement, l'opération a eu lieu, dit-il, s'efforçant d'être positif.

— J'aurais fait n'importe quoi pour sauver Sierra.

Son ton lui donna soudain à penser que l'histoire comportait des détails qu'elle lui dissimulait.

— Malgré tout, tu n'es pas venue me voir. Pourquoi ?

— Je ne pouvais pas...

Quelque chose lui échappait. Elle savait que l'argent n'était pas un problème pour lui. Evidement, après la façon dont leur relation s'était terminée, elle avait pensé qu'elle ne pouvait pas compter sur lui. Pourtant, elle venait d'admettre qu'elle aurait été prête à tout, dans son désespoir…

— Pourquoi ? répéta-t-il.

Elle croisa son regard.

— J'avais passé un pacte avec ta mère, dit-elle d'un ton neutre.

Gabriella refusait d'éprouver la moindre culpabilité. Quand la princesse royale était venue lui rendre visite à l'hôpital, pour lui proposer l'argent de l'opération contre son silence, elle avait accepté sans se poser la moindre question.

Elena Leandres lui avait déclaré qu'elle ne pensait pas un seul instant que Sierra était la fille de Cameron, même si elle était au courant de leur brève relation. Elle surveillait son fils de près. Elle avait averti Gabriella des dégâts qu'elle causerait si elle osait répandre une telle rumeur.

Par ailleurs, que vaudrait sa version, contre la parole royale ? Si la princesse affirmait qu'elle avait couché avec une douzaine d'hommes et que chacun pouvait être le père de son enfant, elle trouverait quantité de témoins pour appuyer ses dires.

Même si la situation relevait de la plus grande injustice, Gabriella n'avait pas envie de se battre. A quoi bon ? Pourquoi mettre le nom de Cameron sur le certificat de naissance alors qu'il lui avait clairement fait comprendre qu'il ne voulait rien savoir du bébé qu'elle portait ? Aussi avait-elle écrit « Inconnu », à la rubrique Père et la princesse lui avait assuré qu'elle lui procurerait l'argent pour l'opération.

C'était un pacte tout à fait équitable, avait-elle pensé, à l'époque. Et si des doutes l'avaient assaillie, au cours des années suivantes, il lui avait suffi de regarder sa fille heureuse et en bonne santé pour que ses tiraillements se dissipent.

Après la confession de Gabriella, toutes les pièces se remirent en place dans le cerveau de Cameron, comme un puzzle qui prend forme. Depuis qu'il connaissait l'existence de sa fille, il s'était à maintes reprises demandé comment Gabriella avait pu la lui cacher pendant toutes ces années. Maintenant, il comprenait. Alors qu'il avait quitté la fête et qu'il parcourait les rues sinueuses et familières qui menaient chez sa mère, il était toujours animé par le même sentiment de colère et de frustration...

Elena s'était déjà retirée dans sa chambre, lui apprit le majordome. Il savait que sa mère ne serait pas contente qu'il la dérange, mais il s'en fichait. Il n'attendit d'ailleurs pas davantage dans le boudoir, comme le lui suggéra le domestique. Il avait déjà attendu trop longtemps.

Elena enfilait sa robe de chambre quand il ouvrit la porte de sa suite. Elle lui lança un regard courroucé.

— Franchement, Cameron, tu as la moindre idée de l'heure qu'il est ?

— Il est minuit, et hier, c'était les seize ans de ma fille, répondit-il.

Elena, qui s'apprêtait à nouer sa robe de chambre, s'arrêta.

— Alors tu sais.

Il la fixait, incrédule.

— C'est tout ce que tu trouves à dire ?

— S'il ne tenait qu'à moi, nous n'aurions pas cette discussion, dit-elle.

— Comment as-tu pu te taire ? Tu savais que Gabriella

avait donné naissance à mon enfant — ta petite-fille — et tu as gardé le silence pendant toutes ces années !

Elena souffla avec dédain.

— Ce que j'ai compris, c'est que tu avais fait preuve de bien peu de bon sens en sortant avec une serveuse, rien de moins, qui plus tard a eu un enfant. Je n'avais aucun moyen de vérifier que c'était bien le tien.

— Et pourtant, tu as rendu visite à Gabriella, à l'hôpital, pour voir le bébé.

— J'étais curieuse.

— Au point de faire établir un test ADN de l'enfant ?

— Je n'ai pas à me justifier.

Il secoua la tête. Sa mère était manipulatrice et égocentrique, et pourtant, durant le trajet qui l'avait mené jusque-là, il avait espéré qu'elle lui fournirait une explication rationnelle.

— C'était ma fille et tu le savais.

— Tu étais immature et irresponsable, rétorqua-t-elle. Oh, je ne t'en fais pas le reproche ! C'est le lot de nombreux jeunes gens. Mais je ne voulais pas que tu sois condamné à payer tes erreurs de jeunesse pour le reste de ta vie.

— Mais cela t'était égal que ce soit Gabriella qui paie ?

— Elle voulait un enfant, non ?

— Et moi, comment peux-tu affirmer que je n'en voulais pas ?

Elle eut un rire dur.

— Tu n'étais toi-même qu'un enfant, pas prêt ni désireux d'endosser des responsabilités pour quelqu'un d'autre.

— Ce n'était pas à toi d'en décider.

— Tu avais déjà fait ton choix en rompant avec cette petite traînée.

Il serra les poings et expira lentement, pour se calmer.

— Ce n'était pas une traînée ! C'est la mère de mon enfant, et j'entends que tu parles d'elle avec respect, dit-il, prenant soin d'articuler chaque syllabe.

— Je suis ta mère et j'entends que tu me parles avec respect, répliqua-t-elle d'un ton coupant.

— Penser à tous tes mensonges et à tes manipulations me rend malade.

— J'ai fait ce qui était le mieux pour toi et notre famille.

— Ma fille fait partie de *notre* famille !

Elena plissa les yeux.

— Tu as travaillé dur pour arriver là où tu es, lui dit-elle. A ton avis, quelle sera ton image dans la presse et que deviendra ta carrière quand tu annonceras que tu as eu une enfant illégitime ?

— Et tu crois que je m'en soucie ?

— Si ce n'est pas le cas, tu es encore plus fou que je ne le pensais. Oh ! C'est sans doute en partie ma faute, dit-elle. Je t'ai laissé jouer les princes gâtés pendant trop longtemps, pensant que tu trouverais un jour ta voix. Et j'ai cru que c'était le cas, quand tu as rejoint le cabinet de Rowan. Mais cette fascination qui renaît pour cette Gabriella, comme ta soudaine détermination à être un père pour son enfant, me prouvent que tu es plus que jamais dans le flou.

— Je crois au contraire que je n'ai jamais vu si clair, répondit-il.

— Eloigne-toi d'elle, sans quoi tu vas tout perdre, dit-elle d'un ton plein de menaces.

Mais ce fut de sa mère que Cameron s'éloigna.

Il venait de comprendre que Gabriella et Sierra étaient les seules personnes au monde qui comptaient pour lui. Il n'allait certainement pas les abandonner, pas plus qu'il ne renoncerait au futur qu'il envisageait de construire avec elles. Il ne commettrait pas deux fois la même erreur.

Après le départ de Cameron, Elena se réfugia dans sa bibliothèque et s'assit à son bureau, en attendant le rapport de son responsable de sécurité. Comme elle réfléchissait à la meilleure marche à suivre, son regard tomba sur un cadre de photos en argent. C'était un présent de son défunt mari. Il contenait une photo de leurs trois enfants.

Elle avait eu la chance d'avoir deux fils pour qui elle avait nourri de grands rêves et des ambitions tout aussi grandioses. Malheureusement, son désespoir avait été à la mesure de ses projets initiaux quand Michael d'abord et Cameron ensuite avaient décidé de mener leur vie comme ils l'entendaient. Même si elle en avait éprouvé une grande frustration, elle ne pouvait pas prétendre ignorer d'où venait leur esprit rebelle, elle-même ayant défié son père pour épouser un propriétaire terrien.

A l'époque, tout lui paraissait si romantique. Elle avait réellement aimé Gaetan — du moins au début. A sa mort, à quarante-sept ans, elle avait bien sûr porté le deuil, puis elle avait ressenti un immense sentiment de soulagement. La réalité avait eu raison de ses visions de l'amour idéal et il n'avait pas toujours été facile de partager la vie d'un homme aux ambitions si différentes des siennes, notamment en ce qui concernait leurs fils.

Il était mort depuis longtemps quand elle avait soumis un plan à Michael pour qu'il puisse accéder au trône. Celui-ci avait refusé tout net. Elle avait tenté de lui prouver que le projet était bien plus excitant que son agence de publicité, mais il n'avait rien voulu entendre.

Sa carrière lui plaisait et, avec sa femme, c'était ce qui comptait le plus au monde pour lui.

Il ne prévoyait même pas d'avoir des enfants, ce qu'Elena considérait comme une véritable trahison. En tant que fils aîné, il avait le devoir d'engendrer un héritier, pour que la lignée ne s'éteigne pas. Elle était finalement parvenue à persuader Samantha, sa belle-fille, du bien-fondé de ses vues. Par malchance, celle-ci avait accouché d'une fille et était morte quelques heures plus tard, laissant à Michael le fardeau d'un enfant de sexe féminin.

Le décès de sa femme l'avait durement atteint, et elle se demandait s'il s'en remettrait un jour, lorsque ses pensées se focalisèrent sur son cadet. Cameron avait toujours été plus malléable, plus désireux de lui faire plaisir. Dans sa jeunesse, il s'était montré parfois irresponsable et imprudent, mais dans l'ensemble, il avait répondu à ses attentes. La seule véritable exception avait été cette brève période, à l'université, où il était sorti en secret avec Gabriella. Elle était parvenue à lui démontrer l'erreur qu'il s'apprêtait à commettre et l'avait convaincu qu'il était appelé à un destin autrement plus grand.

Elle ne regrettait pas que l'existence de son enfant soit restée secrète pendant seize ans. Ce qu'elle déplorait, c'était qu'il l'ait retrouvé, le pire étant qu'il avait l'intention de rendre l'information publique. Il courait au-devant d'un désastre, comment ne s'en rendait-il pas compte ? Il avait si souvent frôlé le scandale ! Il était fort probable que la révélation de cette erreur de jeunesse enterre à jamais sa carrière politique.

Elena n'avait rien contre le fait qu'il soit père, même si, naturellement, elle était déçue par le sexe de l'enfant. Il était quand même incroyable que ses deux fils aient engendré des filles, à croire qu'ils l'avaient fait exprès ! Michael, au moins, était marié à la mère de sa fille et même si elle n'avait jamais entretenu de relations proches avec Samantha, celle-ci venait d'une bonne famille, et était fort respectueuse de la lignée des Leandres.

Avec Gabriella Vasquez, c'était une tout autre histoire ! Il s'agissait d'une serveuse, qui avait vu en Cameron un passeport pour une vie facile. La rapidité avec laquelle elle avait accepté son argent en échange de son silence en était la preuve éclatante. Et maintenant, seize ans plus tard, elle espérait pouvoir renier son pacte sans conséquence ?

Il n'en était certainement pas question !

9

En général, Gabriella se levait en même temps que le soleil, mais, le lendemain de l'anniversaire de Sierra, elle dormit beaucoup plus longtemps. Si tard, en fait, que ce fut sa mère qui la tira du sommeil en venant frapper à sa chambre. Elle se redressa, encore tout endormie, quand Katarina passa la tête dans l'entrebâillement de la porte.

— Quelle heure est-il ? demanda-t-elle en se frottant les yeux.

— Presque l'heure pour moi de partir à la messe, répondit sa mère.

Elle entra dans sa chambre et ajouta :

— Mais je tenais à voir si tu allais bien.

— Oui, oui. Je suis plus fatiguée que je ne le croyais, c'est tout.

— C'était une journée chargée. Et forte en émotions.

Gabriella se contenta d'acquiescer.

— Je veux dire, avec ton prince.

— Ce n'est pas *mon* prince. Et j'imagine tout à fait ce que tu peux ressentir envers lui.

— Je t'en ai tellement voulu de m'avoir caché son identité.

— Je ne pouvais pas te la révéler. Je t'imaginais déjà te précipiter aux portes du palais, exiger que Cameron m'épouse et donne son nom à mon enfant.

— C'est ce qui aurait dû se passer, dit Katarina.

— Nous étions tous les deux trop jeunes pour nous marier.

— Mais assez âgés pour faire des enfants !

Gabriella soupira.

— Tu ne crois pas que je suis un peu trop âgée, justement, pour ce genre de sermon, *madre* ?

Katarina haussa les épaules.

— Peut-être... Seulement, quand je regarde Sierra aujourd'hui, je te revois au même âge, et j'en suis effrayée. Elle est si belle, si déterminée... Je ne voudrais pas qu'elle suive la voix de son cœur et qu'on le lui brise.

— Un cœur meurtri guérit toujours.

— Mais toi, tu n'en as jamais aimé un autre, répondit sa mère.

Gabriella pensa furtivement à Rafe et voulut protester, mais les mots restèrent coincés dans sa gorge. Sa mère avait raison. En dépit de sa forte envie de construire un avenir avec lui, elle n'avait pas été capable de l'aimer, parce que, des années auparavant, elle avait donné son cœur à un autre...

Mais il était inutile de repenser à tout cela ! Elle avait déjà perdu de si nombreuses heures à ruminer le passé, à imaginer ce qu'aurait été la vie, si Cameron et elle s'étaient mariés. Il fallait voir le côté positif des choses.

— Il m'a donné une fille, dit-elle avec douceur. Et c'est le soleil de ma vie.

Katarina lui adressa un tendre sourire et Gabriella s'autorisa à lui ouvrir son cœur.

— J'ai peur, dit-elle tout à trac.

— De dire à Sierra qui est son père ?

— Non, de la perdre... Il peut lui offrir tellement plus que moi.

— Matériellement, peut-être, répondit Katarina,

mais il ne peut pas l'aimer plus que toi, et rien de ce qu'il pourrait lui offrir ne détériorera le lien solide que vous avez noué au cours des seize années passées.

— Puisses-tu avoir raison.

— Tu crois vraiment qu'il souhaite qu'elle apprenne qu'il est son père ?

— Il le lui aurait déjà dit si je ne l'avais pas convaincu d'attendre.

— Et il a accepté ? Curieux. Il ne me semble pas d'une nature très patiente.

— Bien vu !

— Cela laisse penser qu'il ne cherche peut-être pas simplement à établir une relation avec sa fille.

— Je ne comprends pas ce que tu veux dire… Il doit être trop tôt.

— Trop tôt ? Si je ne me hâte pas, il sera trop tard, oui !

Sur ces mots, Katarina embrassa sa fille et sortit.

Après une longue douche, Gabriella se rendit dans la cuisine où flottaient les bons effluves du café que sa mère avait préparé à son intention. Elle savait que ses amies et ses collègues se demandaient comment leur trio pouvait fonctionner : une femme de trente-quatre ans, vivant avec sa mère et son adolescente de fille. Mais, aussi loin qu'elle se rappelait, Katarina avait été le pilier sur lequel elle pouvait se reposer.

Elle l'avait toujours soutenue, même si, bien sûr, elle n'avait pas apprécié qu'elle tombe enceinte dans de telles conditions. Toutefois, la seule fois où elles s'étaient vraiment disputées, c'était quand elle avait refusé de lui dire le nom du père.

En réalité, elle ne lui avait avoué depuis quelques semaines, après la première visite de Cameron. Et, étant donné la réaction de Katarina, elle s'était félicitée d'avoir gardé le secret si longtemps !

Toujours est-il que le fameux secret était sur le point d'être révélé à tout le monde. Et elle se demandait bien comment la princesse royale allait réagir.

Elle avait tenu sa promesse de ne rien dire. Mais elle n'avait pas imaginé que Cameron mènerait sa propre enquête ! Pas plus, sans doute, qu'Elena aurait envisagé un tel intérêt de la part de son fils.

La sonnette retentit alors qu'elle se remplissait un nouveau mug de café. Elle l'emporta pour aller ouvrir. Cameron se tenait sur le seuil. Elle s'effaça spontanément pour le laisser entrer, contrairement à ce qui s'était passé lors de sa première visite.

— Du café ? demanda-t-elle.

— Volontiers.

Elle retourna dans la cuisine où il la suivit.

— Du lait ? Du sucre ?

— Non, je le préfère noir.

Elle jeta un coup d'œil par-dessus son épaule et le vit s'asseoir sur une chaise, abattu.

— On dirait que tu as eu une nuit difficile, dit-elle.

— Je n'ai pas fermé l'œil, dit-il, sincère.

Elle poussa le mug vers lui, sur la table.

— Je ne suis même pas rentré chez moi. Après vous avoir quittées, je me suis rendu directement chez ma mère. Puis j'ai passé la nuit à conduire.

— Toute la nuit ?

— J'avais besoin de réfléchir.

— Tu veux manger quelque chose ? Des œufs brouillés ?

Il leva les yeux vers elle, l'ombre d'un sourire aux lèvres.

— Je dois vraiment avoir une tête épouvantable pour que tu te proposes de cuisiner pour moi.

— Des œufs brouillés, ce n'est pas vraiment de la cuisine.

— Dans ce cas, j'accepte.

Gabriella sortit les œufs du réfrigérateur, les cassa dans un saladier, et ajouta du lait ainsi que du sel et du poivre avant de fouetter le tout.

— Pour une personne qui prétend ne pas savoir cuisiner, tu ne te débrouilles pas mal, dit-il, amusé.

— Je connais le b-a, ba, fit-elle en posant sa poêle à frire sur la plaque de cuisson.

Quelques minutes plus tard, Cameron se délectait de ses œufs brouillés. Quand il n'en resta plus trace dans son assiette, il déclara :

— Je te dois des excuses, Gabriella…

— Je préférerais que l'on réfléchisse au présent, au lieu de ressasser le passé.

— C'est très généreux à toi, tu sais, mais…

— Pas particulièrement ! Moi aussi, j'ai ma part de responsabilité.

— Très bien, dit-il. Concentrons-nous sur le présent. Où en sommes-nous ?

Elle entoura son mug de ses mains.

— Je sais que tu souhaites que Sierra sache rapidement qui tu es, dit-elle d'une voix prudente.

— Exact. Mais il est peut-être préférable que nous passions d'abord un peu de temps ensemble, sans l'étiquette père/fille suspendue comme une épée de Damoclès au-dessus de nos têtes.

— Tu as tout à fait raison.

— Est-ce qu'elle aime faire du bateau ?

— Elle n'en a jamais fait. Mais elle est toujours partante pour de nouvelles activités.

— On pourrait prévoir une sortie en mer mercredi prochain, alors ?

— Mercredi ?

— C'est bien les vacances, non ?

Elle opina du chef.

— Oui, Sierra a passé son dernier examen, vendredi matin.

— Parfait ! Je pourrai me libérer vers midi. Il y aura moins de trafic maritime que le week-end.

Il n'avait même pas pensé à la questionner sur son emploi du temps à elle ! Mais il était vrai que son agenda était flexible et l'idée de passer un après-midi en mer était plus tentante que de rester derrière son ordinateur.

— Tu veux que je prépare un pique-nique ?

— Non, mon chef cuisinier s'en chargera.

— Je comprends, ma salade de riz au thon ne fait pas le poids !

— Je ne voulais pas t'offenser, dit-il.

— Je ne le suis pas, cela me rappelle juste que tu ne vis pas comme le commun des mortels.

Et il était bon qu'elle s'en souvienne, ou elle pourrait prendre une voie dangereuse.

— Je peux le renvoyer, pour que tu te sentes plus à l'aise, dit-il, moqueur.

Elle le foudroya du regard, tandis qu'il poursuivait :

— Je ne comprends pas pourquoi mon titre et mon statut te posent un tel problème.

— Parce que tu es de l'autre côté de la barrière et que tu es de sang bleu.

— Pas aussi bleu qu'Elena veut bien le proclamer. Mon père était un simple propriétaire terrien, leur mariage a suscité un énorme scandale.

— Elle devait vraiment être amoureuse, dit-elle, pensive.

Difficile pourtant d'imaginer que cette femme sans cœur, qui lui avait fait un odieux chantage au sujet de Sierra, ait été capable de s'intéresser à quelqu'un d'autre qu'à elle-même.

— Ou elle avait envie de défier son père, dit-il, pensif.

Voilà qui était un scénario nettement plus plausible, pensa-t-elle avant de demander :

— Est-ce pour la même raison que tu es sorti avec moi ?

— Je ne vois pas le rapport, dit-il patiemment. Je suis sorti avec toi parce que tu étais belle, sexy et intelligente. Et parce que, dès que j'ai posé les yeux sur toi, j'ai été envoûté.

Elle avait envie d'y croire, de croire en lui. Mais elle se rappelait aussi combien il était prudent, à l'époque, s'assurant constamment qu'on ne les voie jamais ensemble.

Elle pensait qu'il la protégeait des médias ; plus tard, elle avait compris que c'était lui qu'il protégeait. Cela n'aurait-il pas entaché son image, d'être vu en compagnie d'une serveuse ?

Seize ans plus tard, peu de choses avaient changé. Même si le « prince noceur » ne faisait plus aussi souvent la une des journaux que dix ans plus tôt, on le photographiait toujours en compagnie des femmes les plus belles et les plus fortunées du monde. Gabriella n'entrait dans aucune de ces catégories. Elle était une mère célibataire qui avait obtenu son diplôme de journaliste tout en changeant les couches de sa fille ; le simple fait que celle-ci soit *aussi* l'enfant du prince ne pouvait, d'un coup de baguette magique, effacer la distance qui séparait leurs deux mondes.

— Combien de personnes travaillent pour toi, sur le yacht ? demanda-t-elle.

— Trois.

— Tu leur fais confiance ?

— Absolument, lui dit-il sans l'ombre d'une hésitation.

— Très bien, alors rendez-vous mercredi, aux alentours de midi.

*
* *

Le mardi, l'accord commercial qui existait depuis si longtemps entre Tesoro del Mar et Ardena fut officiellement renouvelé. Après la signature, Cameron se rendit dans le bureau du prince régent.

— Demain après-midi, je fais l'école buissonnière, lui annonça-t-il.

— Si tu m'avertis, ce n'est pas vraiment l'école buissonnière. Mais tu estimes manifestement préférable de me prévenir.

— C'est vrai. Je ne souhaite pas te voir découvrir des photos de moi ou de mes invitées dans la presse… Je vais passer l'après-midi sur mon yacht, en compagnie de Gabriella Vasquez et de sa fille, Sierra, qui est aussi ma fille.

Le prince régent releva brusquement les sourcils.

— Ta fille ? Ecoute, Cameron, ta vie personnelle ne me regarde pas, sauf si elle a des répercussions sur mon cabinet. Je te rappelle que lorsque je t'ai proposé ce poste, tu m'as assuré que ta vie de play-boy insouciant était derrière toi.

— Et j'étais sérieux !

— Dans ces conditions, comment se fait-il que tu te retrouves avec un enfant sur les bras ?

Rowan avait l'air furieux et Cameron ne pouvait le blâmer de sa réaction, d'autant que le prince régent l'avait nommé à ce poste contre l'avis de ses principaux conseillers, et sans doute de ses frères.

— C'était une erreur de jeunesse.

— Franchement, Cameron, tu as trente-six ans et…

— Et elle en a seize !

Son cousin blêmit.

— La mère ?

— *Dios*, non ! Ma fille.

— Ouf, j'ai vraiment eu peur, dit Rowan.

— Comment as-tu pu penser que… ? Rien que l'idée me répugne.

— Désolé. Je suppose que je suis encore traumatisé par l'article sur la fille du roi.

— J'ai appris récemment l'existence de Sierra, lui expliqua Cameron. Gabriella et moi préférons garder le silence sur ma paternité jusqu'à ce que nous trouvions le moment propice pour lui annoncer.

— Combien de personnes sont au courant ?

— A part Gabriella et moi, il y a sa mère à elle, la mienne, Marissa, et toi maintenant.

— Comment ta mère a-t-elle pris la nouvelle ?

— Disons que pour elle, ce n'était pas une nouvelle.

En repensant aux mensonges d'Elena, il sentit la colère renaître en lui.

Rowan, qui connaissait les manipulations et manigances dont Elena était coutumière, se contenta de hocher la tête.

— Je te conseille de ne pas attendre trop longtemps pour mettre ta fille au courant, dit-il néanmoins. En général, les secrets éclatent quand on s'y attend le moins.

Une vérité que Cameron ne connaissait que trop bien !

— Ah, c'est pas cool ! dit Sierra.

Elle venait d'avoir Beth au téléphone et elles avaient décidé de passer l'après-midi à faire du shopping sur le port, où Paolo devait les rejoindre après son travail. Et voilà que sa mère venait bousculer ses plans en exigeant qu'elle passe la journée avec elle. Ce qui ne lui ressemblait pas car, en général, elle était flexible et très compréhensive, contrairement à la mère de Rachel, par exemple.

Mais cette fois, Gabriella demeura implacable. Et ce n'était pas parce qu'elle souhaitait passer un après-midi en tête à tête avec sa fille ! C'était parce qu'elle voulait qu'elle fasse plus ample connaissance avec le prince Cameron. Evidemment, elle avait été flattée d'apprendre qu'un membre de la famille royale connaissait sa mère, mais de là à ce qu'il s'immisce dans leur vie de cette façon... !

Par curiosité, elle était allée se renseigner sur Google qui, à sa grande surprise, regorgeait d'informations sur le prince. Bien sûr, elle savait qu'il était le fils cadet de la princesse royale Elena Marissa Santiago Leandres et de son mari défunt, Gaetan Rainier Leandres, ce qui faisait de lui le quatorzième sur la liste des prétendants au trône. Il y avait peu de chance pour qu'il gouverne un jour le pays, même si l'éventualité n'était pas complètement exclue. Il avait étudié à Cambridge et il avait été récemment nommé ministre du commerce.

A part ces renseignements sérieux, tout ce qu'elle avait trouvé sur lui relevait du commérage : des photos de ses conquêtes, des rumeurs de fiançailles, des détails sur ses ruptures. Il était sorti avec de nombreuses femmes, mais jamais très longtemps et même si la moitié de ce qu'elle lisait était infondé (elle avait assez de bon sens pour ne pas croire tout ce qui était publié sur le Net), elle était néanmoins inquiète de l'intérêt qu'il témoignait à sa mère.

Gabriella était aussi belle que les femmes avec qui il sortait habituellement, mais elle n'appartenait pas à la même sphère. Elle n'était pas une vedette et elle ne passait pas son temps dans les instituts de beauté. Comment sa mère avait-elle bien pu attirer l'attention du prince ? Après tout, même si elle était contrariée de changer ses plans, c'était peut-être préférable : cela lui permettrait de garder un œil sur la situation.

Gabriella était en train de recouvrir son assiette de brownies d'un film plastique.

— Je pensais qu'une sortie en mer te plairait, dit-elle.

— Avec ma mère et son nouveau petit ami ? demanda Sierra, un rien sarcastique.

— Ce n'est pas ce que tu crois. Cameron et moi sommes de simples amis.

Qui essayait-elle de convaincre ? se demanda Gabriella. Elle-même ou sa fille ?

— Ecoute, maman, je n'ai peut-être que seize ans, mais je ne suis pas tout à fait idiote. Tu es sortie pendant six mois avec Rafe avant de l'inviter à la maison. Et voilà que ce prince débarque dans ta vie et que tu fais tout pour que nous fassions plus ample connaissance… En fait, tu veux que je te serve de chaperon, c'est ça ? Pour qu'il ne te mette pas de pression ?

Gabriella rejeta ses cheveux en arrière et lança un regard noir à sa fille.

— Tu as vraiment trop d'imagination, Sierra.

— Pas du tout. J'ai bien vu la façon dont il te regardait, tu sais.

— Je n'ai pas peur que Cameron ne se comporte pas convenablement, dit Gabriella.

— Parce qu'il te plaît autant que tu lui plais ?

— Sierra ! Je ne te permets pas !

Quand sa mère prenait ce ton, Sierra n'insistait pas en général. En l'occurrence, la rougeur sur les joues de Gabriella était suspecte. Elle concevait tout à fait que celle-ci soit attirée par Cameron. Il était réellement très beau, pour un homme de son âge, et c'était un vrai prince. Mais il était évident que sa mère lui cachait quelque chose ! Elle n'allait pas en rester là.

Hélas ! Elle n'eut pas le temps d'aller plus loin, car Cameron sonnait à la porte.

10

Vingt minutes plus tard, ils se retrouvèrent sur le port. Sierra ne voulait pas paraître impressionnée, mais il était sincèrement difficile de ne pas l'être ! Elle n'aurait jamais imaginé qu'un yacht soit si spacieux, si merveilleux... Il brillait sous le soleil de l'après-midi comme une perle blanche sur les eaux bleu saphir.

Quand elle posa le pied sur le pont de bois lustré, elle eut la sensation de pénétrer dans un autre monde...

Cameron leur fit rapidement visiter les lieux. Elle pensait qu'à l'intérieur, il ferait sombre, mais ce n'était pas du tout le cas. La lumière naturelle du jour entrait par de larges baies, de chaque côté du yacht. L'immense salon comportait des placards et des tables de bois poli, ainsi que des sièges et des canapés en cuir dans lesquels on pouvait se prélasser devant un impressionnant écran de télévision. La pièce ouvrait sur un petit bureau, puis venait la suite du propriétaire, sans compter deux chambres d'amis, chacune dotée d'une salle de bainss privée, et enfin un quartier séparé réservé à l'équipage.

Tandis qu'ils faisaient le tour du propriétaire, le yacht avait quitté le port. Quand ils revinrent sur le pont, Sierra fut surprise de la distance parcourue. Tesoro del Mar semblait déjà si loin !

— Est-ce que vous avez faim ? demanda Cameron.

— On meurt de faim ! répondit aussitôt Gabriella.

— Parfait ! dit-il en souriant de toutes ses belles dents blanches. Emilio a dressé la table de l'autre côté, sur le pont. A moins que vous ne préfériez manger à l'intérieur.

— Oh non ! Dehors ! dit Sierra, enthousiaste.

— Et toi, Gabriella ? demanda Cameron.

Son ton caressant fit légèrement rougir l'intéressée, ce qui n'échappa pas à sa fille.

— Sur le pont, c'est parfait, dit-elle.

La table avait été dressée pour trois. La nappe comme les serviettes étaient en tissu, la vaisselle en porcelaine et les couverts en argent. Une table de festin, pensa Sierra.

Durant le repas, Cameron et sa mère discutèrent de choses et d'autres, comme s'ils étaient vraiment de vieux amis. Finalement, c'était peut-être le cas, se dit-elle, jusqu'à ce qu'il effleure le dos de sa main et que Gabriella en laisse tomber sa fourchette. Alors elle comprit qu'elle ne s'était pas trompée : il y avait bien quelque chose entre eux !

— Est-ce que tu aimes nager, Sierra ? demanda brusquement Cameron.

Elle hocha la tête, en signe d'approbation.

— Tu pourras piquer une tête, après le repas, lui dit Cameron. L'eau est divine, par ici.

Naturellement, cela l'arrangeait bien qu'elle aille nager : il pourrait ainsi passer à la vitesse supérieure avec sa mère ! L'idée lui déplut et elle leva le poignet.

— Le problème, c'est qu'aujourd'hui, à cause de mon plâtre, je ne peux pas nager.

— Le docteur m'a donné un manchon étanche, si tu veux te baigner, lui dit sa mère.

— Tu préfères le jet-ski ? demanda le prince.

— Du jet-ski ? répéta Sierra, nettement plus intéressée.

— Si ta mère n'a rien contre, bien sûr, s'empressa-t-il d'ajouter.

— Pas de problème, tant que tu protèges ton plâtre et que tu portes une brassière, dit Gabriella.

— Impressionnant ! dit Cameron.

La table avait été desservie et ils sirotaient le reste de leur vin en regardant Sierra qui, dûment harnachée, évoluait sur l'eau.

— Elle adore l'eau depuis toujours, dit sa mère.

— Cela se voit, mais ce n'est pas d'elle que je parlais.

Gabriella lui jeta un coup d'œil.

— De quoi, alors ?

— De la façon dont vous communiquez sans même avoir à parler.

— Cela ne va pas toujours de soi, tu sais. D'ailleurs, aujourd'hui, elle n'est pas très facile, et je t'en présente mes excuses. Elle s'est mise en tête que nous étions plus que des amis…

— Nous sommes plus que des amis, répondit-il d'une voix calme.

Elle s'empara nerveusement de son verre.

— Nous avons un passé, corrigea-t-elle.

— Je crois comprendre pourquoi elle est inquiète.

Elle lui lança un regard étonné.

— Ta fille est plus perspicace que toi, Gabriella.

— Cameron !

— Gabriella !

Elle leva un sourcil interrogatif devant son ton amusé.

— Après le baiser que nous avons échangé au parc, tu doutes toujours que je sois attiré par toi ?

— Je suis une femme, après tout, et tu es un don Juan.

Il se rapprocha d'elle.

— A quel jeu joues-tu avec moi ? Tu veux me rendre fou ?

— Cameron, ne t'ai-je pas dit que tu perdais ton temps ?

— Je ne crois pas que tu le penses.

Elle déglutit avec difficulté, et tourna la tête.

— Je ne peux pas prendre le risque d'une relation avec toi, dit-elle dans un souffle.

— A cause de Sierra ?

— Je veux qu'elle apprenne à te connaître et à t'apprécier, mais il ne faut pas lui faire croire que nous allons former une famille, tous les trois.

— Parce que toi-même tu n'en as pas envie ?

S'il avait su que c'était précisément ce qu'elle désirait le plus au monde ! Mais elle ne pouvait pas le lui avouer. Il lui avait déjà brisé le cœur une fois, elle n'allait pas lui redonner un tel pouvoir sur elle.

— J'essaie d'être réaliste, Cameron.

— On surestime la réalité…

— … dit le prince depuis sa tour d'ivoire !

— Je reconnais que mon statut me confère des avantages, dit-il. Mais il présente aussi beaucoup de défis.

— Qui ne relèvent pas du domaine matériel, comme se demander comment on va payer sa facture d'électricité !

— Je sais que tu as dû te battre pour élever Sierra et que la vie n'a pas toujours été facile pour toi. Et même si je te dis aujourd'hui que j'aurais aimé t'aider, cela ne change rien. Parce que je t'ai repoussée, quand tu es venue vers moi…

— C'était il y a longtemps ! N'en parlons plus.

Gentiment, il attrapa l'une de ses boucles et l'enroula autour de son doigt. Ce geste inattendu la troubla.

— Pourtant, tu n'as rien oublié, dit-il.

Il relâcha sa mèche et elle leva les yeux vers lui.

— Que veux-tu dire ?

— Tu ne cesses d'affirmer qu'il ne sert à rien de

revenir sur le passé, que c'est le futur qui compte. Mais tu refuses d'envisager un avenir avec moi parce que tu n'as pas surmonté le passé, Gabriella.

— Tu ne m'as pas habituée à faire des projets, Cameron, lui dit-elle d'une voix rauque.

Il lui lança un long regard insondable et, sur une impulsion, se pencha vers elle. Elle posa aussitôt sa main sur son torse.

— Non, Cameron, ne joue pas avec moi, s'il te plaît !

— Tu penses que c'est ce que je fais ?

— Je ne sais pas… Je ne suis pas en mesure de penser, en ce moment. Tu nous avais invitées pour passer du temps avec Sierra et…

— … et avec toi.

Il lui adressa un regard si intense qu'elle le crut et se sentit gagnée par la faim qui le consumait.

— C'est une erreur, dit-elle.

Mais, avant même qu'elle n'ait terminé sa phrase, elle agrippa sa chemise, là où elle avait posé la main…

Cameron pressa sa bouche contre la sienne, l'envoûtant, et elle entrouvrit les lèvres, tout naturellement. Tous deux sentaient le vin d'Italie qu'ils avaient bu au déjeuner, mais l'odeur plus sombre et plus puissante de la passion dominait… Elle laissa glisser sa main sur ses épaules, et caressa ses cheveux qui effleuraient son col. Ils étaient doux et soyeux, contrastant avec son corps musclé et nerveux qu'il serrait contre elle.

Elle se sentit tout à coup totalement vulnérable. Mais elle était également brûlante… Un léger vertige la saisit… Elle aurait aimé en rejeter la responsabilité sur le soleil de la Méditerranée. Pure illusion ! Sa réaction n'avait rien à voir avec la chaleur et la mer, elle était due à l'homme qui l'embrassait. Elle avait toujours perdu la tête dans ses bras, se donnant entièrement à lui, incapable de résister à ses pulsions. Et si, autrefois, elle avait cédé à l'excitation et laissé la passion la consumer sans aucune arrière-pensée, elle était aujourd'hui honteuse de la profondeur des émotions qu'elle ressentait pour un homme qui lui avait brisé le cœur.

Il avait coutume d'obtenir tout ce qu'il désirait, quand il le voulait, y compris les femmes. Elle avait été l'une d'elles — consentante et heureuse, c'était indéniable —, mais on ne l'y prendrait plus. A commencer parce qu'elle devait être un exemple pour sa fille… Sa fille qui pouvait d'un moment à l'autre revenir sur le bateau !

A cette pensée, elle se détacha de lui.

— Non, nous ne devons pas ! lui dit-elle.

— Mais nous sommes faits l'un pour l'autre.

— Nos corps le sont, dit-elle, le rectifiant. Mais je ne peux pas séparer les désirs de mon corps, et les besoins de mon cœur.

— Et tu crois que moi, j'en suis capable ?

— Le passé parle de lui-même.

— Tu n'as rien oublié, quoi que tu puisses dire.

— Je parlais de ta réputation, pas de notre liaison.

— Et à ton avis, elle est méritée ?

— Cameron, je suis journaliste. Je sais que l'information est parfois biaisée, la vérité déformée, et que les unes sont exagérées. Mais je sais aussi que tu es sorti avec plus de femmes l'année dernière que je n'ai connu d'hommes dans ma vie entière.

Cameron ne s'était jamais vraiment soucié de sa réputation, ni de la vision faussée qu'en donnaient les médias. Il aimait la compagnie des femmes et il s'estimait heureux que la réciproque soit vraie.

— Aucune des femmes avec qui je suis sorti n'a

réussi à te chasser de mon cœur et de ma mémoire, dit-il spontanément.

— Cameron, cela fait seize ans que nous ne nous sommes pas revus ! dit-elle avec patience. Et tu ne te souvenais sans doute plus de moi jusqu'à la publication des photos te montrant en compagnie de la princesse Leticia.

Elle se trompait, mais comment la convaincre du contraire ? Il ne pouvait lui en vouloir d'être sceptique. Après le week-end passé à Cielo del Norte, il s'était rendu compte qu'il était fou amoureux d'elle et il avait paniqué. Il n'avait que vingt ans, il était encore à l'université, sans dessein précis pour l'avenir. Que savait-il de l'amour ? Comment pouvait-il affirmer que c'était elle la femme de sa vie, alors qu'il y avait tant de femmes dans le monde ? Tant de femmes qui recherchaient ses faveurs…

Il avait préféré prendre du temps pour réfléchir, se promettant de la rappeler. Mais il n'en avait rien fait. Pour impatient qu'il avait été d'entendre sa voix, il avait refusé de céder à l'appel de la belle sirène, refusé de s'avouer à lui-même à quel point il avait besoin d'elle. L'aveu aurait été synonyme de faiblesse et, en tant que membre de la famille royale, il ne pouvait se permettre un tel luxe.

Le jour où elle l'avait cherché sur le campus, il avait réellement été heureux de la voir. Pourtant, il avait prétendu ne plus se souvenir de son nom. Il avait été délibérément cruel avec elle, lui donnant à croire que le temps qu'ils avaient passé ensemble n'avait aucune signification à ses yeux. Malgré tout, elle avait eu le courage de le regarder dans les yeux et de lui confier qu'elle était peut-être enceinte. C'était à ce moment-là que la panique l'avait saisi.

Après quoi, il avait papillonné d'une maîtresse à une autre, dans l'espoir de l'oublier. Avec le temps, son souvenir était imperceptiblement effacé, forcément. Mais dans les bras d'aucune autre femme il n'avait ressenti la même paix, le même bonheur, aucun autre baiser ne l'avait touché comme ceux qu'ils avaient échangés. Seule Gabriella avait su l'aimer de façon inconditionnelle et libre, même si leur liaison avait été brève.

Il s'était comporté comme un idiot. Il avait tellement de temps à rattraper avec elle. Mais l'y autoriserait-elle ? Le passé ne les condamnait-il pas à l'absence d'avenir ?

— J'ai l'impression qu'il va me falloir du temps pour te convaincre que je ne suis pas l'homme que dépeignent les médias.

— Tu n'as pas à me convaincre de quoi que ce soit, répondit-elle. En revanche, quand tu affirmes vouloir nouer une relation avec Sierra, tu as intérêt à être sincère. Depuis l'enfance, elle est en quête d'un père, tu sais, même si elle fait l'indifférente.

— Je serai là pour elle.

« Et pour toi, ajouta-t-il en silence. Même si tu fais l'indifférente ».

Le bruit du jet-ski se rapprocha, signalant le retour de Sierra.

— Si on allait nager ? dit-il. Sierra nous rejoindrait peut-être.

— C'est vrai que la mer est tentante, fit-elle, pensive. Regarde comme elle brille.

— Va te mettre en maillot de bain !

Elle obtempéra, et il l'imita. Tous deux étaient prêts quand Sierra revint. Elle déclina leur invitation à venir nager avec eux, préférant se laisser tomber dans un transat pour écouter de la musique sur son iPod. Cameron n'insista pas et se tourna vers Gabriella.

— Peut-être devrions-nous rentrer, dit-elle. La journée ne se déroule pas vraiment comme tu l'avais espéré.

— Est-ce que je me suis plaint ? A moins que tu ne reviennes sur ta promesse de nager avec moi.

Haussant les épaules, elle dénoua son paréo, qui tomba sur le pont juste aux pieds de Cameron.

A dix-sept ans déjà, Gabriella possédait le type de beauté qui faisait se retourner les hommes sur son passage, et un corps fabuleux qui débridait leur imagination. Lui-même avait passé de longues nuits à fantasmer sur elle avant d'avoir le bonheur de s'étendre sur ce corps lascif et sensuel, de le caresser, de chalouper au-dessus de lui… Elle était encore plus belle, aujourd'hui, plus voluptueuse. Et même si son Bikini n'avait rien d'indécent, le simple fait de la voir dans cette tenue légère lui fouetta le sang…

La situation sentait le soufre… Etait-il sage d'aller nager à moitié nu avec une femme qui lui faisait tourner la tête ? Il ne pouvait pas, hélas, lui avouer ses pensées car elle ne le croirait jamais. Il aurait besoin de temps pour briser la résistance de Gabriella et la convaincre qu'il éprouvait des sentiments pour elle. Entre-temps, il devrait prendre de nombreuses douches froides. Mais pour l'instant, il allait exécuter un plongeon dans la Méditerranée.

Il fendit l'eau, et battit des pieds pour descendre plus bas encore, appréciant la fraîcheur de la mer. Il resta sous l'eau jusqu'à ce qu'à ce que ses poumons lui fassent mal. Alors il remonta brutalement à la surface, et reprit bruyamment son souffle. Ouvrant les yeux, il fut confronté à un spectacle magique : le visage de Gabriella, cheveux mouillés et yeux plissés.

— Ce que tu m'as fait peur, Cameron !

Elle avait éprouvé un immense soulagement quand il avait refait surface, mais son cœur cognait toujours violemment dans sa poitrine. Combien de temps était-il resté sous l'eau ? Au moins une minute, voire plus. Paniquée, elle avait elle aussi plongé. Elle avait mis à trois reprises la tête sous l'eau, ouvrant les yeux malgré le sel.

Cameron plissa le front.

— Pourquoi es-tu toute pâle ?

— Tu es resté une éternité sous l'eau ! Je ne te voyais même pas, je...

— Tu as plongé pour me sauver ? fit-il, amusé.

Elle aurait voulu le gifler. Comment osait-il prendre sa frayeur à la légère ?

— Tu as beau dire, je ne te laisse pas indifférente.

— J'aurais agi de la même façon avec n'importe qui, dit-elle.

— Désolé, Gabriella, je ne cherchais pas à te faire peur.

— Pourtant c'est ce que tu as fait, dit-elle avec une véhémence inattendue. Franchement, Cameron, tu ne te rends pas compte.

— Désolé, répéta-t-il.

Et il effleura sa bouche de la sienne.

Elle aurait aimé s'agripper à lui, le tenir contre elle, sentir la chaleur solide de son corps sous ses paumes. Mais elle se retint, car si elle cédait à son impulsion, elle lui confirmerait ce qu'il soupçonnait : qu'elle avait encore des sentiments pour lui.

— Arrête ! lui dit-elle.

Elle s'écarta de lui. Mais il la rattrapa, emmêlant ses jambes aux siennes. Leurs corps s'épousèrent, et le contact de leurs peaux mouillées fut soudain incroyablement excitant.

— Je n'y arrive pas, dit-il en posant ses mains sur

ses reins, pour l'attirer encore plus près de lui. J'essaie, mais je n'arrive pas à me maîtriser.

Cet homme était décidément trop séduisant, ou elle était encore trop naïve puisqu'elle était presque prête à le croire. Et à admettre qu'elle aussi elle le désirait.

— C'est fou, dit-elle dans un souffle.

— *Tu* m'as toujours rendu fou, renchérit-il.

Il caressa sa joue, son cou…

— Je pensais que nous allions nager.

— C'est encore mieux que nager, non ?

— Cameron, nous ne sommes pas seuls. Ce n'est ni le lieu ni le moment.

— Alors dis-moi quand et où.

Sa voix était entrelacée de désir, soyeuse de promesse, et beaucoup trop tentante. Gabriella fit appel à toute la force de sa résistance pour ne pas chanceler dans ses bras : elle savait où menaient les histoires avec Cameron.

— A t'entendre, on croirait que tout est facile.

— Cela peut l'être, lui répondit-il d'une voix assurée.

Elle secoua la tête, cherchant à se dégager. Quand il la touchait, elle n'était plus en mesure de penser.

— Je ne suis pas une femme facile, Cameron. Je ne le suis plus.

— Je n'ai jamais pensé que tu l'étais. Bien au contraire !

— Je vais remonter, dit-elle en se dirigeant vers le yacht.

— Tu me fuis, dit-il.

Ils nageaient côte à côte, très près l'un de l'autre.

— Non, j'ai un article à envoyer.

Elle gravit les échelons de l'échelle et il l'imita.

— On dîne ensemble ? demanda-t-il comme elle s'enveloppait dans sa serviette.

— Je t'ai dit que je devais travailler.

— Pas ce soir, mais samedi.

Elle hésita.

— Je pense que Sierra a des projets avec Paolo.

— Il ne s'agit pas de Sierra, mais de toi.

— Il faut que je vérifie mon agenda. Et toi, tu es certain d'être libre, dans trois jours ?

— Aucune importance ! Si je ne le suis pas, je me libérerai.

Décidément, il avait toujours eu les bonnes réponses. Mais c'était un joueur, elle ne devait pas l'oublier, et redoubler de prudence.

— Je ne sais pas s'il est bien sage de se montrer en public, dit-elle. Je n'ai pas envie que ma fille apprenne par les journaux que je suis ta dernière conquête.

— *Notre* fille, corrigea-t-il.

Elle lança un regard en direction de Sierra, qui écoutait toujours son iPod et ne leur prêtait pas attention.

— Je te jure que personne ne saura où nous dînons et qu'il n'y aura pas de paparazzi tapi dans l'ombre pour nous prendre en photo.

— Comment peux-tu me faire une telle promesse ?

— Fais-moi confiance, dit-il. Je ne suis pas toujours sous les sunlights, j'ai aussi appris à échapper aux regards.

Elle hésitait toujours.

— 19 heures ?

— Entendu, dit-elle enfin, mais je devrais être rentrée à minuit.

— C'est l'heure du couvre-feu ? demanda-t-il, la voix rieuse.

— Pour Sierra, oui, et je dois être à la maison pour vérifier qu'elle le respecte.

— Alors c'est promis, tu seras de retour à minuit.

11

« Chère Gabby,

» La première fois que je suis tombée amoureuse, j'avais quinze ans. Sans doute étais-je naïve de croire qu'entre Carlos et moi, cela durerait pour la vie, mais il disait qu'il m'aimait, et nous passions des heures à discuter de notre avenir. Après le baccalauréat, nous ne nous sommes pas inscrits à la même université. Toutefois, je continuais à croire que nous nous retrouverions après nos études. Mais quand Carlos est rentré, il en avait épousé une autre.

» J'ai été anéantie et, comme je ne voulais pas qu'on sache que j'avais le cœur brisé, je suis sortie avec un autre homme. Au bout de quelque temps, j'ai voulu croire que j'étais amoureuse de lui. En l'espace de quelques mois, nous étions mariés. Il me fallut peu de temps pour me rendre compte que j'avais commis une terrible erreur, et que j'aimais toujours Carlos.

» Deux ans plus tard, nos chemins se sont recroisés. J'ai tout de suite compris que j'éprouvais toujours de forts sentiments pour lui. Comme nous étions tous deux divorcés, nous avons recommencé à nous fréquenter. Cela dure depuis un an et demi maintenant, et Carlos fait de plus en plus d'allusions au mariage.

» Je n'ai jamais aimé un homme autant que lui, mais personne ne m'a non plus blessée aussi profondément.

J'ai peur de lui donner une deuxième chance, peur qu'il me brise de nouveau le cœur.

» Dois-je jouer la carte de la prudence ou parier sur une vie heureuse avec lui ?

» Signé :
Une femme qui essaie de mettre
de l'ordre dans sa vie. »

Depuis le temps qu'elle écrivait sa rubrique, Gabriella était parfois tombée sur des questions ou des inquiétudes qui reflétaient des événements de sa propre vie. C'étaient toujours les lettres les plus difficiles à traiter : elles requéraient non seulement du bon sens, mais également une certaine introspection de sa part, exercice auquel elle n'était pas toujours prête à se livrer.

En l'occurrence, elle avait une réponse toute prête : la fameuse seconde chance à laquelle Cameron avait fait allusion.

« Chère amie,

» Il faudrait ne jamais accorder de seconde chance à un homme qui nous a trahis et nous a brisé le cœur. »

Elle s'arrêta de taper et s'adossa à son siège pour relire sa phrase. Pour pleine de bon sens qu'elle fut, elle ne correspondait pas aux attentes de ses lectrices. Elle soupira, dépitée, puis appuya sur la touche Retour jusqu'à ce que l'écran soit de nouveau blanc. Elle devait fournir une réponse *professionnelle*, et non *personnelle*.

Il ne fallait pas qu'elle pense à Cameron. Au fait qu'il avait affirmé l'aimer, puis l'avait abandonnée Qu'il avait disparu de sa vie pendant seize ans, et qu'il espérait reprendre les choses là où il les avait laissées.

Redressant les épaules, elle se concentra sur sa réponse.

« Chère amie,

» Rien n'est plus intense qu'un premier amour. Et rien n'est plus dévastateur qu'un premier chagrin d'amour.

» Il n'est pas surprenant que vous n'ayez pas oublié votre douleur et que vous vous en serviez comme d'un bouclier pour protéger votre cœur. Mais aujourd'hui, Carlos et vous êtes des personnes bien différentes des adolescents que vous étiez au lycée. Vous n'êtes pas simplement plus âgés et plus mûrs, vous avez aussi connu des expériences différentes. Doit-on y voir la main du destin ? Toujours est-il que vos chemins se sont recroisés.

» Il faut désormais vous affranchir du passé et sonder votre cœur pour savoir si vous voulez que Carlos fasse partie de votre avenir. Il n'est pas toujours facile de pardonner et d'oublier, et vous êtes la seule qui puisse décider de passer ou non à l'étape suivante.

» Les secondes chances sont rares. Si vous choisissez de saisir celle-ci, faites-le des deux mains.

» Bonne chance,

Gabby. »

Aurait-elle le courage de suivre ses propres conseils ? s'interrogea-t-elle alors. Donnerait-elle une seconde chance à Cameron ? A moins qu'elle ne soit folle de croire qu'il voulait lui en offrir une…

Avait-il vraiment changé, ou s'amusait-il simplement avec elle ? Il affirmait vouloir être un père pour Sierra, et elle ne souhaitait certainement pas se dresser entre eux.

Mais s'intéressait-il à elle ?

Les femmes qui lui tournaient autour étaient légion, pourquoi aurait-il insisté s'il n'était pas sincère ?

Mais elle, que voulait-elle vraiment ?

Elle continua à méditer sur la question tout en inspectant sa garde-robe.

Elle voulait que Sierra connaisse son père, tout en étant effrayée à l'idée que la paternité de Cameron éclate au grand jour. Car, dès que la vérité serait connue, tout changerait. Sierra ne serait plus *sa* petite fille à elle, elle serait la fille du prince et elle-même une princesse. Sa vie ne lui appartiendrait plus, elle serait en permanence sous les projecteurs, chacun de ses gestes serait scruté en détail. N'avait-elle pas le devoir de protéger Sierra de cette pression, au moins jusqu'à sa majorité ?

Et pourtant, elle était en train de consulter sa montre pour ne pas être en retard à son rendez-vous avec le prince.

Etait-elle en train de commettre une erreur ?

Elle refusait de le croire, mais elle n'avait jamais été capable de garder les idées claires, concernant Cameron Leandres. Cet homme attisait des pulsions inavouables en elle, et l'empêchait de penser de façon rationnelle.

Cameron était en avance, car il espérait avoir ainsi l'occasion de discuter avec Sierra. La première fois qu'ils s'étaient vus, elle avait été délicieusement surprise d'apprendre qui il était. Depuis, elle s'était refroidie à son endroit, sans doute parce qu'elle soupçonnait quelque chose entre sa mère et lui.

Il comprenait sa méfiance. Il savait que Rafe était sorti pendant longtemps avec Gabriella et que, soudain, il avait disparu de la circulation pour lui laisser la place, sans qu'elle ne sache qui il était vraiment, ni qu'elles étaient ses véritables motivations.

Il entendit des pas dans le vestibule, et Sierra lui

ouvrit la porte. Son sourire disparut quand elle se rendit compte que c'était lui.

— Oh ! Je pensais que c'était Paolo, dit-elle.

Elle portait un haut à bretelles, en mailles lâches, et une longue jupe que sa mère n'aurait pas reniée. Elle avait hérité de son sens inné du style, et malheureusement aussi — du moins d'un point de vue paternel — de sa silhouette.

Il aurait aimé lui dire de mettre un sweat-shirt à la place de son débardeur, mais nul doute qu'elle l'aurait regardé comme s'il était devenu fou. Et d'ailleurs, peut-être l'était-il, à vouloir endosser le rôle d'un père avec une adolescente de seize ans…

S'efforçant de faire abstraction de ses vêtements, il demanda :

— Puis-je entrer ?

— Bien sûr, dit-elle en rougissant. Vous pouvez attendre maman dans le salon, elle n'en a pas pour longtemps.

— Ne veux-tu pas l'attendre avec moi ?

— Qu'est-ce qui m'y oblige ?

Comme il aurait aimé la réprimander pour son insolence ! Pourtant, il se contenta de serrer les dents.

— Cela nous permettrait de faire plus ample connaissance.

S'arrêtant sur le seuil de la porte, elle se tourna vers lui.

— Ecoutez, je sais que vous faites partie de la famille royale et que vous avez l'habitude de voir les gens s'incliner devant vous. Je devrais sans doute être très excitée à l'idée que vous fréquentiez ma mère, mais je vais vous dire une bonne chose : je ne pense pas que vous soyez digne d'elle, tout prince que vous êtes.

Gabriella aurait été outrée par ses propos, mais

ils l'amusèrent. Il admira sa force de caractère et sa détermination.

— Tu as probablement raison, dit-il. Il n'empêche que Gabriella est une femme formidable et que j'aime passer du temps avec elle.

Elle croisa les bras, comme l'aurait fait sa mère, et Cameron retint un petit sourire.

— C'est donc de cela qu'il s'agit ? Passer du bon temps ?

— Il ne faut pas brûler les étapes, dit-il avec prudence.

— Cela faisait deux ans qu'elle sortait avec Rafe, il l'avait demandée en mariage.

— Et tu aurais aimé qu'elle l'épouse ?

Sa propre question le tétanisa. Il était déjà assez douloureux d'imaginer Gabriella avec un autre homme, mais que sa fille, sa propre fille, projette en un autre homme la figure du père, c'était intolérable.

— Je ne veux pas qu'elle se retrouve seule, c'est tout.

— Je ne pense pas qu'elle se considère comme une femme seule.

— Je ne vais pas vivre avec elle éternellement. Dans deux ans, je quitterai la maison pour l'université. Si tout va bien.

Il comprit que c'était un sujet de débat entre la mère et la fille. Si c'était une question de financement, il pourrait au moins apporter son aide, mais il préféra ne pas ouvrir la discussion.

— Et puis, même si grand-mère est géniale, maman ne peut pas vivre non plus toute sa vie avec elle.

Sur le ton de la confidence, elle poursuivit :

— Ma mère n'a pas une grande expérience des hommes. A part Rafe, je ne me souviens pas avoir vu d'autres hommes à la maison. Vous, en revanche, vous êtes sorti avec beaucoup de femmes.

Il fronça les sourcils.

— Tu lis les journaux à scandale ?

— Disons que j'ai fait des recherches, sur internet, dit-elle sans la moindre contrition dans la voix. Oh ! Je suis sûre que toutes ces histoires sont exagérées, mais il est clair que vous sortez beaucoup plus qu'elle.

— Tu as raison, je comprends tes inquiétudes. Mais je peux t'assurer que ma seule intention, ce soir, c'est de dîner tranquillement avec ta mère.

— Très bien… A propos, elle adore danser. Alors si vous pouviez l'emmener dans un endroit où l'on danse…

— Merci pour le conseil.

A cet instant, la sonnette retentit de nouveau, et le visage de Sierra s'éclaira.

— Je vais répondre, dit-elle comme sa mère entrait dans la pièce.

Lorsque ses yeux se posèrent sur Gabriella, Cameron en eut le souffle coupé. Elle s'était fait un chignon lâche et portait des anneaux en or aux oreilles. Son maquillage était très subtil, de l'ombre à paupières pour souligner son regard, une légère touche de blush sur les jours et un gloss rouge vif sur les lèvres. Il était de la même couleur que sa robe, de soie et sans manches, dotée d'un décolleté généreux. Une robe qui la moulait avantageusement. Aux pieds, elle portait des escarpins du même rouge, qui la grandissait et attirait l'attention sur ses longues jambes.

Mi Dios, cette femme savait comment tenter un homme !

Après lui avoir adressé un bref sourire, elle se tourna vers sa fille, ce qui lui laissa le temps de reprendre ses esprits.

— Pas après minuit, lui rappela-t-elle.

— Comme si j'allais oublier ! fit Sierra.

— Amuse-toi bien, ma chérie, dit-elle en lui donnant un baiser sur la joue.

— Euh… toi aussi.

Puis elle jeta un regard méfiant à Cameron.

Elle avait raison de se méfier, pensa-t-il, car il avait soudain envie de bien autre chose que d'un dîner tranquille.

— Tu es magnifique, lui dit-il.

Gabriella sentit ses doigts trembler quand le prince les lui embrassa, et pria pour qu'il n'ait pas remarqué son trouble. Elle était nettement plus nerveuse qu'elle ne voulait l'avouer. Comme une jeune fille de dix-sept ans pour son premier rendez-vous.

— Merci, dit-elle d'une voix hachée.

Lui aussi avait fière allure dans son costume noir. Il possédait une grâce féline et une élégance innée, quels que soient les vêtements qu'il portait.

Autrefois, il était connu pour être un prince rebelle, modérément soucieux du protocole et peu préoccupé de politique, mais déterminé à se faire tout seul une place au soleil.

Il avait changé. Il était visiblement mieux dans sa peau, plus heureux dans sa carrière. Et elle s'en réjouissait pour lui, espérant qu'il pourrait être un père digne de sa fille, même si elle refusait toujours d'imaginer qu'il puisse faire partie de sa vie, à elle aussi.

— Tu ne préviens pas ta mère que nous partons ? demanda-t-il comme ils se dirigeaient vers la porte.

— Elle est à son cours d'aquagym.

— Elle a l'air très dynamique.

— Depuis qu'elle est à la retraite, elle s'accorde enfin du temps à elle.

— Quel métier exerçait-elle ?

Elle le regarda, surprise par sa question.

— Je pensais que tu savais... Le matin, elle travaillait à la boulangerie, et le reste de la journée, elle faisait des ménages.

Il l'aida à monter dans la limousine, puis prit place à côté d'elle, sur la banquette en cuir.

— Pourquoi l'aurais-je su ?

— Parce que... Bref, cela n'a pas d'importance.

— A cause de ma mère ? demanda-t-il.

— S'il te plaît, je ne veux pas aborder le sujet ce soir.

— Et moi, j'ai besoin de savoir ! J'en ai assez des mensonges, je *veux* connaître la vérité.

— La première fois qu'elle est venue acheter mon silence en échange des dépenses médicales liées à la malformation de Sierra, j'ai refusé. Je pensais naïvement que ma mère et moi pourrions payer la note. Mais le lendemain, ma mère a été renvoyée de chez les Giannini, chez qui elle travaillait comme femme de ménage depuis des années.

— Elena et Roberta Giannini sont amies depuis toujours, dit-il.

— Exact. Tout comme elle est la grande amie d'Arianna Bertuzzi. Ma mère fut avertie que si elle ne voulait pas non plus perdre son emploi chez eux, je devais revenir sur ma décision concernant Sierra.

Il prit ses mains dans les siennes.

— *Dios*, Gabriella ! Si tu savais comme je suis désolé !

— Je lui en ai voulu pendant longtemps, et j'avais peur aussi qu'un jour, elle veuille davantage que mon silence.

— Tu craignais qu'elle ne te prenne Sierra ?

— Elle m'avait déjà prouvé qu'elle avait de l'argent,

du pouvoir et de l'influence. Tout ce que j'avais, c'était ma fille.

— Tu as raison, dit-il au bout de quelques secondes, laissons ce sujet de côté, ce soir, et essayons de passer une bonne soirée.

Lorsqu'ils arrivèrent à destination, le chauffeur leur ouvrit la porte et Cameron sortit le premier, lui offrant la main. Elle ne s'était pas souciée de la route, mais en apercevant les lettres élégantes affichées sous l'auvent à rayures vertes et blanches, elle comprit qu'elle avait eu tort.

Comment aurait-elle pu deviner qu'il la conduirait ici, Marconi ayant cessé ses activités et mis son restaurant en vente ?

Comme Cameron tendait le bras pour qu'elle le précède, elle s'immobilisa.

— Que faisons-nous ici ?

— Nous allons dîner.

— Mais...

Elle se tut, sentant soudain des effluves familiers et appétissants.

— Je t'avais promis un endroit où personne ne nous verrait et où il n'y aurait pas de paparazzi.

— Et tu penses qu'un restaurant abandonné fera l'affaire ?

— Je te rassure : ce soir, Alonzo Marconi sera aux fourneaux.

Elle était perplexe. Cameron avait certainement dû déployer un gros effort d'organisation, mais elle n'était pas certaine de lui en savoir gré. *Elle ne voulait pas revenir sur le passé, et voilà que le passé se trouvait à deux pas !*

Rien qu'en regardant la porte, elle entendait le carillon qui résonnait, quand on l'ouvrait. Et elle savait que ce son-là ouvrirait la boîte des souvenirs qu'elle s'était efforcée de maintenir fermée au prix de gros efforts…

Les souvenirs du premier jour où elle avait rencontré Cameron, où il l'avait embrassée. Le souvenir de ces longs moments où ils restaient ensemble, après la fermeture, leurs discussions qui n'en finissaient pas, ou encore le juke-box au son duquel ils dansaient…

Mais aussi le souvenir des larmes qu'elle versait régulièrement dans l'arrière-salle, après qu'il l'avait laissé tomber. Puis Mme Marconi l'avait licenciée en apprenant qu'elle était enceinte.

Les souvenirs nombreux et parfois douloureux revenaient à la charge.

12

Guidant Gabriella vers la porte, Cameron se demanda s'il n'avait pas commis une sérieuse erreur d'appréciation. Il pensait qu'elle aurait été ravie de la soirée qu'il avait organisée, mais voilà qu'elle semblait pétrifiée par les appréhensions !

Il espérait en venir à bout. Ils allaient partager un bon repas, arrosé d'une excellente bouteille de vin ; ils discuteraient en toute décontraction et peut-être même qu'à la fin de la soirée, il l'embrasserait pour lui dire au revoir.

Il tourna la clé dans la serrure. Elle y avait été laissée afin qu'ils n'aient pas à attendre dans la rue au risque qu'on le reconnaisse.

Elle se dirigea automatiquement vers la table ronde au milieu de la salle, la seule qui était dressée. Une bougie placée dans une bouteille de vin au goulot coupé avait été allumée et sa flamme renforçait le doux éclat des couverts et le miroitement du cristal.

— Ça sent très bon, dit-elle.

Il approuva, même si tout ce qu'il pouvait sentir, c'était son parfum, des notes légères et citronnées, résolument féminines et sensuelles.

— Mes sincères excuses, Votre Altesse, dit Alonzo Marconi en se précipitant dans la salle de restaurant, je ne m'étais pas aperçu que vous étiez arrivés.

Il s'inclina devant Cameron.

— Ce n'est pas grave, lui répondit-il, et merci encore de votre amabilité.

— Comment aurais-je pu refuser un service personnel à un prince ?

Un service personnel qu'il avait généreusement rétribué, et qui lui garantissait une intimité totale avec Gabriella, ainsi qu'il le lui avait promis.

— Vous vous souvenez de Gabriella ? demanda-t-il.

— Bien sûr.

Alonzo lui prit les mains avant de faire claquer un baiser sonore sur ses joues.

— *Bella*, vous êtes encore plus ravissante que dans mon souvenir.

— Et vous êtes toujours aussi charmant, lui répondit-elle.

— Comment allez-vous ? Et votre maman ? Et votre petite fille ? demanda-t-il en lui présentant une chaise.

— Nous allons toutes très bien, merci, même si Sierra n'est plus une petite fille. Elle a eu seize ans la semaine dernière.

— *Mi Dios*. Mais où vont les années ?

Regardant autour de lui, Cameron se posa la même question. Le restaurant n'avait pas changé depuis sa fermeture, six mois plus tôt. De fait, il n'avait guère subi de transformation depuis la première fois où il y avait pénétré. Même la disposition des tables était identique. Tout lui était familier les chaises en rotin, les nappes vichy, rouge et blanc. Dans un coin, il aperçut aussi le juke-box.

Cela n'avait jamais été un établissement de haute gamme, mais un restaurant populaire et très fréquenté, qui servait de la cuisine de qualité à des prix raisonnables. Les familles et les étudiants y venaient volontiers.

— J'ai le vin que vous m'avez demandé, dit Alonzo à l'adresse de Cameron.

Il alla alors chercher la bouteille pour lui montrer l'étiquette. Cameron vérifia la date et opina du chef. Alonzo la déboucha et versa un peu de vin dans le verre du prince pour qu'il le goûte et approuve le bourgogne avant qu'il ne serve Gabriella. Après avoir rempli le verre du prince, il posa la bouteille sur la table.

— Pour ce soir, je vous propose des *crostini* au pistou et aux tomates séchées, suivis par des *linguine* à la sauce tomate fraîche. En plat principal, j'ai préparé un poulet *piccata* accompagné d'une salade verte à l'huile d'olive. Enfin, en dessert, je vous servirai des poires pochées saupoudrées de copeaux de fromage de brebis.

— C'est parfait, dit Cameron.

Sous l'effet du vin et des mets délicieux qui se succédaient, Gabriella finit par se détendre. Cameron put ainsi lui poser des questions sur Sierra sans qu'elle n'ait la sensation de subir un interrogatoire. Toutefois, il ne l'avait pas conviée dans le dessein de rassembler des informations sur sa fille. C'était juste un bonus, et par ailleurs le seul sujet qui fasse sortir Gabriella de sa réserve.

Elle lui raconta avec plaisir des anecdotes liées à l'enfance de Sierra, et lui retraça les jalons de sa vie de sorte qu'il eut une idée précise de la façon dont la petite fille était devenue une jeune femme.

En l'écoutant, un sourire aux lèvres, il avait la nostalgie de tout ce qu'il avait manqué. Mais il ne lui en voulait plus. Il avait compris que s'il devait s'en prendre à quelque chose, c'était à son propre égoïsme. N'était-ce pas lui qui l'avait repoussée ? Il est vrai qu'il avait espéré entendre de nouveau parler d'elle, suite aux résultats de grossesse. Mais comme elle ne s'était pas manifestée, il avait cru qu'elle s'était trompée. Et il s'était contenté de cette déduction.

— Quel excellent repas ! dit-elle, l'arrachant aux pensés inconfortables sur le passé pour le ramener à un présent plus agréable.

— J'espère que tu as encore de la place pour le dessert.

— J'aimerais vraiment, mais je crains de…

Sa protestation mourut lorsque Alonzo revint avec les poires pochées. Ses yeux se mirent à briller.

— Allez, tu prendras bien quelques bouchées, fit-il d'un ton enjôleur. Au moins pour ne pas vexer Alonzo.

— Demain, je vais à l'aquagym avec ma mère ! dit-elle en prenant sa fourchette à dessert.

Elle n'avait pas le moindre souci à se faire pour sa ligne, mais il se garda de tout commentaire. Une telle remarque les aurait sortis du territoire neutre de leur conversation et fait pénétrer dans une zone plus personnelle. Nul doute que Gabriella se serait alors refermée.

— Quel délice ! fit-elle en fermant les yeux pour mieux apprécier sa bouchée. On sent toutes les saveurs exploser sous la langue.

Coupant un nouveau morceau de poire, elle le lui présenta spontanément, sans préméditation. Mais, quand il ouvrit la bouche et qu'elle y introduisit la bouchée, tous deux se rendirent compte de l'intimité du moment.

Elle retira rapidement la fourchette, rougissante. Il ne la lâcha pas du regard tandis qu'il mâchait lentement, savourant la précieuse bouchée. L'attirance qu'ils ressentaient l'un pour l'autre était presque tangible, leur prouvant que, durant toute la soirée, seule l'illusion de la neutralité avait régné entre eux.

De nouveau, Alonzo fit irruption, proposant café ou thé.

Elle en profita pour détourner le regard de Cameron et sourire au chef.

— Non merci, pas pour moi.

— Moi non plus, je ne prendrai rien, dit-il, en revanche, je pense que nous allons nous attarder pour savourer notre dessert et finir le vin.

— Bien sûr, répondit Alonzo. Si vous le voulez bien, je reviendrai demain faire le ménage. De la sorte, vous pourrez profiter pleinement de votre intimité.

— Parfait, nous fermerons le restaurant, dit Cameron. Et merci encore.

— Tout le plaisir était pour moi, Votre Altesse.

Il s'inclina profondément devant Cameron puis, un sourire chaleureux aux lèvres, se tourna vers Gabriella.

— Et c'est toujours un plaisir de vous voir, *bella*.

— *Grazie, Signor Marconi*, dit-elle en lui tendant la main. *Grazie per tutto*.

Il porta le dos de sa main à ses lèvres.

— *Buona notte,* dit-il.

Après un ultime salut, Alonzo disparut, les laissant en tête à tête.

— Tu peux me dire ce que cela signifie ? demanda soudain Cameron.

— Pardon ?

— Alonzo flirtait ouvertement avec toi, là, sous mon nez !

— C'est faux !

— Ah, je peux t'assurer que non ! Et toi, tu minaudais !

Elle secoua la tête.

— Je connais Signor Marconi depuis si longtemps. Il représentait un peu un père, pour moi. Il m'a donné plus qu'un travail : il m'a aussi procuré des conseils, apporté du soutien.

Elle détourna les yeux de lui, pour les fixer sur le

pied de son verre à vin. Elle se mit alors à dessiner des cercles sur le socle, avec son doigt.

— De toute évidence, il y a des détails que je ne connais pas, dit-il.

— Disons que sa femme était moins bien disposée à mon égard.

— Sa femme ?

Elle hocha la tête.

— Elle m'a renvoyée quand elle a découvert que j'étais… Enfin, elle m'a dit clairement que son établissement était un restaurant familial et qu'il n'était pas possible qu'une adolescente enceinte, de surcroît non mariée, serve sa clientèle.

Elle fit une pause, et enchaîna :

— Alonzo était furieux contre elle. Lui non plus n'approuvait pas ma grossesse, mais il comprenait au moins que j'avais besoin d'argent pour élever mon enfant. Alors il m'a confié un nouveau travail : la vaisselle.

Elle haussa les épaules.

— Le salaire était moins élevé, mais au moins, je gagnais un peu d'argent.

— Je suis désolé, dit-il. Je t'ai amenée ici ce soir en souvenir du bon temps… Je ne me rendais pas compte qu'une autre histoire te liait à ce lieu.

— Rassure-toi, ce restaurant m'évoque aussi de très bons souvenirs !

Elle releva alors le coin de ses lèvres et ajouta :

— Sauf les fameuses nuits où je devais servir une tablée d'étudiants détestables.

— Détestables ? Ils l'étaient tous, tu es sûre ? N'y en avait-il pas un qui restait régulièrement avec toi, pour t'aider à desservir, une fois que tout le monde était parti ?

Elle plissa le front, faisant mine de ne pas comprendre,

mais l'éclat malicieux qui brillait dans ses yeux lui prouvait le contraire.

Repoussant subitement sa chaise, il se dirigea vers le juke-box calé contre le mur. Il introduisit une pièce dans la fente, et appuya sur les touches, de mémoire. Quand les premières notes de *Why Can't This Be Love ?* s'élevèrent dans la salle, il riva ses yeux dans les siens.

Son petit sourire s'effaça et elle se figea.

A l'époque, elle était une fan du groupe Van Halen, et, le dernier client parti, elle mettait une pièce dans le juke-box, et se déhanchait au rythme de la musique en essuyant les tables et en relevant les chaises. La première fois qu'il l'avait embrassée, c'était sur cette chanson. Pourquoi devait-il toujours faire un effort pour retrouver le nom des femmes avec qui il avait couché après elle, alors qu'il n'avait pas oublié le moindre détail du temps passé avec Gabriella ?

— Viens danser.

Elle hésita.

— Allez ! dit-il, charmeur. Tu ne veux pas décevoir Sierra, quand même.

— Quel rapport avec Sierra ?

— Elle m'a conseillé de t'emmener danser. Je conçois que l'ambiance ne soit pas celle d'une discothèque, il n'y a pas de boule disco, pas de basse, ni de…

— C'est vrai, dit-elle, mais c'est bien mieux.

Et elle accepta finalement la main qu'il lui tendait.

Elle était sur ses gardes, il le savait, aussi se promit-il de se contenter de quelques pas. Ce qui comptait, c'était qu'il puisse la tenir dans ses bras.

Ce n'était pas vraiment un slow, mais ils l'avaient toujours dansé comme ça, enlacés. Ils retrouvèrent le même rythme familier, tout comme chaque effleurement… Et comme autrefois, des étincelles jaillirent.

Oubliant ses résolutions, il plaqua soudain les mains sur ses hanches ondoyantes et sensuelles pour l'attirer plus étroitement contre lui. Elle leva de grands yeux vers lui, puis un sourire anima son visage et elle posa à son tour les mains sur ses épaules.

Cette fois, quand il l'embrassa, elle ne se déroba pas. Ses lèvres étaient douces, délicieusement familières et enivrantes... Il l'avait embrassée sur le yacht, quelques jours auparavant, mais ce soir, c'était le goût du passé qui lui revenait d'un coup : il avait été hanté par son odeur, sa chaleur, sa passion pendant de si longues années.

Il ne s'agissait pas seulement d'une excitation d'ordre sexuel. Il était réellement heureux, ému qu'elle lui sourie, qu'elle le touche. Son cœur battait comme un fou. Il éprouvait une satisfaction profonde, et le sentiment que tout était en ordre, comme chaque fois qu'il l'avait tenue dans ses bras.

Dix-sept ans plus tôt, il lui avait dit qu'il l'aimait. Et il avait eu beau se sentir au septième ciel quand elle lui avait avoué que c'était réciproque, il n'avait pas perçu la signification de ces mots, ni compris la profondeur des sentiments qu'elle lui inspirait, et encore moins anticipé le vide de sa vie, quand elle serait partie.

Mais elle était dans ses bras, maintenant, ardente et consentante, et il n'avait pas l'intention de la laisser repartir un jour.

Il glissa ses mains dans sa chevelure et les épingles de son chignon tombèrent à terre. Il avait toujours aimé ses cheveux, la façon dont ils se répandaient sur l'oreiller, et son regard alors, à la fois lascif et satisfait. Cette image était encore vive dans son esprit et il voulait la ressusciter dans la réalité. *Maintenant.*

Il détacha sa bouche de la sienne pour tracer un sillon sur son cou. Il s'arrêta à l'endroit où battait son pouls et il l'entendit pousser un petit soupir de plaisir. Il descendit un peu plus bas, et retraça cette fois le décolleté de sa robe en V, enfouissant la tête entre ses seins. Elle frissonna, mais ne le repoussa pas. Il défit le premier nœud de la robe cache-cœur, puis le deuxième, à l'intérieur. Soudain, il fut en contact avec sa peau nue...

Apercevant ses sous-vêtements de soie rouge, il ne put retenir un grognement d'admiration. Elle était si voluptueuse, si parfaite, si... sienne. Il l'entraîna contre le juke-box... Alors, s'inclinant en arrière, elle enroula ses jambes autour des siennes, et se cambra plus intimement contre lui. Il sentit le sang lui monter à la tête.

D'un geste adroit, il dégrafa son soutien-gorge, qui s'ouvrait sur le devant, libérant ses superbes seins. Il les prit aussitôt en coupe, en caressa les pointes avec les pouces, ce qui lui arracha un petit cri... De nouveau, il captura sa bouche, sa langue se mêlant fiévreusement à la sienne.

Elle avait enfoui ses mains dans ses cheveux et, à la façon dont elle lui rendait son baiser, dont elle se pressait contre lui, il ne doutait pas un instant qu'elle ne veuille pas la même chose que lui.

Ils étaient seuls, la porte était fermée, les stores baissés. Il n'y avait aucun risque qu'on les voie de l'extérieur, que quelqu'un vienne les surprendre. Oh, comme il la désirait!

Le seul problème, c'était que par le passé, il n'avait jamais pensé qu'à ses propres désirs, sans grande considération pour elle. Il avait été jusqu'à prendre sa virginité sur la banquette arrière d'une voiture! Il était plus raffiné aujourd'hui, et maîtrisait bien mieux ses pulsions.

En règle générale...

Sans qu'il ne sache pourquoi, elle réduisait à néant

ses meilleures intentions. Mais non ! Il n'allait quand même pas lui faire l'amour sur le juke-box. Evidemment, il y avait aussi la possibilité de la nappe vichy... Il se réprimanda tout de suite pour la solution de rechange qui venait de lui passer par l'esprit.

Alors, dans un effort quasi surhumain, il se redressa et rattacha son soutien-gorge.

— Gabriella...

— Ne dis rien, dit-elle d'un ton sans appel.

Et, le repoussant brutalement, elle renoua bien vite sa robe.

— Je n'arrive pas à croire que j'ai pu être aussi pathétique, ajouta-t-elle d'une voix tremblante. Ta mère avait raison. Je suis une traînée. Je n'ai jamais couché avec le premier venu, c'est vrai, mais avec toi, je suis incapable de contrôler mes pulsions.

Il la fixait, incrédule. Comment pouvait-elle avoir une si piètre opinion d'elle-même ?

— Mais enfin, Gabriella, ce n'est pas parce que tu t'abandonnes à la passion que tu es...

Il ne termina pas sa phrase, incapable de prononcer un mot tellement aux antipodes de la belle et douce Gabriella.

— Tu es humaine, c'est tout, dit-il enfin.

— Est-ce que tu te rends compte que j'étais prête à faire l'amour avec toi au beau milieu d'un restaurant ?

Elle avait les yeux remplis de larmes, et l'air si malheureux.

— Est-ce pour cela que tu m'as amenée ici ? Est-ce que tu pensais que je céderais aussi facilement qu'il y a dix-sept ans ?

— Je n'ai rien prémédité, Gabriella.

Elle poussa un soupir sceptique tout en rajustant sa robe.

— Mais je ne suis pas désolé, dit-il, car cela prouve que l'alchimie est toujours bien présente, entre nous.

— Tu te trompes, il s'agit juste de pulsions, fit-elle avec sarcasme.

Il sentait bien qu'en réalité, elle était plus en colère contre elle-même que contre lui.

— Pourquoi refuses-tu de regarder la réalité en face ? demanda-t-il en calant une mèche de cheveux derrière son oreille.

— Parce que je ne suis pas une femme comme ça.

— Comme quoi ?

— Je ne me laisse pas dominer par mes pulsions.

— Entre nous, il s'agit de bien autre chose, et tu le sais. Nous sommes *irrésistiblement* attirés l'un par l'autre. Aucune femme ne m'a jamais inspiré de tels sentiments.

Elle le regarda, inflexible.

— On peut partir ?

Il soupira.

— Tu ne m'accorderas pas de seconde chance ?

— Une seconde chance pour quoi, au juste ?

— Pour que notre relation fonctionne enfin.

— Nous n'avons pas eu de relation, Cameron, nous couchions ensemble, c'est tout.

— Je t'aimais.

— Oui, c'est pour cela que tu m'as laissé tomber.

— J'étais jeune et stupide…

— Peu importe ! dit-elle soudain d'un ton las. De toute façon, la rupture était inévitable. A part le fait que nous étions bien trop jeunes, tu es de sang royal et je viens de la classe ouvrière.

— Tu es la mère de mon enfant.

— Et qu'est-ce que cela va me rapporter, à part cinq

minutes de gloire ? Il n'y aura pas de happy end, comme dans les contes.

— Si tu refuses tout d'emblée, il ne pourra rien résulter de positif, c'est sûr.

Elle croisa les bras, lui indiquant clairement qu'elle campait sur ses positions.

— Il faut que je sois rentrée avant minuit.

— Entendu, fit-il de guerre lasse. J'appelle mon chauffeur.

13

Gabriella se tenait sous la véranda à l'arrière de la maison, les yeux rivés aux étoiles, quand Sierra rentra à la maison. Contrairement à ses habitudes, elle vint l'y rejoindre.

— Comment s'est passée ta soirée ? demanda Sierra.

Gabriella hésita. Elle avait été à la fois merveilleuse et horrible, mais elle ne pouvait l'avouer à sa fille. Aussi répondit-elle simplement :

— C'était bien.

— Bien ? Si ce n'était que bien, tu perds ton temps avec lui.

— O. K., c'était mieux que bien, admit Gabriella, sans oser elle-même repenser à leurs délicieux moments d'intimité, sur le juke-box.

— Tu es amoureuse de lui ? demanda sa fille.

La question arracha définitivement Gabriella à ses rêveries. Elle parvint à émettre un petit rire.

— Amoureuse ? Enfin, Sierra, nous nous fréquentons depuis trop peu de temps.

— Mais vous vous connaissez depuis longtemps, n'est-ce pas ?

Gabriella hocha la tête, sans toutefois être certaine qu'elle le connaissait vraiment.

— Est-ce que vous êtes sortis ensemble, je veux dire, avant ?

— Oui, admit sa mère. Pendant quelque temps.

— Et ça s'est mal fini ?

Comment répondre à cette question sans ouvrir la boîte de Pandore ?

— Nous n'attendions pas la même chose l'un de l'autre...

Elle s'arrêta en entendant des pas sur le gravier et regarda sa montre. Sierra fronça elle aussi les sourcils, et toutes deux sursautèrent quand une silhouette se profila à l'angle de la maison.

Katarina s'arrêta sur la première marche et ouvrit de grands yeux :

— Que faites-vous dehors à cette heure-ci ? demanda-t-elle sur un ton impérieux.

— Que fais-tu *toi* si tard dehors ? dit Gabriella. Ta voiture est garée dans l'allée. J'ai pensé que tu étais couchée.

Katarina releva le menton.

— Tu t'es trompée ! Figure-toi que moi aussi j'avais rendez-vous, ce soir.

— Avec qui ?

— Avec Dominic Donatella. Même si je n'ai pas l'intention de lui livrer les secrets de mon glaçage, j'accepte qu'il me fasse la cour.

— Bravo, mamie ! dit Sierra.

— Va au lit, Sierra, dit Gabriella d'un ton sec.

Sa fille poussa un long soupir, embrassa sa mère, sa grand-mère et obtempéra.

— Tu me donneras les détails au petit déjeuner ? demanda-t-elle à l'oreille de cette dernière.

— Ne compte pas là-dessus, répondit Katarina, avec un petit sourire.

— Moi aussi, je vais au lit, dit Gabriella.

— Tu ne veux pas prendre une tisane avec moi ?

demanda Katarina. Je suis trop agitée pour m'endormir tout de suite.

— Par pitié ! Epargne-moi les détails de ta soirée ! dit Gabriella, levant les bras au ciel en signe de protestation.

Elles regagnèrent toutes deux la cuisine et Katarina mit de l'eau à bouillir, avant de reprendre sur un ton taquin :

— Visiblement, ton rendez-vous n'a pas été aussi réussi que le mien.

— Non. On a juste failli coucher ensemble, répondit-elle en marmonnant.

— Voilà sans doute qui explique ta mauvaise humeur.

— Je n'aurais jamais dû accepter cette mascarade de rendez-vous. Au début, j'ai pensé que cela justifierait, aux yeux de Sierra, les visites fréquentes de Cameron. Je ne croyais pas qu'il se passerait quoi que ce soit, entre nous.

— Et tu es inquiète parce que les frontières entre la réalité et le fantasme ne sont pas étanches, c'est ça ? fit Katarina.

Dans un soupir, Gabriella opina du chef.

— Qu'est-ce que tu ressens pour lui, exactement ?

— Je ne sais pas, je ne sais plus…

— C'est un homme séduisant, dit sa mère. Un prince. Et tu as été amoureuse de lui, autrefois.

— Il y a longtemps, très longtemps.

— Est-ce que cela signifie que tu n'as plus de sentiments pour lui ?

— Je te le répète, je ne sais pas. Quand on est ensemble, il rallume en moi tous les sentiments que je croyais à jamais éteints et enterrés. Il m'attire, dit-elle en rougissant.

Pudeur ridicule, pensa-t-elle aussitôt, étant donné la

façon décomplexée dont sa mère de cinquante-sept ans lui parlait de sa vie intime.

— Mais ?

— Mais je me demande si je ne me fais pas des illusions, encore une fois, parce que j'ai peur de perdre Sierra.

Sa mère versa l'eau frémissante dans la théière.

— Désolée, mais je ne te suis pas.

— Au départ, je me suis dit que Cameron allait nous oublier, qu'il perdrait bien vite l'envie de jouer le père. Puis je me suis rendu compte qu'il était sérieux quand il affirmait vouloir connaître sa fille. Dans peu de temps, l'affaire s'ébruitera, inévitablement… Alors tout changera, surtout pour Sierra. Elle sera une princesse avec des devoirs et des obligations, et je ne serai pas en mesure de l'aider, je serai exclue de sa vie. En revanche, si je suis avec Cameron, je pourrai rester près d'elle, la soutenir dans ce nouveau rôle.

— Tu te crois vraiment si calculatrice ?

— J'ai déjà prouvé que je suis capable de tout pour ma fille, non ? Même de taire son existence pendant seize ans à son père !

— La princesse royale ne t'a pas laissé le choix. Sierra devait être opérée. Elle a acheté ton silence en payant l'hôpital.

— C'est ainsi que je me justifie à mes propres yeux. Mais ce n'est pas aussi simple. Peut-être que je ne voulais rien dévoiler à Cameron pour le punir de m'avoir laissé tomber.

— Personne ne peut t'en vouloir d'avoir été meurtrie, ou furieuse.

Un silence s'ensuivit, et Gabriella reprit d'un ton désespéré :

— Je ne veux pas retomber amoureuse de lui, maman, tu comprends ?

— Ma fille, n'as-tu donc rien appris, en dix-sept ans ? Tu sais comme moi que la raison ne peut pas gouverner le cœur.

Elena commençait à se fatiguer des rendez-vous nocturnes, mais quand elle reçut le message de Reynard lui indiquant qu'il avait trouvé quelque chose, elle accepta de le recevoir.

Il frappa et, une fois entré, se dirigea droit vers son bureau, un petit appareil enregistreur à la main. Il appuya sur un bouton et des voix remplirent la pièce…

Elena écouta avec attention, puis hocha la tête.

— Oui, je crois que cela peut m'être utile, dit-elle après avoir tout écouté.

— Dois-je envoyer une copie au prince ? demanda Reynard.

Inutile de perdre encore du temps, pensa-t-elle. Gabriella Vasquez resserrait chaque jour l'étau autour de son fils. Elle avait eu beau prévenir Cameron des dangers de fréquenter cette femme, il n'avait rien voulu entendre. Face à son entêtement, elle avait bien été obligée de prendre des mesures. Elle ne reculerait devant rien pour délivrer son fils de l'emprise de son ancienne maîtresse.

— Non, répondit-elle. J'irai lui remettre personnellement.

Restée seule dans la cuisine, Gabriella réfléchissait aux propos de Katarina. Bien sûr, sa mère avait raison. Et pas simplement en affirmant qu'elle était sur le point de retomber amoureuse de Cameron, mais aussi sur le fait qu'elle n'avait pas tiré les leçons du passé.

Même si elle ne le croyait pas quand il soutenait qu'il l'avait aimée, elle se rendait bien compte que Cameron avait changé. Peut-être était-il sincère lorsqu'il demandait une seconde chance, et qu'il affirmait vouloir que ça marche, entre eux. Mais la perspective l'effrayait... Il y avait tant de choses en jeu — et pas simplement son cœur. Elle devait penser à Sierra, leur fille qui ne savait pas encore que Cameron était son père. Il était impératif qu'elle lui reparle ! Sans réfléchir, elle décrocha son téléphone.

Elle sentit ses jambes devenir de coton quand elle entendit sa voix, à l'autre bout du fil. A vrai dire, elle ne s'était pas attendue à ce qu'il décroche, et avait prévu de laisser un message sur son répondeur.

— Je sais qu'il est tard, dit-elle.

— Ce n'est pas grave, je ne dormais pas.

— Ecoute... Je voulais m'excuser pour les propos un peu durs que j'ai tenus ce soir.

— Ce n'est pas nécessaire.

— Oh si ! Je me sentais à fleur de peau, vulnérable et je me suis vengée sur toi.

— Et moi, j'ai brûlé des étapes.

— Un peu, peut-être.

Elle poussa un lourd soupir.

— Je voudrais me faire pardonner en t'invitant à dîner, demain soir.

— Je croyais que tu ne savais pas cuisiner.

— Je m'en remettrai sans doute au traiteur, puisque ma mère est absente pour le week-end.

— Voilà une proposition intéressante, dit-il.

Comme il n'avait dit ni oui ni non, elle continua :

— Je sais, je ne te préviens pas longtemps à l'avance, tu dois déjà avoir des projets, pour demain soir. Ou un autre rendez-vous.

Il se mit à rire, un peu tendu.

— Je n'ai pas d'autre rendez-vous. Ton invitation m'a simplement pris de court.

— Je t'ai appelé sur une impulsion, dit-elle. C'était sans doute une mauvaise idée. Si tu préfères, on oublie.

— Pas du tout ! Dis-moi juste à quelle heure on se retrouve et j'y serai.

— 18 heures ? 19 heures ? Encore que Sierra sorte avec des amis, demain soir, alors si tu veux la voir, il vaut mieux venir vers 18 heures.

— Je serai là.

— Parfait.

Elle raccrocha, s'aperçut que ses paumes étaient moites. Elle avait vraiment dû avoir l'air d'une idiote, à balbutier des phrases incohérentes. Mais voilà, c'était fait : elle avait rendez-vous pour le lendemain.

Elle posa sa main sur son cœur qui battait fort. Elle était à la fois excitée, terrifiée, et déterminée. Si c'était sa seconde chance, cette fois, elle n'allait pas la laisser passer.

Cameron ne savait pas très bien ce qui avait provoqué l'appel de Gabriella, mais il s'en moquait. Il était si reconnaissant qu'elle accepte finalement de lui donner une seconde chance. Le lendemain, il se réveilla avec le sourire, et le garda toute la journée. La seule ombre au tableau fut une visite de sa mère.

L'époque où il pensait qu'Elena ne voulait que le meilleur pour lui était révolue. Il avait compris que le moindre de ses gestes ou paroles servait ses intérêts à elle. Et elle venait encore de le démontrer avec l'enregistrement qu'elle lui avait apporté pour lui prouver que ses projets envers Gabriella et Sierra étaient une erreur.

Il avait été choqué quand la voix de Gabriella s'était élevée dans la pièce, surtout en entendant ce qu'elle disait : « Dans peu de temps, l'affaire s'ébruitera, inévitablement… Alors tout changera, surtout pour Sierra. Elle sera une princesse avec des devoirs et des obligations, et je ne serai pas en mesure de l'aider, je serai exclue de sa vie. En revanche, si je suis avec Cameron, je pourrai rester près d'elle, la soutenir dans ce nouveau rôle… J'ai déjà prouvé que je suis capable de tout pour ma fille, non ? Même de taire son existence pendant seize ans à son père !… Peut-être que je ne voulais rien dire à Cameron pour le punir de m'avoir laissé tomber. »

Elena prétendait que Gabriella avait prononcé ces paroles lors d'une conversation avec sa mère et Cameron ressentit un véritable malaise, bien plus scandalisé par les agissements de sa mère que par les propos de Gabriella. Il savait fort bien que c'étaient ses propres intérêts qu'Elena cherchait à protéger et qu'elle se fichait pas mal des dégâts collatéraux.

Jugeant que Gabriella n'était pas une partenaire convenable pour lui, elle ferait tout ce qui était en son pouvoir pour l'éloigner. Ce qui incluait, apparemment, de truffer son logement de micros ! Quand il s'offusqua de ses méthodes, Elena ne s'excusa nullement, affirmant au contraire vouloir le protéger d'une femme animée d'un esprit vengeur et vindicatif.

Il avait arrêté la bande avant la fin et ordonné à sa mère de rentrer chez elle. Puis, après s'être assuré que Gabriella, Sierra et la grand-mère étaient sorties, il avait envoyé sa propre équipe de sécurité retirer les micros.

Alors qu'il se rendait chez elle, plus tard dans la soirée, il s'efforça de chasser de ses pensées les mensonges et les intrigues d'Elena. Et quand Sierra ouvrit la porte pour le saluer avec un petit sourire, il se sentit fondre.

Il se rendit compte que Gabriella avait raison : ce n'était pas le passé qui comptait, mais le présent. Même s'il était évident que sa fille était sur le point de sortir alors qu'il arrivait, le sourire de Sierra lui confirmait qu'il progressait, avec elle, et pour l'instant, cela lui suffisait.

— Bonjour, Cameron… Et au revoir ! dit-elle en lui souriant de nouveau.

Puis elle embrassa sa mère sur la joue.

— Salut, maman.

Gabriella la retint alors qu'elle s'apprêtait à franchir le seuil.

— Qu'est-ce qu'il y a dans ton sac à dos ?

— Mon pyjama, ma brosse à dents, et des sous-vêtements propres.

— Pourquoi ?

— Parce que je dors chez Jenna, ce soir ! Tu as oublié ?

— Oublié ? Laisse-moi te rappeler : tu m'as demandé si tu pouvais dormir chez elle, et je t'ai dit que ce n'était pas une bonne idée.

— Allez, maman, s'il te plaît !

Elle jeta alors un coup d'œil dans la direction de Cameron, sans doute pour rappeler à sa mère qu'il n'était pas convenable de se disputer devant un invité.

Inflexible, Gabriella secoua la tête.

— Non, pas ce soir.

— Pourquoi ?

— Parce que je n'aurais pas la possibilité de savoir à quelle heure tu rentreras.

— Tu ne me fais pas confiance, dit Sierra, renfrognée.

— Si c'était le cas, je ne t'aurais pas permis d'aller à la fête.

— C'est injuste !

— Minuit tapant, dit Gabriella.

— Est-ce que tu te rends compte que je suis la seule qui doive rentrer à minuit ?

— Est-ce que tu te rends compte que je me fiche des règles que les autres parents imposent à leurs enfants ? Soit tu vas à la fête et tu rentres à minuit, soit tu restes à la maison.

Sierra laissa tomber son sac à dos par terre.

— Ce n'est pas un choix, ça, c'est un ultimatum. Paolo, lui, il a le droit de rentrer bien plus tard.

— Je te rappelle qu'il a dix-huit ans et je doute qu'il fasse des caprices comme un enfant.

Sierra plissa les yeux et, visiblement furieuse, sortit en claquant la porte.

Gabriella soupira, avant d'adresser un sourire contrit à Cameron.

— C'était la partie divertissement de la soirée, dit-elle d'un ton léger.

— Divertissant et édifiant, dit-il.

— Des regrets quant au rôle de père que tu cherches à jouer auprès d'une enfant de seize ans ?

— Pas du tout. Et je ne t'en admire que davantage.

— Ne te moque pas de moi.

Il secoua la tête.

— Chaque fois que je la regarde, que je la vois si belle et si assurée, je me dis que tu es une mère formidable.

— Merci, dit-elle légèrement confuse. Ce n'est pas toujours facile de lui imposer des règles, même si c'est pour son propre bien.

— Tu crois vraiment qu'elle cherchait à ruser ?

— J'ai été adolescente moi aussi, j'ai fait comme elle.

— A quel âge ?

— Dix-sept ans…

— Tu avais à peine un an de plus que notre fille…

Il se passa les mains sur le visage.

— J'étais assez âgée pour savoir ce que je voulais, lui dit-elle. Et tu représentais tout pour moi. J'aurais fait n'importe quoi pour passer du temps avec toi.

— Tu m'as fasciné dès que je t'ai vue pour la première fois, au restaurant, répondit-il. J'ai tout fait pour attirer ton attention et pendant deux semaines, je n'ai mangé que des pizzas pour pouvoir te voir et te parler. Mais toi, tu t'entêtais à ne pas vouloir sortir avec moi.

— Je ne comprenais pas pourquoi je t'intéressais. Il était évident que nous n'étions pas du même monde.

— Tu étais si belle…

Il lui caressa les cheveux avec tendresse.

— Tu *es* toujours si belle.

— Et nous n'appartenons toujours pas au même monde.

— Nous nous entendions tellement bien, dit-il sans l'écouter. C'était fantastique, cette électricité entre nous.

— Nous ne sommes plus des enfants, Cameron. Et nous devons penser à notre fille, ce qui complique largement la situation.

Il se pencha vers elle et effleura ses lèvres.

— Dis-moi de partir et je m'en irai, dit-il dans un murmure.

— Je t'ai invité à dîner. Il serait impoli de ma part de te laisser repartir sans te nourrir.

— Je me fiche de dîner ou pas ! Dis-moi de partir ou de rester, mais prends ta décision en ton âme et conscience.

Une lueur d'indécision brilla dans les yeux de Gabriella, le désir le disputant à la prudence, l'espoir à la peur. Il comprenait ses hésitations. Ils étaient à la croisée des chemins. S'ils poursuivaient la route ensemble, il n'y aurait plus de retour en arrière possible.

Ce fut alors qu'elle posa la main sur son torse, à l'endroit où battait son cœur.

— Oui, finit-elle par dire. Je veux que tu restes.

Puis elle fit glisser sa main derrière son cou et, attirant sa bouche vers la sienne, répéta :

— Reste.

14

Le cœur de Cameron s'était mis à cogner avec violence. Il n'était pas certain d'avoir entendu correctement.

— Tu es sûre ?

La première fois, il l'avait séduite sans lui donner la moindre chance de refuser, mu par la seule satisfaction de ses propres désirs. Mais aujourd'hui, il voulait vérifier que c'était bien son choix à elle, et qu'elle le faisait en toute liberté.

— Je suis sûre, lui assura-t-elle.

Puis elle lui tendit la main.

Il enlaça ses doigts aux siens et se laissa conduire à l'étage, dans sa chambre. La porte était ouverte, tout comme la fenêtre qui se trouvait près du lit à baldaquin, de sorte que le rideau en tulle léger ondoyait doucement. De l'autre côté de la pièce, il y avait deux commodes dépareillées, avec des photos de Sierra suspendues au-dessus. Il ne remarqua pas les autres détails, il était trop concentré sur Gabriella.

Elle se planta au milieu de la pièce et le regarda d'un air incertain. Prenant ses mains dans les siennes, il sentit qu'elle tremblait.

— J'ai l'impression d'avoir de nouveau dix-sept ans, lui dit-elle dans un murmure. Mon cœur bat à tout rompre et j'ai les jambes comme du coton.

Il pressa alors la paume de sa main contre son cœur pour lui prouver que le sien battait aussi vite.

— J'ai l'impression de t'avoir attendue depuis toujours, lui dit-il.

Puis il effleura ses lèvres avec les siennes, presque timidement.

Elle baissa les paupières, et émit un soupir.

Peu désireux, cette fois, de précipiter le cours des événements, il dégusta longuement sa bouche, en savoura la saveur unique. Quand il mêla enfin sa langue à la sienne, elle poussa un gémissement de plaisir et il approfondit son baiser.

Mais lorsqu'il voulut déboutonner sa tunique, elle recula.

— Je vais baisser les stores, dit-elle.

— Pourquoi ?

— Parce que je trouve étrange de me déshabiller alors que la chambre est inondée de soleil.

— Tes voisins ne sont pas assez proches pour nous espionner, dit-il en l'embrassant de nouveau sur la bouche. Et j'ai envie d'admirer la moindre parcelle de ton corps magnifique.

— Tu me rends vraiment nerveuse, Cameron, lui dit-elle.

Et elle eut un petit rire gêné.

— Arrête de penser et de te poser des questions, lui conseilla-t-il avant de reprendre sa bouche.

Il lui donna un long et profond baiser qui chassa tout questionnement de son esprit. Elle n'était plus en mesure de penser, juste de sentir. Elle entendait les battements accélérés de son cœur, sentait le feu dans ses veines, et éprouvait le besoin douloureux et désespéré de lui appartenir...

Cette fois, quand il défit le premier bouton de sa tunique, elle ne songea pas à l'arrêter. Lorsqu'il la fit glisser sur ses épaules, l'air doux lui caressa la peau, et elle en eut un petit frisson. Puis il l'enlaça par la taille, l'attirant étroitement contre lui, et elle ne sentit plus que la chaleur qui les unissait.

De ses mains, Cameron se mit à explorer son corps ; elle passa à son tour les siennes sous sa chemise, elle aussi impatiente de sentir sa peau. Elle tremblait un peu quand elle déboutonna sa chemise, puis il la fit passer par-dessus sa tête alors qu'il lui restait encore deux boutons à défaire.

A cet instant, elle plaqua ses mains sur son torse solide, sur sa peau brûlante...

Quelques minutes plus tard, tous deux étaient entièrement nus. Cependant, pour impatiente qu'elle était de le sentir en elle, elle souhaitait qu'ils prennent leur temps. Il devait nourrir les mêmes envies car, pour le moment, il se contentait de l'embrasser, de la caresser.

Quand il la fit basculer sur son lit, le matelas grinça et, brusquement, cela la ramena à la réalité. Où avait-elle la tête ? Elle s'apprêtait à faire l'amour avec lui ici, dans sa modeste maison, alors qu'il était habitué à des femmes glamour dans des suites luxueuses. Il était un prince et elle...

Ses pensées lui échappèrent, au moment où ses caresses redoublèrent et devinrent plus précises. Oui, c'était un prince, mais il était avec elle, et c'était tout ce qui comptait.

Il glissait sur son corps, en explorant les moindres recoins de ses mains et de sa bouche, jusqu'à ce qu'elle halète contre lui. Elle se cambra de désir, prête à le supplier. Il l'excitait comme lui seul en était capable, et une incroyable volupté monta en elle... Alors il la pénétra, la projetant dans un monde fantastique et merveilleux. Elle agrippa ses épaules, enroulant ses jambes autour de sa taille. Elle avait l'impression de se noyer dans le plaisir qu'il lui donnait et le savourait sans la moindre retenue.

Soudain, elle poussa un cri, et enfonça ses ongles dans les muscles de son dos tandis qu'elle se refermait plus étroitement autour de lui, l'entraînant avec elle dans le déchaînement des sensations qui l'assaillaient tout entière...

Il la tint longuement dans ses bras, après les ultimes sursauts de la jouissance. Le soleil avait décliné dans le ciel, et la pièce était à présent plongée dans la pénombre. Elle avait lové sa tête contre son épaule, et l'un de ses bras recouvrait le ventre de Cameron. Un ventre qui grondait sourdement.

— Nous n'avons pas dîné, dit-elle dans un beau sourire.

— Je n'avais pas faim, dit-il en lui massant les reins. Juste de toi.

Elle rejeta la tête en arrière et le jaugea.

— Et maintenant ?

— Maintenant, je meurs de faim.

Ils commandèrent de la nourriture Thaï, comme elle lui avait promis. Ayant repris des forces et retrouvé de l'énergie, ils retournèrent au lit et firent de nouveau l'amour.

— Tu m'as manqué, lui chuchota-t-il, comme s'il était plus facile de lui confesser la vérité dans l'obscurité. Je ne m'étais pas rendu compte à quel point tu m'avais manqué jusqu'à ce que je te revoie.

— Ça me fait plaisir, mais…

— Mais tu doutes de ma sincérité, n'est-ce pas ?

— Cameron, rappelle-toi… Je suis allée te voir moins d'un mois après que nous avions passé un week-end fabuleux ensemble, et tu ne te souvenais même plus de mon prénom.

— Ce n'est pas vrai, dit-il. J'ai fait semblant de l'avoir oublié.

— Je ne te crois pas. Pourquoi aurais-tu fait une chose pareille ?

— Parce que je ne voulais pas m'avouer ce que tu représentais pour moi. En l'espace de quelques mois, je t'avais dans la peau, j'étais complètement fou de toi. Quand nous sommes rentrés chacun chez nos parents, après ce merveilleux week-end, je n'avais qu'une envie, te revoir.

— Et c'est pour cette raison que tu ne m'as jamais rappelée ? Excuse-moi, mais j'ai du mal à comprendre la logique de l'histoire.

— Je sais, cela semble insensé, mais tu dois comprendre que ce genre d'expérience était inhabituel, pour moi. J'étais accoutumé à ce que les femmes se jettent à ma tête et j'avais l'impression que c'était normal, tout comme mon titre. Toi, tu étais si différente…

Il fit une pause avant de reprendre.

— Je n'avais jamais ressenti envers personne ce que j'éprouvais pour toi. La profondeur de mes sentiments me terrifiait. J'étais certain que si je prenais un peu de distance, je me rendrais compte que tu étais comme toutes les autres femmes.

— C'est très flatteur, fit-elle d'un ton sec.

— Je me trompais, bien sûr ! répondit-il. Quand

tu as surgi, sur le campus, j'étais excité de te voir, et également déterminé à garder mon flegme. Et c'est alors que tu m'as appris que tu étais peut-être enceinte. Là, j'ai été saisi d'une terrible panique.

— Tu n'étais pas le seul. Moi aussi j'étais paniquée…

Il lui caressa les cheveux.

— Je suis tellement désolé.

— A l'époque, j'ai été blessée et malheureuse, mais j'ai surmonté l'épreuve. Et puis j'étais si reconnaissante à la vie de m'avoir donné Sierra. C'était une véritable bénédiction, tu sais. J'étais jeune, seule et terrifiée, mais je savais que je devais me battre pour elle et cela me donnait une force incroyable. Tout ce que j'ai fait, je l'ai fait pour elle.

— Tu as mis ta vie entre parenthèses pour élever notre fille tandis que moi, je parcourais le globe, dit-il.

— Chacun ses centres d'intérêt, fit-elle mi-sérieuse, mi-ironique.

Il repoussa une mèche qui barrait son front.

— Quand vas-tu prendre du temps pour toi, Gabriella ?

— Je pensais que c'était ce que j'étais en train de faire, dit-elle, rieuse, en traçant une ligne sur son torse, une ligne qui descendit sous la couette.

Quand elle referma la main sur son sexe, leurs regards s'aimantèrent et, quelques secondes plus tard, ils s'étreignaient de nouveau.

Du bruit, au rez-de-chaussée, arracha Gabriella aux profondeurs de sa torpeur. Par réflexe, elle ouvrit les yeux et regarda son réveil, sur la table de nuit. Au moment où elle lut l'heure, elle comprit qu'il était trop tard.

— Maman ? appela Sierra.

Sa voix fut immédiatement suivie par des pas.

Gabriella repoussa bien vite la couette et se leva. Ses vêtements jonchaient le sol. Elle se saisit de son peignoir, accroché derrière la porte.

— J'arrive dans…

Sierra, accoutumée à entrer dans la chambre de sa mère comme elle le désirait, n'attendit pas la fin de la réponse et pénétra dans la pièce.

Gabriella venait juste de nouer la ceinture de son peignoir. Sa fille s'excusa de façon automatique.

— Je ne pensais pas que tu dormais déjà, lui dit-elle.

— Je ne dormais pas, pas encore.

Elle voulut sortir de sa chambre, pour entraîner Sierra dans le couloir, avant que les yeux de cette dernière ne s'habituent à la pénombre et qu'elle ne comprenne qu'il y avait quelqu'un dans son lit.

Cameron était-il réveillé ? Elle l'ignorait, mais si c'était le cas, elle priait pour qu'il se rende compte rapidement de la situation et ne bronche pas jusqu'à ce que Sierra soit sortie.

Elle n'avait pas prévu que son téléphone portable se mettrait à sonner !

— Qu'est-ce que c'est ? demanda aussitôt Sierra, ne reconnaissant pas la sonnerie de sa mère.

Gabriella laissa échapper un soupir.

— C'est le portable de Cameron.

Sierra en resta bouche bée.

— Quoi ? Cameron est là ?

Cette fois, elle prit sa fille par les épaules et l'entraîna d'autorité dans le couloir.

— C'est incroyable ! fit Sierra d'un ton dur, furieux. Ce que tu peux être hypocrite.

— Je suis une adulte, répondit sèchement sa mère. Je n'ai pas à me justifier auprès de toi.

— Alors toi, tu as le droit de prendre du bon temps

avec ton petit ami, et moi je dois surveiller l'heure et quitter le mien parce qu'il faut absolument que je sois rentrée à minuit !

— Ça suffit, Sierra !

C'était Cameron qui venait d'intervenir. D'un ton calme, mais ferme.

Sierra se tourna vers lui.

— C'est une affaire entre ma mère et moi. Vous n'avez pas le droit de...

— J'ai plus de droit que tu ne penses, lui dit-il alors.

— Parce que vous êtes prince ? fit-elle d'un ton ironique.

Il plongea tranquillement ses yeux dans les siens.

— Parce que je suis ton père.

Sierra eut la sensation de ne plus pouvoir respirer...

Elle le fixait, incapable de penser. Elle n'arrivait pas à croire que c'était vrai. Elle regarda sa mère, cherchant confirmation dans son regard ou peut-être espérait-elle que Gabriella nierait farouchement.

Elle déglutit avec difficulté.

— Est-ce que c'est vrai ?

Gabriella jeta un regard réprobateur à Cameron. Il n'en fallut pas davantage à Sierra pour comprendre que c'était bien la vérité.

— Oh, mon Dieu ! fit-elle.

Puis elle s'adossa contre le mur, ses jambes soudain trop faibles pour la soutenir.

— Allons en bas discuter de tout cela, dit Gabriella.

Mais Sierra était bien trop bouleversée pour bouger. D'ailleurs, elle ne voulait pas discuter, elle refusait la réalité. Et pourtant, tandis que son cerveau cherchait une autre explication plausible, son cœur, qui avait toujours désespérément eu envie d'un père, voulait le croire...

Gabriella posa la main sur l'épaule de sa fille.

— Sierra ?

Celle-ci se détacha du mur et se dirigea vers l'escalier.

Pendant que Gabriella préparait un thé, Sierra réfléchissait, la tête entre les mains. Etait-il possible que le prince Cameron Leandres soit son père ?

Elle attendit que sa mère pose la théière et les mugs sur la table, et demanda :

— Tu en es certaine ?

— Bien sûr ! répondit Gabriella sur un ton indigné. Je n'avais connu aucun autre garçon, avant lui.

A ces mots, Sierra se tourna vers Cameron qui les avait suivies.

— Vous... Tu as donc séduit une jeune fille vierge et tu l'as abandonnée quand elle était enceinte ?

— Je n'aurais pas décrit la situation de cette façon, mais en gros, oui, c'est ce qui s'est passé.

Elle fut surprise qu'il ne cherche pas à peindre les faits sous un jour plus favorable pour lui. Surprise et méfiante.

— Et pourquoi es-tu revenu seize ans plus tard ? demanda-t-elle.

— Parce que je veux apprendre à te connaître, être un père pour toi.

— Et c'est en couchant avec ma mère que tu penses y arriver ?

— Sierra !

D'un ton dur, sa mère venait de la rappeler à l'ordre.

— Maintenant, je comprends mieux pourquoi tu étais si mystérieuse quand je t'interrogeais au sujet de mon père, lui dit Sierra en se tournant vers elle. Si j'avais répété à l'école qu'il était prince, tu aurais eu l'air malin, hein ? Franchement, qui l'aurait cru ?

— J'ai toujours essayé d'être le plus honnête possible avec toi, dit Gabriella.

— Si tu avais vraiment voulu l'être, tu m'aurais dit qui était mon père quand je te posais la question. A la place, tu me faisais croire que c'était un homme qui avait vraiment compté pour toi, mais qui n'était pas prêt à être père.

— Ce qui est la stricte vérité, dit sa mère.

— Et soudain, il est prêt et je suis censée être une fille comblée et respectueuse ? Ne compte pas là-dessus. Je ne veux pas de père. Je n'en ai pas besoin.

— Que cela te plaise ou non, je suis ton père, dit Cameron.

— A mes yeux, tu n'es rien d'autre qu'un… qu'un… donneur de sperme !

Cameron plissa les yeux sans répondre, ce qui était de mauvais augure. Sur sa chaise, Sierra montrait des signes de nervosité, soudain consciente qu'elle était allée trop loin.

— Monte te coucher, Sierra ! lui dit Gabriella d'un ton tranchant. Nous reparlerons de tout cela demain.

L'adolescente sauta sur l'occasion et s'éclipsa. Elle avait besoin de temps pour méditer sur l'incroyable nouvelle. Mais à peine sortie de la cuisine, elle entendit Cameron annoncer :

— Je m'envole pour Rome demain.

— Rome ?

Sierra hésita à poursuivre son chemin. Dans la voix de sa mère, elle avait entendu à la fois de la surprise et de la suspicion.

— C'était mon secrétaire qui m'appelait, tout à l'heure, dit-il. J'avais des rendez-vous pour la fin du mois qui ont dû être avancés en raison des vacances que prend le Premier ministre.

— Et il t'appelle un samedi soir après minuit pour te mettre au courant des détails ? demanda Gabriella d'un ton sceptique.

Du corridor, Sierra avait conscience d'écouter une conversation qui ne la concernait pas, mais elle s'en fichait.

— Je lui avais demandé de me prévenir dès qu'il aurait réorganisé le tout, dit Cameron.

— Très bien, fit Gabriella en repoussant sa chaise, comme le bruit l'indiqua à Sierra. Il faut donc que tu rentres chez toi faire tes valises.

— Mon domestique s'en est chargé.

— Bien sûr ! fit-elle froidement. On règle ces détails pratiques pour toi, je devrais le savoir.

Cameron parut enfin se rendre compte que quelque chose n'allait pas.

— Pourquoi es-tu en colère contre moi ? demanda-t-il.

— Je ne suis pas en colère contre toi, dit-elle d'un air las, mais contre moi. Je m'en veux de n'avoir été, une fois encore, qu'une idiote.

— Tu penses que je vais en Italie parce que nous avons couché ensemble ? Qu'ayant obtenu ce que je voulais, je quitte le pays pour te fuir ?

— Ce ne serait pas une première.

— Je pensais que nous avions surmonté cela, Gabriella. C'est vrai, je me suis mal comporté avec toi, j'ai été égoïste, je n'ai pensé qu'à moi, mais j'avais vingt ans. En conséquence, j'ai manqué seize ans de la vie de notre fille et il est possible qu'elle ne me pardonne jamais. Mais maintenant, j'essaie d'envisager l'avenir, et cet avenir, c'est avec toi que je l'imagine.

— Combien de temps seras-tu absent ? demanda Gabriella.

Il poussa un soupir.

— Trois semaines. Après l'Italie, je dois me rendre en France, en Allemagne, puis en Suisse.

D'où elle était, Sierra vit que Cameron prenait la main de sa mère dans la sienne.

— Viens avec moi, dit-il.

Elle cligna des yeux.

— Pardon ?

— Accompagne-moi. Nous pourrons faire de la gondole à Venise, monter en haut de la tour Eiffel à Paris, aller à l'opéra à Francfort et visiter le Palais des Nations à Genève.

— Je pensais que c'était un voyage d'affaires.

— Si tu viens, je conjuguerai le travail au plaisir.

Elle secoua la tête.

— J'ai des responsabilités ici, je ne peux pas tout quitter sur un coup de tête et…

— Si tu le voulais vraiment, ce serait possible, dit Cameron.

Elle ne répondit pas.

Il se dirigea alors vers la porte et se retourna avant de franchir le seuil.

— Peut-être que c'est moi qui pars, dit-il, mais cette fois, c'est toi qui fuis.

Sur ces mots, il obliqua vers la porte, sans apercevoir Sierra, plaquée contre le mur, à sa gauche.

Gabriella fixa la porte un long moment après son départ. Quand elle se retourna, Sierra en profita pour disparaître en silence sur la pointe des pieds, essayant de ne pas penser aux larmes qu'elle avait vu briller dans les yeux de sa mère.

Elena possédait une photocopie de l'itinéraire de Cameron, aussi savait-elle qu'il était déjà en route pour

Rome. Il assistait à un dîner de bienvenue donné par le Premier ministre et se rendait à des rendez-vous les jours suivants.

Elle avait espéré de ne pas en arriver à de telles extrémités, mais son fils ne lui avait pas laissé le choix. Décrochant son téléphone, elle appela Reynard.

— Il est temps de mettre notre plan en œuvre, lui dit-elle.

15

Sierra passa le plus clair de son dimanche dans sa chambre, Katarina rentra tard de son week-end chez Dominic, quant à Gabriella, elle n'avait pas fermé l'œil de toute la nuit, se demandant si elle avait eu raison de refuser d'accompagner Cameron en Italie.

Elle n'y était jamais allée. D'ailleurs, à part un voyage à New York avec Rafe, elle n'avait jamais quitté Tesoro del Mar. Elle fut surprise de constater que c'était la première fois qu'elle repensait à Rafe depuis leurs adieux, trois semaines plus tôt. Elle pensait être amoureuse de lui, envisageait même de se marier avec lui, et, moins d'un mois plus tard, elle s'était déjà éprise d'un autre homme.

Evidemment, Cameron n'était pas le premier venu. C'était son premier amant, le seul homme qu'elle avait aimé. Et qu'elle aimait encore.

Elle laissa tomber sa tête entre ses mains.

Comment était-ce possible ? Comment pouvait-elle encore l'aimer ? Et pourquoi ne s'en rendait-elle compte que maintenant, après l'avoir congédié ?

Si elle avait passé le dimanche à se torturer, ce n'était rien comparé aux peurs et aux incertitudes qui commencèrent à l'envahir quand elle vit une photo de Cameron et de Bridget Dewitt, dans le journal, le mardi.

Elle espérait qu'il l'appellerait, mais il n'en fit rien.

Comment prendre son silence ? Estimait-il qu'ils s'étaient tout dit, puisqu'elle avait refusé de venir avec lui ? Tout de même ! Ils avaient couché ensemble juste avant son départ. Il aurait au moins pu l'appeler pour lui expliquer pourquoi il paradait au bras d'une femme moins de quarante-huit heures après avoir quitté son lit.

Elle fut soulagée quand il quitta Rome, le jeudi. Et c'est alors qu'elle lut le journal du vendredi.

Cette fois, on l'avait photographié à une réception en l'honneur de délégués internationaux qui participaient à une réunion sur le commerce, en France. Il y avait plusieurs personnages connus, mais son regard fut immédiatement attiré par Cameron et la blonde sculpturale qui se tenait à ses côtés.

A quel jeu jouait-il ? Cherchait-il à prendre sa vengeance parce qu'elle avait refusé de l'accompagner ? Et pourquoi avait-il l'air si rayonnant sur ces clichés ?

Elle repoussa le journal et emporta son mug dans son bureau. S'efforçant de chasser la blonde de son esprit, elle se mit au travail. Mais toutes les lettres réponses qu'elle commençait sonnaient faux, et elle savait pourquoi : parce qu'une femme qui avait complètement gâché sa vie ne pouvait pas être de bon conseil pour les autres !

Soudain, on frappa à sa porte. Elle sourit à sa fille qui passait la tête par l'entrebâillement de la porte.

— Tu es occupée ?

— Non, entre.

— Tu as vu ça ?

Sierra, le journal du matin à la main, entra avec prudence dans son bureau.

Gabriella hocha brièvement la tête et avala une gorgée de café.

— Tu n'es pas en colère ?

— Contre qui devrais-je l'être ?

— Cameron, fit sa fille sur le ton de l'évidence.

Sierra ne s'était pas remise de la nouvelle sur sa filiation, et Gabriella déplorait d'autant plus le voyage impromptu de Cameron qu'il aurait pu rassurer sa fille, s'il avait été là.

— Ma chérie, je sais que tout cela est nouveau pour toi, mais ton…, mais Cameron a vécu toute sa vie sous l'œil des photographes. Et beaucoup de femmes ne pensent qu'à une chose : voir leur nom et leur photo associés à celui d'un prince.

— Donc, cela ne te gêne pas qu'il ait été photographié avec une rousse à Rome, et avec une blonde à Paris ? dit Sierra.

Bien sûr que cela la tracassait ! D'ailleurs, elle avait fait des recherches sur internet pour savoir qui étaient les deux beautés qui avaient posé si complaisamment au bras de Cameron.

— Il est en voyage d'affaires, lui rappela Gabriella. La blonde est une ambassadrice américaine, en France pour affaires, et la rousse un top model international qui sort avec le plus jeune fils du Premier ministre italien.

Sierra demeura un instant silencieuse, avant de reprendre, l'air songeur :

— Quand j'étais enfant, tu me disais toujours que tu avais beaucoup aimé mon père. Est-ce que c'est vrai ?

— Oui, Sierra, énormément. Je t'ai donné peu d'informations à son sujet, mais je t'ai toujours dit la vérité.

— Est-ce que tu l'aimes toujours ?

A contrecœur, Gabriella acquiesça d'un mouvement de tête.

— Dans ces conditions, pourquoi ne l'as-tu pas accompagné ?

— Comment sais-tu qu'il m'a proposé de l'accompagner ?

— J'ai entendu votre conversation. Je ne suis pas montée directement dans ma chambre, ce jour-là, quand tu me l'as demandé…

Inutile de lui faire la leçon ! Le mal était fait.

— Alors tu as entendu ma réponse : je ne pouvais pas partir à cause de mes responsabilités.

— C'est un prétexte, maman. Tu le sais, et lui aussi.

— Je veux bien répondre à toutes tes questions sur Cameron, mais pas à celles qui concernent ma relation personnelle avec lui.

— Vous en avez toujours une ?

Gabriella ne sut que répondre tant la question la prenait au dépourvu.

Sierra détestait avoir des secrets envers Jenna. Quel intérêt y avait-il à avoir une meilleure amie pour la vie si on ne pouvait pas tout lui confier ? Pourtant, sa mère avait été catégorique à ce sujet : elle ne devait le dire à personne, pas même à Jenna. Du moins pas encore.

Elle devait pourtant en parler à quelqu'un ! Et Jenna était la personne à qui elle faisait le plus confiance.

Aussi, alors qu'elle rentrait chez elle après son rendez-vous auprès du médecin qui lui avait enfin retiré son plâtre, prit-elle son portable pour envoyer un texto à Jenna.

On peut se voir ? Je dois te parler.

Aussitôt, Jenna répondit :

Où ?

Une demi-heure plus tard, les deux amies sirotaient des cappuccinos sur le port.

Ce n'était que le début de la deuxième semaine de son voyage qui en comportait trois, et déjà Cameron avait envie de rentrer. En général, il profitait de ses voyages pour visiter de nouveaux endroits et rencontrer de nouvelles têtes. En l'occurrence, il n'avait qu'une obsession : être auprès de Gabriella et de Sierra.

Quand il arriva en Allemagne, il était réellement nerveux et éprouvait une véritable nostalgie pour Tesoro del Mar. Et s'il appelait Gabriella ? Depuis son départ, chaque jour il avait composé son numéro, mais avait raccroché au dernier moment. Il la voulait ici, à ses côtés..., et elle avait refusé ! Comme il avait été trop fier pour la supplier, il se retrouvait seul.

Ce soir, il devait dîner avec Dieter Meier, le directeur d'une importante société de Nuremberg, avec qui il avait étudié à Cambridge. Après le repas, il s'était juré d'appeler Gabriella.

Sauf que, quand il revint à l'hôtel, son projet fut contrarié par la présence d'une femme dans sa chambre. Et pas celle qui lui manquait tant !

— Comment es-tu entrée ? demanda-t-il froidement.

Telle un automate, Chantal St. Laurent fit remonter les commissures de ses lèvres maquillées.

— Je connais le directeur.

— Très bien. Et que fais-tu ici ?

Se levant, elle s'avança vers lui, sur ses talons de dix centimètres. Elle était vêtue d'une courte robe en élasthanne bleu nuit, de la même couleur que ses yeux. Elle portait des diamants aux oreilles et au poignet, de sorte qu'elle brillait à chaque pas. Elle était très belle, c'était indéniable, et pourtant elle éveilla tout de suite ses suspicions.

Surtout quand elle retraça d'un doigt impeccablement vernis l'alignement des boutons de sa chemise.

— Je voulais revoir un vieil ami, susurra-t-elle.

Ils évoluaient dans les mêmes sphères, mais il ne la considérait pas comme une amie. Ils avaient été brièvement amants, mais aucune amitié particulière ne les liait.

Comme elle agrippait sa chemise, il lui saisit la main et la repoussa.

— Je n'ai pas de temps pour tes jeux, Chantal.

Elle fit la moue.

— Tu ne te souviens pas combien ils étaient amusants ?

— Si, je me souviens.

Chantal avait certes le corps brûlant, mais le cœur glacé.

— Je me rappelle aussi que tu n'étais pas toujours très ponctuelle, et qu'il t'arrivait d'oublier des rendez-vous.

— Laisse-moi me rattraper.

De nouveau, elle fit un geste vers lui, mais il s'empara de ses poignets.

— Si tu veux faire quelque chose pour moi, va-t'en !

Il la relâcha, mais au lieu de sortir, elle se dirigea vers le bar et se servit un verre de Scotch. Puis elle se retourna vers lui et le scruta avec ses grands yeux bleus qui avaient dû faire plier bien des hommes.

— Ne me renvoie pas, Cameron, s'il te plaît... Je suis venue spécialement de Saint-Moritz pour te voir.

— Comment savais-tu que j'étais ici ?

— Je suis ta carrière dans les journaux. Je savais que nos chemins se recroiseraient un jour.

Elle avala une longue gorgée d'alcool.

— Tu m'as manqué, Cameron.

— Tu me crois crédule à ce point ?

Elle le considéra quelques secondes.

— Tu as changé, dit-elle soudain en reposant son verre sur le comptoir.

— Comme je suis heureux de te l'entendre dire.

— Tu regretteras de m'avoir repoussée.

— Ce que je regrette, c'est que tu ne sois pas déjà partie, répondit-il.

Alors, reprenant son verre, elle lui en jeta le contenu au visage.

Il aurait dû prévoir son impulsion.

Contrairement à Allegra, Chantal aimait les esclandres et elle était d'humeur changeante. La porte claqua. Tout en s'essuyant les yeux, il poussa un soupir de soulagement. Puis il se rendit dans la salle de bains pour se laver.

Gabriella se réveilla brusquement. Quelqu'un frappait à sa porte, avec insistance. Elle regarda son réveil. Il n'était pas tout à fait 4 heures du matin.

Que se passait-il ? se demanda-t-elle aussitôt, affolée.

Elle se leva en toute hâte, enfila son peignoir et descendit précipitamment l'escalier.

— Alli ? Mais que fais-tu ici ? dit-elle, stupéfaite, en découvrant sa chef sur le seuil de sa porte.

— Je suis venue t'épargner les médias qui vont débarquer chez toi à la première heure.

— Pardon ? De quoi parles-tu ?

— La nouvelle vient juste de parvenir à l'agence de presse nationale. C'est Alex qui l'a repérée et il vient de m'appeler.

Le cœur de Gabriella se mit à battre violemment.

— Quelle nouvelle ?

— A propos de Sierra.

— Qu'est-ce qui se passe ? demanda Katarina.

Gabriella et Alli levèrent les yeux. Elle se tenait sur le palier et, derrière elle, se dessinait la silhouette de Sierra.

— La nouvelle qu'elle est la fille du prince Cameron vient de tomber.

Gabriella savait que cela arriverait un jour. Evidemment, le moment était des plus inopportuns, étant donné l'absence de Cameron, mais était-il pour autant nécessaire de paniquer ?

— Des photos circulent déjà sur internet, et il y a aussi des articles de blogs sur ta liaison avec Cameron.

— Que me conseilles-tu de faire ?

— Vos valises.

— Je ne laisserai pas les paparazzi me chasser de chez moi ! dit Katarina.

— Ce sera juste pour quelques jours, dit Alli d'un ton rassurant.

— Et où est-on censé aller ? demanda Sierra.

— Au palais royal, répondit Alli.

Gabriella la regarda comme si son amie venait de perdre l'esprit.

— J'ai téléphoné au prince régent, dit-elle. Je le connais... depuis que tu as écrit cette histoire sur son cousin et la fille du roi d'Ardena. Bref, il vous attend.

— *Quoi ?*

— Il vous a envoyé une voiture et des gardes du corps pour s'assurer que votre trajet se déroulera sans incident.

— Habillons-nous, alors ! dit Katarina. On ne peut pas rencontrer la famille royale en pyjama.

Le palais était des plus impressionnants, avec ses sols en marbre, les chandeliers en cristal, les fleurs disposées dans d'immenses vases et les portraits de famille aux murs. Le prince Rowan Santiago et la princesse Lara vinrent les saluer à leur arrivée.

Gabriella fit automatiquement la révérence, imitée par sa mère et sa fille.

— Je vous en prie, dit Lara en lui prenant la main. Ce n'est pas une heure pour de telles formalités.

— Ni une heure pour être debout ! Vos chambres sont prêtes, dit Rowan.

— Merci, Votre Altesse, dit Katarina.

— Hanna, dit-il à l'adresse d'une domestique, voulez-vous conduire ces dames à leurs chambres ?

Comme Katarina et Sierra lui emboîtaient le pas, Gabriella se tourna vers Lara :

— Merci encore. Je vous suis réellement reconnaissante de m'ouvrir votre porte dans de telles circonstances.

Rowan enlaça alors sa femme par les épaules.

— Je ne sais pas si vous direz la même chose dans quelques heures.

A ces mots, Gabriella sentit son estomac se contracter.

— Que va-t-il se passer... dans quelques heures ? parvint-elle à demander.

Lara lui sourit et déclara :

— Les enfants vont se réveiller.

Le soleil était haut dans le ciel et les vautours tournaient en cercle lorsque l'avion de Cameron atterrit à l'aéroport de Port Augustine. Il regagna la voiture qui l'attendait, entouré de gardes du corps qui le protégeaient des paparazzis. Il ignora toutes les questions qu'on lui posa, n'ayant qu'un objectif en tête : retrouver au plus vite Gabriella et Sierra.

Il savait qu'elles avaient trouvé refuge au palais royal

et qu'elles y étaient en sécurité. Mais il ignorait si elles avaient feuilleté *El Informador*...

Son secrétaire lui en avait remis un exemplaire dans l'avion et, après avoir lu et relu l'article scandaleux le concernant, il n'avait cessé de se demander, pendant les trois heures de vol restantes, comment il avait pu en arriver là.

Quand il s'engouffra dans la Mercedes noire et que le SUV commença à avancer parmi la foule de journalistes, il était fataliste et s'était fait à l'idée que Gabriella avait dû lire l'article. Comment allait-elle réagir ?

Les deux plus jeunes fils du couple royal avaient l'esprit fort vif et étaient adorables. Matthew avait six ans et demi, et William presque quatre, et quand les trois générations de Vasquez firent leur connaissance le lendemain, au petit déjeuner, ainsi que celles de la princesse Alexandria, âgée de dix-sept ans, et du prince Damon, âgé de treize ans, elles furent immédiatement sous le charme. Lara les informa que Rowan avait déjà pris son petit déjeuner en compagnie du prince Christian pour faire du cheval avant de se mettre au travail.

Les garçons bavardaient joyeusement et, pendant quelques secondes, Gabriella savoura son café, profitant simplement de l'instant et oubliant pourquoi elle se cachait au palais.

Quand Lara s'éclipsa pour répondre au téléphone, Katarina s'excusa et alla faire un tour dans les jardins tandis que Alexandria invitait Sierra à piquer une tête dans la piscine. De sorte que Gabriella resta seule avec les trois garçons et put tranquillement continuer à découvrir son environnement.

— Désolée de vous avoir laissée seule, dit Lara en

revenant. A moins qu'un peu de solitude ne soit la bienvenue.

Gabriella lui sourit.

— Je me délecte du calme avant la tempête, dit-elle.

— Avez-vous dormi un peu, cette nuit ?

— Quelques heures, répondit-elle. Assez pour me demander s'il ne vaudrait pas mieux affronter la presse *maintenant* pour qu'elle passe à un autre sujet. Si j'étais seule en cause, ce serait déjà fait.

— Vous vous inquiétez pour votre fille, n'est-ce pas ?

Gabriella acquiesça.

— J'espère qu'elle ne va pas être trop contrariée de devoir passer quelques jours ici, dit Lara. Les adolescents sont tellement attachés à leur propre monde.

— Rassurez-vous, elle est ravie. Elle m'a dit qu'elle avait l'impression d'être une princesse.

— C'en est une, dit Lara.

— Je sais. Mais je ne suis pas sûre que Sierra s'en rende bien compte.

— Parce que cela signifierait qu'elle accepte Cameron comme son père ?

— Tout à fait. Cela n'est pas facile pour elle. J'ai toujours pensé qu'il était préférable qu'elle ne sache pas qui était son père, elle l'a appris il y a peu… Je savais que la vérité provoquerait un véritable chamboulement, voilà pourquoi je m'étais toujours tue.

— Personne ne peut vous en vouloir d'avoir protégé votre enfant, dit la princesse. Mais Cameron ne devrait plus tarder ! Son avion a atterri il y a vingt minutes.

— Je doute qu'il apprécie d'avoir dû interrompre son voyage à cause de cette frénésie médiatique.

— Ne vous inquiétez pas ! Il a l'habitude de faire les manchettes.

— Ce qui veut dire qu'il y en a une nouvelle aujourd'hui ?

La princesse lui tendit alors un numéro d'*El Informador*.

— *La Noticia* aussi a couvert l'affaire, dit-elle, mais en se référant uniquement à des faits confirmés. Elle ne pouvait passer sous silence un sujet traité par toute la presse européenne.

Sans l'écouter davantage, Gabriella ouvrit le tabloïd et fut saisie d'effroi par le titre de la une.

16

La maîtresse du prince Cameron raconte la vérité au sujet de son enfant secret avec une autre femme :

« L'ancien top model international Chantal St. Laurent, que l'on a vue récemment au bras du prince de Tesoro del Mar, en Allemagne, est ressortie furieuse de son hôtel munichois à une heure avancée de la nuit, après avoir appris que son amant était le père d'une adolescente illégitime qu'il a eue avec la chroniqueuse Gabriella Vasquez.

— J'ai été choquée quand il me l'a appris, a-t-elle confié plus tard à une amie.

Notre enquête nous a permis de confirmer que Gabriella Vasquez est bien la mère d'une fille de seize ans prénommée Sierra, mais le prince ne figure pas sur l'extrait de naissance de l'enfant. Le document officiel porte la mention « Inconnu » à la rubrique Père. Des sources proches de Mlle Vasquez à l'époque de la naissance de l'enfant ont déclaré qu'elle était alors incertaine quant à l'identité du père. »

Gabriella repoussa le journal, incapable d'en lire davantage.

— Ce n'est qu'un tissu de bêtises, lui dit gentiment

Lara. Chantal St. Laurent ferait n'importe quoi pour que l'on parle d'elle dans les journaux. Je suis convaincue que ce n'était pas par hasard qu'elle se trouvait en Allemagne en même temps que Cameron.

— Vous pensez qu'elle l'a piégé ? demanda-t-elle.

— Je pense qu'elle ne sait cracher que du venin et des mensonges, dit Lara. J'ignore quel bénéfice elle en tire, mais je ne doute pas un instant qu'elle a menti sur toute la ligne.

— Même sur le fait de s'être retrouvée dans la même chambre d'hôtel que Cameron ?

— Non, elle y était bien ! dit ce dernier en pénétrant dans le salon.

Il paraissait épuisé, comme s'il n'avait pas dormi de la nuit. Epuisé et malgré tout si beau que Gabriella se retint de se jeter dans ses bras. Elle aurait aimé qu'il la prenne contre lui, qu'il la rassure, mais elle était folle d'espérer ce genre de choses, d'autant qu'il venait de reconnaître que la femme qui avait vendu Sierra aux médias se trouvait bel et bien dans sa chambre.

— Je suis sorti dîner avec un ami, dit-il, et quand je suis rentré, Chantal St. Laurent était dans ma chambre. Elle n'y est pas restée longtemps, mais elle s'était assurée de la complicité d'un photographe qui l'a prise en photo lorsqu'elle est sortie de la chambre.

— En tout cas, elle y est restée assez longtemps pour que tu aies le temps de lui raconter la vérité au sujet de Sierra, dit Gabriella.

Elle ne comprenait pas pourquoi il lui avait livré un tel secret. Leur secret.

— Je n'ai pas dit un mot de Sierra à Chantal.

Gabriella le fixa quelques secondes comme pour le sonder.

— Je sais que cette femme me déteste mais, cette fois,

c'est contre Sierra que va se retourner sa malveillance, dit-elle enfin.

Cameron hocha la tête, l'air sombre.

— Si vous voulez mon avis, c'est la princesse royale qui se frotte les mains ! dit-il.

— Comment ? fit Lara. Tu penses que ta mère a orchestré toute l'affaire ?

— Elle ne voulait pas que Cameron apprenne l'existence de Sierra, lui dit Gabriella.

— Et comme elle estime que tu l'as trahie, elle s'est vengée, poursuivit Cameron.

— Attendez un peu, fit Lara. Etes-vous en train de dire qu'Elena était au courant que Cameron avait un enfant et qu'elle n'a rien révélé ?

— Oui, elle le savait, dit Cameron.

— Je crois que vous avez besoin de discuter en privé, dit Lara. Je vous laisse dans l'intimité.

Sur ces mots, elle sortit du salon.

Cameron s'assit à la table, en face de Gabriella.

— Est-ce que nous allons être capables de surmonter cette crise ? demanda-t-il, presque timidement.

Elle aurait aimé lui dire « oui », mais elle n'était ni naïve ni idéaliste, et elle savait que la situation jouait en leur défaveur. En outre, elle avait la triste impression que l'amour n'était pas en mesure de tout résoudre.

— Honnêtement, je ne sais pas, lui dit-elle.

Ce n'était pas la réponse qu'il attendait, mais il ne pouvait lui en vouloir pour sa prudence. Leur relation avait évolué dans le bon sens… jusqu'à ce qu'il quitte le pays.

— Est-il vrai que Chantal et toi êtes amants ?

— Non, pas du tout ! Nous l'avons été, mais ce n'est plus le cas.

— Donc tu es bien sorti avec elle.

— C'était il y a longtemps, Gabriella…

Elle ne parut ni surprise ni déçue. Après tout, pendant de longues années, il avait eu la faveur des paparazzi en raison de ses multiples conquêtes. Et même si depuis quelques années, il avait radicalement changé, sa réputation lui collait à la peau.

— Dans ces conditions, pourquoi aurait-elle accepté d'être la complice de ta mère ? demanda-t-elle.

— Parce que rien ne la fait plus jubiler que de se retrouver au milieu d'un scandale.

Elle le fixa longuement. Elle était trop honnête pour pouvoir comprendre les motivations de personnes comme Chantal ou Elena. Et c'était d'ailleurs cette honnêteté, cette bonté, qui l'avait séduit chez elle.

Des qualités qu'il ne pouvait certainement pas attribuer à sa mère, qui avait dû éprouver une grande joie à exercer une fois de plus son influence et à manipuler les autres. Son comportement s'expliquait peut-être par la déception de ne pas être né garçon, avec tous les avantages que ce statut entraînait en termes de pouvoir et de règne. Mais, si cela pouvait expliquer ses agissements, cela ne signifiait pas qu'il les lui pardonnait.

Gabriella retourna le journal, ne supportant plus la vue de la une.

— Sierra va être anéantie, dit-elle dans un souffle.

Il n'en était pas aussi certain. Après tout, elle était l'innocente de l'affaire, et la façon dont elle avait été conçue ne la regardait pas. Sa fille avait suffisamment de caractère pour percevoir cela. Non, celle qui le préoccupait, c'était Gabriella.

— Rowan a suggéré une conférence de presse, et

je pense que c'est la meilleure façon de faire face la situation, dit-il.

— Pourquoi ne sortirai-je pas du palais avec une cible sur le cœur, à la place ?

Devant son amertume, il lui prit spontanément la main et fut soulagé qu'elle ne le rejette pas.

— Nous allons afficher un front uni, dit-il. Toi, moi et notre fille. Nous lirons une déclaration et nous présenterons de façon formelle la princesse Sierra. Nous n'accepterons de répondre à aucune question.

— Très bien, dit-elle. Quand tiendrons-nous cette conférence de presse ?

Elle fut fixée au lendemain, à 9 heures, dans Waterfront Park.

Quand Gabriella était partie de chez elle en pleine nuit pour trouver refuge au palais, elle avait jeté dans son sac de voyage les premiers vêtements qui lui étaient tombés sous la main. Par conséquent, elle n'avait aucune tenue qui puisse convenir à une conférence de presse. Elle n'eut pas plus tôt exprimé son problème à Lara que celle-ci proposa d'envoyer une personne chez elle avec la liste de ce qu'elle devait rapporter.

Une heure plus tard, elle hésitait entre un tailleur taupe et un rouge.

— Le rouge, lui conseilla Lara quand elle lui demanda son avis. Même en taupe, vous ne pourrez pas échapper aux flashes, mais on en déduira que vous avez essayé de vous y soustraire en adoptant un ton neutre. Sierra aussi devra porter du rouge. Du rouge et du blanc. De toute façon, le rouge est la couleur qui vous va le mieux.

Le jour J, après s'être habillée, Gabriella se rendit dans la chambre qu'occupait sa fille. Elle s'arrêta sur le seuil, le cœur serré. Elle ne reconnaissait plus sa petite fille ! Elle avait devant elle une jeune femme belle et posée, vêtue d'une robe à bretelle simple mais élégante, ourlée de fleurs rouges ; elle portait également des chaussures et un chapeau rouge.

— Le chapeau, c'est une idée de Lexi, dit aussitôt Sierra à sa mère. Elle prétend qu'il me donne un air plus mystérieux.

— Je t'ai à peine reconnue, répondit Gabriella en lui souriant.

Elle était heureuse que Sierra et Alexandria se soient tout de suite entendues. Lexi avait été élevée comme une princesse depuis sa naissance, aussi connaissait-elle le protocole sur le bout des doigts : elle ne pouvait que donner de bons conseils à Sierra.

— Tu es très belle, dit-elle.

Sierra eut un petit sourire.

— Je me sens étrange. La tenue me plaît, mais c'est si différent de mon style habituel. Selon Lexi, c'est à la fois chic et décontracté.

— C'est parfait, dit Gabriella.

Sierra regarda tout à coup sa mère et prit une grande inspiration.

— Maman, je l'ai dit à Jenna, je lui ai dit que Cameron était mon père, dit-elle avec précipitation.

Ce fut alors que Gabriella comprit la réserve de sa fille, durant les deux jours qui venaient de s'écouler : ce n'était pas parce qu'elle était impressionnée par les événements, mais parce qu'elle se sentait coupable !

— C'est ma meilleure amie, dit-elle, et je ne pensais pas qu'elle le raconterait à qui que ce soit.

— Elle n'a rien dit, répondit sa mère. La fuite est venue d'ailleurs.

— Tu es certaine ?

— La presse était au courant de détails que Jenna ne pouvait pas connaître. Que toi-même tu ignores.

Sierra poussa un soupir de soulagement.

— Je pensais que tout était ma faute.

Gabriella prit sa fille dans ses bras.

— Oh, ma chérie ! Rien n'est de ta faute et si quelqu'un est à blâmer, c'est moi. Si je t'avais dit la vérité, si j'avais informé Cameron de ton existence, nous aurions évité tout cela. Ou du moins aurions-nous été mieux préparés.

— Ne t'en fais pas, je suis prête, lui dit Sierra. Allons-y.

Le parc était bondé et tout le monde avait les yeux rivés sur la princesse Sierra. De nombreux amis de celle-ci étaient présents.

Katarina avait insisté pour être là, elle aussi, afin d'apporter son soutien à sa fille et sa petite-fille. La famille de Cameron était également venue les soutenir. Tous avaient répondu présent à l'appel. Tous sauf une : Elena, partie chez une amie en Corse. C'était un prétexte, bien sûr, mais il n'empêche que Gabriella se réjouissait de son absence. Tout comme de l'appui du reste de la famille. Il y avait même la sœur de Cameron, Marissa, avec la fille de son frère.

Enfant, Sierra s'était toujours plainte d'être enfant unique, et voilà qu'elle se retrouvait avec une tribu de cousins !

Mais elle ? pensa soudain Gabriella. Où en était-elle ?

« La raison ne peut pas gouverner le cœur… »

Elle ne doutait plus de la vérité de ces paroles, et quelle que soit l'issue entre Cameron et elle, elle pourrait se réjouir d'avoir donné une famille à sa fille.

Le secrétaire de Rowan s'avança vers le micro pour

requérir l'attention de l'assemblée. Il annonça que le prince Cameron allait s'exprimer.

Il avait été convenu que Sierra et Gabriella se tiendraient à ses côtés, pour montrer qu'elles approuvaient la déclaration officielle.

— Durant ces derniers jours, les médias ont été inondés de rumeurs au sujet de ma relation avec Gabriella Vasquez et ma paternité concernant sa fille, Sierra, dit Cameron. Je suis ici pour rétablir les faits dans leur vérité...

Gabriella n'en écouta pas davantage. Elle connaissait le discours par cœur, ils l'avaient écrit ensemble. Elle se concentra sur l'intonation de sa voix, se laissant bercer par son timbre mélodieux...

Elle tenait la main de Sierra dans la sienne. Celle-ci avait les doigts glacés, ce qui dénotait sa nervosité. Elle était bien droite sur ses hauts talons, sachant qu'elle était le point de mire de tous les regards. Gabriella n'avait jamais été aussi fière d'elle.

Une fois que Cameron eut terminé son discours, les questions jaillirent de toute part, mais une s'éleva au-dessus des autres :

— Prince Cameron, est-ce que vous allez épouser Gabriella ?

Elle retint son souffle. La question resta suspendue dans l'air pendant un bon moment, chacun attendant une réponse, mais Cameron se contenta de dire :

— Merci pour votre attention.

Et il tourna le dos au micro.

Sierra lui emboîta immédiatement le pas, désireuse de descendre le plus vite possible du podium. Gabriella les suivit, elle aussi. La question la hantait encore, mais qu'espérait-elle, au juste ? Qu'il annonce leur mariage ? Elle n'avait aucun titre, aucune fortune, elle n'était rien, il ne l'épouserait jamais. *Il était temps qu'elle se réveille.* Et puis n'avaient-ils pas convenu qu'ils ne répondraient à aucune question ?

Encore une fois elle s'était laissé prendre à son propre jeu, celui des espérances. Comme à l'âge de dix-sept ans, elle avait cru au conte de fées. Le silence de Cameron, face à la question directe qui lui avait été posée concernant leur mariage, était des plus révélateurs.

Les gardes du corps veillèrent à ce qu'ils regagnent les véhicules sans encombre. Sierra s'engouffra dans la même voiture que Lexi et ses frères, Katarina monta dans celle du prince régent et de sa famille.

Gabriella se retrouva avec Cameron.

Elle s'appuya contre la banquette en cuir, soulagée d'être enfin à l'abri des regards, derrière les vitres fumées. Personne ne la voyait plus… Sans qu'elle ne s'en rende compte, des larmes se mirent à couler sur ses joues, et ce fut quand Cameron les essuya qu'elle comprit qu'elle pleurait. Son geste avait beau être empreint de douceur, elle avait la sensation qu'un étau lui enserrait le cœur.

— Ça va ? demanda-t-il.

— C'est le contrecoup… Je suis impatiente de revenir chez moi, de retrouver ma vie. La réalité.

— Il serait préférable que tu restes encore quelques jours au palais. Tu as entendu les questions des journalistes. Ils n'ont pas obtenu toutes les réponses qu'ils souhaitent.

— Oui, j'ai entendu.

— Nous savions que cela se passerait ainsi, lui dit-il. Ils n'en ont jamais assez !

— Ce n'est pas ce qui m'inquiète, dit-elle alors. Je sais que tu as l'habitude des médias et que Sierra s'accoutumera aussi. Mais moi, je ne peux vivre ainsi.

— Que veux-tu dire, au juste ?

— Que l'on doit cesser de faire comme si une relation entre nous pouvait fonctionner, répondit-elle sans ménagement.

Il plissa les yeux.

— Ne me fais pas croire que c'est au-dessus de tes forces, tu as surmonté bien d'autres épreuves. La vérité, c'est que tu n'en as pas envie, dit-il, la voix pleine de reproches.

— Peut-être que je n'ai pas envie de tout devoir prendre en charge.

— Qu'est-ce que tu racontes ? Je n'étais peut-être pas avec toi, tout à l'heure ?

— Si, mais Sierra était entre nous, comme si elle était le seul lien qui nous unissait.

— Et qu'étais-je censé faire ? Annoncer à la foule que nous étions amants ?

Elle eut l'impression qu'on venait de lui enfoncer un couteau dans le cœur. Un couteau qui détruisait définitivement toutes ses illusions… Elle avait cru qu'ils étaient plus que des amants, qu'ils étaient amoureux, qu'ils allaient constituer une vraie famille.

— Tu as raison, dit-elle enfin d'une voix brisée. Tu n'étais pas censé faire quoi que ce soit.

A peine rentrée, Gabriella se dirigea vers sa chambre pour faire sa valise. Cameron l'y suivit.

— Si tu es en colère, dis-moi au moins pourquoi.

— Je ne suis pas en colère.

— Très bien ! Alors peux-tu m'expliquer comment réparer la faute que j'ai commise sans même le savoir ?

— Il n'y a rien à réparer. Seulement, je ne veux plus être ton petit secret immoral.

— Mais bon sang, de quoi parles-tu ?

— Aujourd'hui, tu avais la possibilité de montrer au monde que tu me désirais et de dire : « Je vais l'épouser ».

Il savait qu'il avait eu tort. Mais au dernier moment, il avait reculé. Comme l'on fuyait parfois devant un rêve qui se réalisait enfin. Par peur, sans doute, de ne pas être à la hauteur de ce qu'on avait choyé dans le creux de son cœur.

— Gabriella, soit raisonnable !

— Raisonnable ? Je t'aime depuis dix-sept ans, Cameron !

Les mots résonnèrent dans son cerveau, et il en ressentit un léger vertige. La déclaration inattendue eut pour effet de le déstabiliser.

— Est-ce un ultimatum ? demanda-t-il pour se donner une contenance.

Ce fut la goutte qui fit déborder le vase.

S'emparant de sa valise qu'elle venait de terminer, Gabriella dit d'un ton glacial :

— Au revoir, Cameron.

Il comprit qu'il aurait été insensé de se mettre en travers de son chemin. Elle était bien trop furieuse contre lui.

17

Il était rare que Cameron reçoive de la visite au bureau, d'autant que son emploi du temps était surchargé. Mais comme il était revenu de son voyage beaucoup plus tôt que prévu, il était moins bousculé, ce qui lui donnait le temps de penser à Gabriella et à la façon dont il avait tout gâché.

Le mardi, quand son secrétaire lui annonça qu'une personne souhaitait le voir, il lui en fut reconnaissant. Et il le fut d'autant plus qu'il s'agissait de Sierra ! Il ne l'avait pas revue depuis la conférence de presse. Depuis que Gabriella l'avait quitté…

Il n'avait pas non plus revu cette dernière, et il cherchait toujours la meilleure façon d'obtenir son pardon.

— Lexi m'a suggéré de passer te dire bonjour, dit Sierra. Elle ne m'avait pas prévenue que je devrais fournir trois pièces d'identité et passer aux rayons X pour arriver jusqu'à toi.

— Je vais demander un laissez-passer afin que tu puisses revenir quand tu veux.

— Bonne idée ! Tu es mon père et ce serait bien si on entretenait le lien familial.

— Voilà qui me plaît !

— Tu pourrais aussi passer à la maison.

— Il faudrait que j'en parle avec ta mère.

— Tu peux tout à fait venir sans être annoncé, je suis certaine qu'elle serait heureuse de te voir.

— Je n'en suis pas aussi sûr que toi.

Elle poussa un soupir.

— Est-ce que tous les hommes mettent autant de temps à comprendre ?

Croisant les bras, elle demanda :

— Tu es amoureux de maman, oui ou non ?

— Oui ! Et je le lui aurais dit, si elle m'en avait laissé le temps. Elle m'a pris au dépourvu…

— Les mots ne suffiront pas, dit Sierra. Il faut que tu lui dises que tu as l'intention de rester. N'oublie pas que vous avez déjà un passé, toi et elle.

— Comment lui prouver ma sincérité ?

— Ce n'est pas à moi qu'il faut t'adresser, ce n'est pas moi l'experte en conseils, répondit Sierra dans un beau sourire entendu.

« Chère Gabby,

» Je vous écris car j'ai désespérément besoin de votre aide pour convaincre la femme que j'aime de mes sentiments.

» J'ai trente-six ans et je suis tombé amoureux deux fois dans ma vie, chaque fois de la même femme. La première fois, j'avais à peine vingt ans, et j'étais beaucoup trop jeune pour comprendre la profondeur de mes sentiments, bien trop immature pour savoir que l'amour est rare et précieux.

» La seconde fois est plus récente. Après plus de seize ans, nos chemins se sont recroisés, et je me suis rendu compte que les sentiments que j'avais conçus pour elle, des années auparavant, étaient restés intacts.

» J'ai essayé de le lui dire, mais je pense qu'elle n'ose pas me croire, car elle redoute que je la blesse de nouveau.

» Je suis prêt à lui prouver que mon cœur est à elle. S'il le faut, je louerai les services de publicistes aériens pour qu'ils écrivent que je l'aime, dans le ciel, ou je ferai graver un message sur le grand écran d'un terrain de base-ball. Je suis prêt à tout pour qu'elle comprenne que, cette fois, je resterai.

» Pensez-vous que je dois mettre mes intentions en pratique, ou estimez-vous qu'un homme qui a tout gâché une première fois n'a pas droit à une seconde chance ?

» Signé :

Un homme amoureux éperdu. »

Gabriella relut la lettre deux fois. Au départ, elle n'avait pas voulu croire que c'était Cameron qui l'avait écrite, mais trop de détails coïncidaient. Alors elle avait senti les battements de son cœur s'accélérer, tout en se disant qu'il fallait être raisonnable. En quoi cette lettre était-elle la garantie de ses bonnes intentions ?

Elle ne devait pas être si sévère avec lui. Les choses avaient bel et bien changé. Cette lettre prouvait à l'évidence qu'il voulait l'épouser.

Cet espoir précieux en tête, elle se mit au clavier.

« Cher ami,

» Même si je pense que chacun peut commettre des erreurs et que tout le monde a droit à une deuxième chance, je ne vous conseille pas les publicistes aériens. Votre volonté de proclamer votre amour à la face du monde est fort louable, mais beaucoup de femmes préfèrent la discrétion. Je dirais même que certaines pourraient trouver cette initiative plus tapageuse que sincère.

» Au lieu de crier votre amour sur les toits, prenez

le temps de lui montrer ce que vous avez dans le cœur. Même si cela peut sonner comme un cliché, ce sont les petits riens qui comptent le plus. Offrez-lui un bouquet de fleurs. Tenez-lui la main. Faites une promenade ensemble sous la pluie. Préparez-lui son plat préféré. Appelez-la au coucher, juste pour lui souhaiter bonne nuit.

» Donnez-lui le temps de comprendre que votre intention de rester est sérieuse. Il n'est pas facile de surmonter des peines de cœur, soyez patient et compréhensif avec elle.

» Bonne chance,

Gabby. »

Il pleuvait le jour où la lettre de Cameron et la réponse de Gabriella parurent dans le journal. Il passa chez elle à l'heure du déjeuner.

Elle fut de toute évidence surprise de le voir, et un peu méfiante quand il lui suggéra d'enfiler son imperméable et ses bottes. Lorsqu'elle fut enfin prête, il lui prit fermement la main et l'entraîna sous la pluie. Au bout de quelques mètres, ils étaient déjà trempés.

Cette nuit-là, il l'appela au moment du coucher pour savoir si elle allait bien et pour lui souhaiter une bonne nuit.

La nuit suivante, il lui téléphona aussi. Et celle d'après également. Il ne restait que quelques minutes au téléphone, le temps de lui faire savoir qu'il pensait à elle, et qu'il espérait que c'était réciproque.

Le quatrième soir, il l'invita à dîner. Après une seconde d'hésitation, elle accepta.

Gabriella, qui se préparait pour son dîner avec Cameron, était une véritable boule de nerfs. Evidemment, le fait que sa mère et sa fille la regardent ne l'aidait pas ! D'autant que celles-ci ne cessaient de commenter ce qu'elle essayait : trop sexy, trop classique, trop jeune, trop âgé... Finalement, Katarina s'en alla à son cours de yoga et Jenna appela Sierra pour prendre un cappuccino sur le port. Ce fut avec grand soulagement que Gabriella referma la porte derrière sa fille.

Cameron arriva un moment plus tard, un énorme bouquet d'anémones à la main.

— Elles sont très belles, dit-elle en les mettant dans un vase.

Puis elle le regarda quelques secondes, avant d'ajouter d'un air entendu :

— C'étaient juste des conseils, tu sais... Pas une liste exhaustive.

— Je sais, mais je me suis rendu compte que nous avions négligé tant de détails... J'ai pensé qu'il était judicieux de tout reprendre dans l'ordre, de façon plus conventionnelle.

— C'est-à-dire ?

— Sortir ensemble, puis te faire la cour, et enfin te demander en mariage.

A ces mots, le vase lui échappa des mains et tomba dans l'évier, par chance sans se casser. De l'eau éclaboussa le comptoir et Cameron lui tendit un torchon.

— Et le mariage, bien sûr, précède les enfants. Jusque-là, nous avons déroulé le film en sens inverse.

— Et à quelle étape en sommes-nous ? A celle où tu me courtises ?

— J'avais cette impression, mais si tu me poses la question, cela veut dire que je ne m'y prends pas bien.

Elle lui sourit, et regarda les magnifiques anémones.

— Si, tu fais du beau travail, Cameron ! Merci pour les fleurs, dit-elle.

Pour toute réponse, il l'embrassa sur la bouche, un baiser fiévreux, ardent auquel elle répondit avec la même passion. Quand il détacha ses lèvres des siennes, elle n'eut qu'une envie : qu'il l'embrasse de nouveau.

— Des réservations nous attendent à Tradewinds, dit-il.

— Tu as raison, il ne faut pas manquer l'heure.

Pourtant, aucun des deux ne fit un geste.

— Encore qu'il ne faut pas être esclave des conventions, dit-il.

— Non...

— Si nous commencions par nous mettre au lit, et passions à table en deuxième partie de soirée ? dit-il alors en la prenant dans ses bras.

Beaucoup plus tard, il regarda l'heure.

— Nous ne pouvons plus décemment nous présenter au restaurant.

— Commandons des pizzas, alors.

— Entendu. Mais une petite question avant...

— Aux champignons et au fromage !

— Ce n'était pas ça la question, dit-il en enfilant son pantalon.

Pourquoi tenait-il à s'habiller pour poser sa question ?

— Ah bon ? Quelle était-elle, alors ?

A cet instant, il mit la main dans la poche de son pantalon et en sortit une petite boîte carrée. Une vive émotion la submergea...

— Nous nous sommes retrouvés depuis peu, mais ces deux dernières semaines ont été les plus belles de ma vie et je ne veux plus vivre un jour sans toi à mes côtés.

— L'étape de la séduction a été très courte, dit-elle d'une voix tremblante, pour se donner une contenance.

— Parce que je suis sûr de moi. Je veux t'épouser, construire ma vie avec toi, fonder une famille...

Elle aurait aimé se jeter à son cou, mais elle n'était pas absolument libérée de toutes ses réticences.

— Ta mère me déteste, dit-elle. Et pour être honnête, je ne l'apprécie guère moi non plus.

— Je te comprends, mais ce n'est pas elle qui représentera un obstacle à notre union ! Et elle sait parfaitement que je ne tolèrerai aucune interférence de sa part dans ma vie privée. Elle viendra même à notre mariage un sourire aux lèvres, car c'est une princesse, et qu'elle a le sens du devoir.

— Et toi, tu te maries aussi par sens du devoir ?

— Non ! mais parce que je t'aime. Parce que je veux vivre avec toi, Sierra... et un éventuel deuxième enfant.

— Un autre enfant ? dit-elle, totalement prise de court.

— Si tu en as envie, bien sûr.

— Oh oui ! Même si j'ai plus de deux fois l'âge auquel j'ai eu Sierra.

— Ce qui veut dire que tu vas m'épouser ?

— Tu m'as fait ta demande ?

Il lui adressa un petit sourire et lui tendit la petite boîte.

— Gabriella, veux-tu m'épouser ? demanda-t-il, d'un ton intense.

Elle ne regarda pas même la bague, tant son regard la captivait. L'amour qu'elle y vit briller lui suffisait.

— Oui, Cameron, je veux t'épouser.

Il lui passa alors la bague au doigt.

— Tu te rends compte qu'une fois mariée, tu seras princesse et exposée aux feux de la rampe ?

— Je pourrai affronter la situation, si tu es à mes côtés.

— J'y serai pour toujours, mon amour. Oh, Gabriella ! Comme je suis heureux que la vie nous ait réunis.

— Moi aussi, Cameron, dit-elle dans un murmure, songeuse et enfin sereine.

Ce nouveau bonheur tenait presque de l'irréel, et pourtant, Cameron, son futur mari, était devant elle, bien vivant, elle ne rêvait pas... Son amour de toujours lui était revenu, et le passé ne jetterait plus son ombre sur l'avenir qui s'étendait, superbe, devant eux...

Épilogue

LE PRINCE CAMERON ÉPOUSE LA MÈRE DE SON ENFANT, PAR ALEX GIRARD.

« Tout le monde s'interrogeait depuis que le prince avait confirmé, en début de mois, qu'il était le père de Sierra Vasquez, la fille de Gabriella Vasquez. La question a finalement trouvé une réponse, samedi soir, lors d'une cérémonie aux chandelles au palais royal.

La mariée était vêtue d'une robe de soie couleur ivoire simple, mais élégante, sortie des ateliers de la célèbre couturière Nicole Miller. Elle portait un bouquet rond de marguerites blanches. Le marié était habillé par Savile Raw, et sa cravate noire était ornée des décorations traditionnelles. Le couple a échangé ses vœux devant des intimes, dans le jardin aux roses.

Pour conclure la cérémonie, le prince et sa femme ont joint les mains afin de découper le gâteau à trois étages confectionné par la mère de la mariée. Pour en avoir goûté une part, je peux assurer à nos lecteurs qu'il était délicieux et que je comprends pourquoi Dominic Donatella essaie à tout prix de mettre la main sur la recette !

Pendant que les convives savouraient le gâteau et le champagne, la princesse Sierra a porté un toast à ses parents, et leur a demandé s'ils allaient lui donner un frère ou une sœur.

Les nouveaux mariés se sont contentés de sourire, donnant à penser qu'ils souhaitaient combler les vœux de leur fille… »

Composé et édité par HarperCollins France.

Achevé d'imprimer en mars 2019.

CPI
BLACK PRINT

Barcelone

Dépôt légal : avril 2019.

FSC
www.fsc.org
MIXTE
Papier issu de sources responsables
FSC® C108412

Pour limiter l'empreinte environnementale de ses livres, HarperCollins France s'engage à n'utiliser que du papier fabriqué à partir de bois provenant de forêts gérées durablement et de manière responsable.

Imprimé en Espagne.